ALBERT SLOSMAN

EL ZODÍACO DE DENDERA

ALBERT SLOSMAN
(1925-1981)

Fascinado por el antiguo Egipto y la Atlántida. Profesor de matemáticas y experto en análisis informático participó en los programas de la NASA para el lanzamiento de Pioneer en Júpiter y Saturno. Su intención era encontrar la fuente del monoteísmo y escribir su historia. Su búsqueda de los orígenes de todo y de todos le llevó, de forma curiosa e inesperada, a centrar su atención en la antigua civilización egipcia, cuya formación y desarrollo fue abordado con una mente abierta e independiente a lo largo de su corta vida. Albert fue un luchador de la resistencia durante la Segunda Guerra Mundial, torturado por la Gestapo, y más tarde víctima de un accidente que lo dejó en coma durante tres años. Slosman era una persona de apariencia y salud extremadamente frágil, pero animada por una intensa fuerza interior que lo mantenía vivo, motivada por el deseo de completar una obra de 10 volúmenes que pretendía ser un enorme tejido de la permanencia del monoteísmo a través del tiempo, y que su prematura muerte no le permitió concluir. Un accidente banal, una fractura del cuello del fémur, tras una caída en los locales de la *Maison de la Radio* de París, le quitó la vida, tal vez porque su cuerpo, (su carcasa humana como le gustaba decir) ya bien sacudido, no pudo soportar una agresión adicional, por insignificante que fuera.

EL ZODÍACO DE DENDERA

© Omnia Veritas Limited, 2020

Le Zodiaque de Dendérah : 150 ans avant J.-C. ou 12000 ans ?, éd. du Rocher 1980
Traducido del francés por Antonio Suárez

Publicado por
OMNIA VERITAS LTD

www.omnia-veritas.com

Reservados todos los derechos. No se permite la reproducción total o parcial de esta obra, ni su incorporación a un sistema informático, ni su transmisión en cualquier forma o por cualquier medio (electrónico, mecánico, fotocopia, grabación u otros) sin autorización previa y por escrito de los titulares del copyright. Ninguna parte de esta publicación puede ser reproducida por ningún medio sin permiso previo del editor. La infracción de dichos derechos puede constituir un delito contra la propiedad intelectual.

INTRODUCCIÓN	13
CAPÍTULO PRIMERO	**27**
EL ZODÍACO DE DENDERA	27
CAPÍTULO SEGUNDO	**44**
LLEGADA DEL ZODÍACO A PARÍS	44
CAPÍTULO TERCERO	**62**
OBSERVACIONES DE DUPUIS SOBRE EL ZODÍACO	62
CAPÍTULO CUATRO	**77**
OPINIÓN DEL ABAD TESTA SOBRE EL ZODÍACO	77
CAPÍTULO QUINTO	**95**
DESCRIPCIÓN DEL ZODÍACO POR LEPRINCE	95
CAPÍTULO SEXTO	**113**
OPINIÓN DE LETRONNE SOBRE EL ZODÍACO	113
CAPÍTULO SÉPTIMO	**133**
OPINIÓN DE LENOIR SOBRE EL ZODÍACO	133
CAPÍTULO OCTAVO	**154**
OPINIÓN DE SAINT-MARTIN SOBRE EL ZODÍACO	154
CAPÍTULO NOVENO	**174**
OPINIÓN DE J.B. BIOT SOBRE EL ZODÍACO	174
CAPÍTULO DÉCIMO	**192**
OPINIÓN DE JOMARD SOBRE EL ZODÍACO	192
CAPÍTULO UNDÉCIMO	**208**
LA ZODIACOMANÍA	208
CAPÍTULO DUODÉCIMO	**226**
EL CONOCIMIENTO	226
BIBLIOGRAFÍA	**241**
OTROS TÍTULOS	**243**

Albert Slosman, 1925-1981

Apasionado por el antiguo Egipto y la Atlántida. Profesor de matemáticas y doctor en análisis de logística informática, participó en el programa informático "*Pionner*", en la NASA, y en el lanzamiento de los cohetes sobre Júpiter y Saturno en los años 1973. Su intención era volver a encontrar la fuente del monoteísmo y escribir su historia. Su búsqueda de los orígenes de todos y de todo lo llevó por curiosas e inesperadas sendas, hasta fijar su atención en la "antigua civilización de Egipto", cuya formación y desarrollo fueron estudiados con espíritu abierto e independiente a lo largo de su vida.

Albert Slosman participó en la resistencia en la segunda guerra mundial, torturado por la "Gestapo" y más tarde, víctima de un accidente estuvo tres años en coma. Su aspecto y salud siempre fueron extremadamente frágiles, pero animado por una gran fuerza interior que lo mantuvo en vida, y motivado por su deseo de poder llevar a término una obra de diez volúmenes que expondría la trama de la permanencia y constancia del monoteísmo a través de los tiempos... Sin embargo su muerte prematura no permitió concluirla. Un banal accidente de oficina, una fractura del cuello del fémur por su caída en los locales de la "Casa de la Radio" en París, le quitó la vida, quizás su cuerpo, "su cascarón humano" como a él le gustaba describirlo, ya muy gastado no pudo soportar una agresión suplementaria por insignificante que pareciera.

Representación total del techo superior del templo de Isis antes del corte realizado por Lelorrain.

EL ZODÍACO DE DENDERA ¿150 a.C. o 12.000 a.C.?

Numerosos textos testimonian formalmente este antiguo origen. Y antes de abordarlos en detalle, veamos la narración platónica de los acontecimientos ocurridos a este continente engullido. El autor hace hablar a Critias:

> "Si el que lee esta obra observa algunas faltas, que las cubra con su velo, si observa alguna negligencia, o algo impropio, que cierre sus párpados como ser indulgente dispuesto al perdón. ¿Qué caballo, qué general, sea el que sea, no protesta? ¿Qué espada de la India no acaba por mellarse o resquebrajarse, sobre todo cuando el espíritu está distraido por una masa de ideas? ¿Qué resolución firme no se relaja y se rompe debido al cúmulo de dificultades y compromisos? ¿Qué imaginación por la sucesión de los acontecimientos de nuestra época sombría no pierde su vitalidad? ¿Qué corazón no enferma por efecto de los constantes accidentes desgraciados, de la sucesión de terribles odios?
>
> El tiempo en que vivo se eleva contra mí como si yo fuera su enemigo, cada día se presenta para darme un golpe cruel. Si proyecto cualquier cosa, veo lo contrario realizarse. Si un día se me presenta con aire sereno, el siguiente toma una oscura apariencia.
>
> Oh Dios: ¡perdón!, lo que digo no es el lenguaje de un hombre que la Providencia aburre, soportando con paciencia los decretos divinos, sino el de un ser enfermo, atormentado por una afección de pecho que siente alivio cuando exhala su dolor, sintiendo disminuir el fardo que lo oprime si expulsa fuera sus quejas y sus gritos.
>
> Si los hombres pudieran ver lo que ocurre dentro de mis costillas, de mis entrañas, observarían en mi hígado los estigmas que el amor ha marcado, si pudiesen sentir la pasión que tengo, entonces verían un motivo de excusa.
>
> Yo ruego a Dios que este libro obtenga la aprobación de los hombres distinguidos y de los sabios, le ruego que me proteja de las manos de los envidiosos y de los ignorantes, y que, en esta circunstancia como en cualquier otra, dirija mis palabras y mis acciones hacia la vía justa. Él solo nos basta, es la mejor

protección. En este Dios todo poderoso encuentro consuelo contra todos los infortunios, es este ser, noble y glorioso, objeto de mi confianza en todos los acontecimientos: no hay más Dios que él."

El-Makrisi, (Prefacio de la "*Descripción de Egipto*", siglo XV).

INTRODUCCIÓN

"Nuestra super humanidad no conseguirá formarse más que si desarrollamos hasta el final en nosotros mismos las energías excepcionalmente poderosas en desprendidas organizaciones de simpatía interhumana y fuerzas de religión."

Teilhard de Chardin
El Hombre fósil

"Un sólo pueblo estaba exento de la prohibición de comunicarse con las naciones vecinas, este pueblo era el egipcio. Todo indica, pues, a presuponer que el mejor comentario de la antigüedad judía estaba esculpido sobre los templos y en los palacios de los faraones, pero estos terribles jeroglíficos parecen separar para siempre el Jordán y el Nilo."

Pastor A. Coquerel,
de la Iglesia de Amsterdam, 1825
Carta sobre el sistema jeroglífico

No sé qué loco escribió "*La alegría del Conocimiento es maravillosa y embriagadora*", pretendiendo hace dos o tres decenios conocer y desvelar grandes cosas. Este personaje era sin duda un iluminado en el mal sentido del término, porque el conocimiento es un acercamiento cuidadoso con pasos serenos pero sólidamente fijados. Los que llegan a la meta sólo se ven alcanzados por una angustia insuperable porque saben que la ceguera general forma una cortina opaca permanente indeleble.

Los sabios de nuestra época, si es que existen, se sienten muy débiles admitiendo que no se puede usar el conocimiento que han almacenado, cierto es que la esperanza subsiste y querrían poder equivocarse sobre el futuro de la humanidad que se está desarrollando, galopando hacia su perdición, sin temor a lo desconocido y a falta de buen sentido incluso a pesar de todos los signos. Odíando tomar el papel de profeta de mal augurio, he escrito y publicado el *Gran Cataclismo* y *Los supervivientes de la Atlántida*, disponiéndome a escribir un tercer apartado, los que ya han leido esta última parte de la trilogía de la Atlántida, a través de las fotocopias del manuscrito están alcanzados por una gran fiebre.

Estando en el crepúsculo de mi vida terrestre pensaba retransmitir para la posteridad sin comentario alguno estos textos descifrados por la jeroglífica, el idioma sagrado resurgido de Ahâ-Men-Ptah, el Primer Corazón de Dios, la Atlántida platónica. No sólo para mis contemporáneos o sus progenituras, sino también para la futura humanidad, la que volverá a poblar el próximo mundo. Quizás incompletos en su retransmisión, estos escritos constituyen la relación de un momento histórico y religioso primordial. Fue el testimonio más importante de los primeros tiempos de la tierra. En el que Dios elevó la fuerza del hombre para que pudiera contemplar el cielo, pero hoy ya nadie levanta los ojos hacia el cielo para buscar los signos evidentes que están inscritos sobre la predestinación, nuestra frente baja cada vez más y ya somos inferiores a los hombres de las cavernas de antaño.

El gran cataclismo ocurrió. Todo fue borrado y un continente desapareció. Los supervivientes, los rescatados de la Atlántida, guardaron el espantoso mensaje durante milenios antediluvianos grabados en signos de sangre en sus espíritus en primer lugar, y después sobre los muros de todos los monumentos que construyeron mucho más tarde, cuando llegaron a su Segundo Corazón de Dios, *Ath-Ka-Ptah*, convertido en *Aeguyptos* en griego.

Este es el mensaje traducido a nuestro idioma que transmitiré como lo haría un náufrago que lanza al mar un SOS dentro de una botella con la esperanza de que alguien lo coja, lo lea y sobre todo lo comprenda. El drama es que cada época se cree única, sin pasado divino ni porvenir lógico, y en cierto sentido el hombre tiene razón, porque ningún ciclo cósmico conoce lo que ha ocurrido antes ni lo que se reproducirá después de él.

Aha-Men-Ptah no era un mundo primitivo, la humanidad de entonces no era animal. Este período atlántico estaba más evolucionado intelectualmente que nosotros porque estaba más cerca del origen. El "yo" consciente del alma era una realidad tangible, ya que este "ka" era denominado "parcela divina". El cuerpo humano no era más que una envoltura carnal sin diferencia alguna a la del búfalo o a la del cocodrilo, en la Atlántida poseían sin duda alguna facultades psíquicas en un alto grado que se han desvanecido después del gran cataclismo. Los supervivientes las mantuvieron atrofiadas durante su éxodo y bajo una forma de percepción más instintiva en los primeros tiempos de la vida en Ath-Ka-Ptah, pero primó el instinto de conservación y el temor de un nuevo fin de su mundo. El hombre entonces sólo vivía para sobrevivir a su época, además, los usurpadores sobrevivieron también convirtiendo la realidad en magia y embrujamiento.

En cuanto a nuestra época, está marcada por la mentira y el mal que toman todas la formas de la verdad y el bien sustituyendo al orden religioso del tiempo definido por las "Combinaciones Matemáticas Divinas": se trata de las configuraciones celestes más antiguas, las que determinaron por entonces, en todo el Egipto faraónico, el desarrollo de la vida por el bien, gracias a un seguimiento incondicional de la Ley de la Creación y dentro de sus mandamientos, pero este tiempo envidiado sólo duró dos milenios. Los opresores y los usurpadores se encargaron de cerrar la boca a los sacerdotes de Ptah, y a continuación de cegar al pueblo. Cristo nació después y el Hijo de Dios murió para devolver al mundo su comprensión original. ¡En vano! La tierra en su conjunto ha llegado hasta no sabemos qué punto de no retorno y hoy el mundo oscila sobre sus bases como si estuviera dispuesto a dislocarse otra vez. Esto es lo que justamente constataba S.S. Pío XI, al igual que otras eminentes personalidades desde el tiempo de Pitágoras y Platón, hablando de la armonía que reinaba gracias a la Divina "Combinación de los Números", pero "*constatación* de ningún modo es *explicación*".

El concepto antiguo, y sin embargo verídico, parece ser para nuestro mundo cada vez más imperceptible, e incluso erróneo para la humanidad actual. El Alma, si es que esta noción espiritual aún tiene algún significado, ya no posee esta esencia que unía el hombre a su Creador, lo que en tiempos de las primeras dinastías faraónicas era lo esencial que marcaba a los seres civilizados. Actualmente, totalmente rechazada por cuatro quintas partes de la población del globo, la

Creación Divina sólo subsiste como una estructura a reconstruir para la fracción restante, mañana ya no será más que una hipótesis aleatoria.

Además, a lo largo de los milenios, antes de llegar a nuestra época, hubo varias rupturas profundas. El desmoronamiento más nocivo es el que se remonta al tiempo de Euclides, que rompió con la filosofía pitagórica y el pensamiento platónico ya que la mística de las leyes constituía una necesidad abusiva por ser demasiado abstracta, de esta forma se inició el proceso de ruptura que no se conformaba más que con una ciencia positivista, donde las medidas tangibles de volumen y superficie, basadas sobre longitudes concretas, daban una geometría materialista confortable de total quietud.

En nuestro mundo, que se define como moderno, nuestra civilización avanzada ha empeorado la situación de forma catastrófica, en cierto modo, el simple positivismo ateo ha sido elevado a su apogeo por los científicos, cuyas almas se han convertido únicamente en buenas mentes llenas de materia gris. La ciencia deificada por los axiomas aritméticos ha sustituido la Ley de la Creación: ¡otro becerro de oro ha sido eregido!

Y éste es aún más poderoso, ya que los seres geniales que edifican este poder, el más terrenal, olvidan que ello le es posible únicamente gracias al libre albedrío que sus almas les dan para actuar y calcular según sus pautas. La necesidad reside aquí: la Parcela Divina es insuflada en el cuerpo humano con el fin de que el Creador encarne los principios de la Ley, y no la Ley en sí, con el fin de dejar al Hombre a su libre albedrío. Es necesidad vital para el avance de la humanidad progresar constantemente en acuerdo con la Armonía Celeste si quiere sobrevivir en la perpetua evolución del entorno terrestre. Y la necesidad existe por el sólo hecho de que el universo existe, es la unión necesaria entre el cielo y la tierra, tal y como la densidad de un cuerpo provoca que éste exista por el sólo hecho de dar consistencia al mismo.

Ocurre lo mismo con las Combinaciones Matemáticas que, de alguna manera, son las reproducciones geométricas de las configuraciones astrales deseadas por Dios como necesidad para una perfecta compresión del todo indisoluble formado por la unidad del cosmos. Es esta necesidad de armonía del orden celeste que debería impedir cualquier arbitrariedad humana, único factor posible de desorden y pues de catástrofe.

Dos nociones esencialmente opuestas se enfrentan mortalmente desde los tiempos de Osiris y de Set. Su zona de acción: la Tierra. El bien, con una alianza incondicional con los Mandamientos del Creador, y el mal, con la única fuerza del hombre destructor que se cree superior a todo. La más antigua de estas nociones es anterior incluso a Osiris, ya que el pueblo de Dios vivía unido, en paz y armonía anclado en su monoteísmo, renaciendo después del gran cataclismo, resistiendo el empuje del tiempo a pesar de los signos de cansancio y de las incursiones de los invasores que devastaban los templos edificados a orillas del Nilo, hasta tal punto, que al inicio de nuestro siglo XIX, en el cual era de buen gusto negar cualquier antigüedad más allá del V milenio a.c., algunos autores eminentes descubrieron el origen de este monoteísmo de gran anterioridad a la fecha establecida bíblicamente para la llegada de Adán.

Actualmente, esta apacible fe se ve sometida a una presión tanto más odiosa e insoportable cuanto por ser perniciosa y vejatoria, estableciendo su origen en las dudas de los sacerdotes cristianos por mantener los dogmas tal como sus mayores les habían enseñado. De hecho, fueron los servidores de Dios que, cubiertos de reflexiones, de meditaciones, de reorganizaciones y de reestructuraciones de los fundamentos de los preceptos emitidos en el Nuevo Testamento trastocaron la esencia de la Ley y de sus mandamientos.

En el nivel de fluctuación en el que nos situamos, le parecería evidente a un extraterrestre que llegase a nuestra tierra, sin conocer nuestra teología, que acabamos de darnos cuenta de que Dios es un aventurero de la peor calaña. ¿Qué es lo que se ha investigado a través de la abstracción de todas estas enseñanzas divinas? ¿En qué se ha convertido la realidad de la naturaleza de nuestro Creador?, de su potencia incondicionalmente demostrada por la Santísima Trinidad del Padre, Hijo y Espíritu Santo?... Con las dudas y demoras de los religiosos de espíritu avanzado, o sería mejor decir de espíritu políticamente correcto, Dios ya no es una entidad real que conviene tomarse al pie de la letra además: ¿Qué, quién, y qué es eso?

La armonía, que era la base misma del entendimiento entre el Creador y sus criaturas en tiempos de los faraones se está desmoronando peligrosamente otra vez. ¿Llegará hasta la ruptura total e irreparable? La respuesta a esta interesante y angustiosa pregunta no es el tema de esta obra, sólo el descubrimiento del lugar de Dendera y de la posible comprensión original de esta misma Ley de la que estamos renegando, gracias al descubrimiento de lo que se convirtió en el "Zodíaco".

Pero el mensaje está ahí, grabado sobre los muros de los templos y en decenas de papiros, por supuesto que la mayoría de ellos fueron deformados de su sentido sagrado, pero han sido hallados algunos que se remontan a los arquitectos de los "Seguidores de Horus", que fueron los primeros supervivientes llegados a orillas del Nilo y actualmente tenemos relatada la sexta reconstrucción del mismo edificio religioso sobre los mismos cimientos originales.

Los primeros desencriptadores griegos estuvieron entonces de acuerdo en reconocer en estos textos la conservación del cuerpo de un hombre que resucitó al alba de un nuevo ciclo para convertirse así en hijo de Dios: Osiris. Él murió para renacer, a través de los milenios, en una nueva generación. De esta misma forma fue anunciada la llegada del Mesías, prevista por los profetas siglos y siglos antes del nacimiento de Jesús: el Cristo.

En este siglo XX estamos cegados por la ciencia, inclusos los sacerdotes buscan la simple evidencia histórica y celeste hasta el punto de olvidar al que fue realmente el padre de la cristiandad. Esta nueva era de la humanidad, donde el bien hubiera podido triunfar, se ve lamentablemente tocada por la negación de su propio origen. Remontando brevemente a las primeras horas de la segunda humanidad, a la que escapó de la Atlántida y que erró a través de toda África desértica y salvaje después del gran cataclismo, cuando los supervivientes llevaban en sus ojos la luz brillante y extraña, incomprensible hoy para nuestros ojos cegados, del verdadero conocimiento que les aseguraba encontrar una segunda tierra que sería objeto de la nueva alianza con Dios.

Esta luz llevaba un mismo nombre: el de Osiris, convertido por los griegos, ocho milenios mas tarde, en Osiris, que después de su resurrección[1] fue enterrado en "Ta Ouz" donde su medio hermano le dió muerte. Este lugar está situado en la frontera entre Argelia y el sur de Marruecos, aún lleva este nombre sagrado para los bereberes, ya que significa "Lugar de Osiris".

Cuanto más lejos remontamos en la antigüedad egipcia, tanto más vemos que el nombre de Ousir fue honrado, y los períodos en que parece perderse en la irrealidad de los propios monumentos que le eran consagrados, fueron aquellos en los que los usurpadores, los rebeldes de Set, los adoradores del Sol, tomaron posesión del cetro faraónico.

Conforme pasaban los siglos, después los milenios, Set y Osiris se entremezclaron en los misterios egipcios para convertirse al final en las dos hipóstasis de un sólo y mismo Dios teniendo dos formas: El sol visible, el día, Set, y el sol invisible de la noche, Osiris. En los dos primeros libros aparecidos hemos abordado el monoteísmo evidente de Osiris y cómo se confundió más tarde dentro del ateísmo manifiesto del culto de Set. Esta realidad se transformó en leyendas y mitos de los más absurdos y aberrantes, y la verdad, tan sencilla, ¡se perdió!

Sólo hubo un primogénito de Dios, Osiris, que fue envidiado por su hermano menor en la tierra, Set, en el seno de un pueblo elegido del Creador que se escindió en ese momento en dos clanes, Si el primero hizo el Bien, el segundo generó el Mal. Lo cierto es que los dos grupos opuestos, los que honraban a Dios y los que adoraban al Sol, se odiaron, luego se combatieron destrozándose el uno al otro hasta llegar a la muerte.

Esto fue un crimen absoluto, total, entre Dios y unas ideas idólatras. Fue una guerra sin piedad que perfectamente se calificaría en la actualidad de lucha de clases. La izquierda y la derecha simbolizan tan bien a Set y a Osiris que hoy en día se puede distinguir de qué lado se

---

[1] Todos los detalles de este acontecimiento serán traducidos en el libro "Los Supervivientes de la Atlántida". Del mismo autor.

comprometen los intelectuales y los sacerdotes. No es mi propósito efectuar un cuadro comparativo con nuestra época, sin embargo los puntos en común son innumerables.

En la búsqueda inconsciente de la verdad, Egipto, hoy dividido entre el islam y la ortodoxia copta, vuelve a su antigüedad, cuna de monoteísmo. Se decidió salvar de las ruinas la momia de Ramsés II, que fue enviada a Francia donde recibió los honores de un jefe de estado. Las maravillas de la ciencia nuclear permitieron recuperar la conservación de este vestigio de un pasado remoto, y como anécdota, ¿se sabe que cuando los egipcios descubrieron la momia del gran Ramsés la envolvieron en páginas del periódico *Times* y la llevaron al Cairo en un carro de tiro? En destino, el aduanero lo pesó todo y no encontrando las tarifas imponibles en apartado alguno, aplicó el impuesto de importación del bacalo seco. De este modo se equilibraron las cosas: el rey-dios, faraón usurpador, no era más que bacalao seco y por gracia de nuestro siglo XX reconvertido en Ramsés el Grande, hijo de Seti I, el que restituyó la adoración al Sol con el culto de Amón-Ra.

La experiencia religiosa de cuatro mil años no se puede resumir en unos cuantos renglones, ni siquiera en varios tomos, y es la que le falta a los sabios de hoy para comprender el desarrollo esencial de la vida terrestre. Por ello escribo, trazando yo solo un camino en el bosque por dos veces muerto de los blasfemados jeroglíficos. Y no me alegra conseguirlo, ya que es aterrador vivir ocho milenios más tarde y darse cuenta que nada ha cambiado en el desarrollo de los acontecimientos relatados en los papiros. ¡Se hubiesen podido escribir hoy mismo!

Esta simple luz de comprensión me llegó a través de los textos de Dendera, de Ahâ-Men-Ptah, esta Atlántida que por su vertiginosa antigüedad nos recuerda que el Creador sigue siendo el maestro incontestado de sus criaturas predestinadas por los mandamientos matemáticos de su creación.

Para poder comprender completamente la teología Tentirita y las combinaciones celestes, al igual que algunas de sus normas extraídas del Antiguo Testamento y luego del Nuevo, primeramente debemos explorar el lugar de Dendera. Cincuenta siglos antes de Cristo los mismos temas divinos ya estaban grabados sobre los muros del templo a orillas del Nilo en el Alto Egipto, mil kilómetros al sur del Cairo.

Por ello se debería admitir, de aquí en adelante, que el cristianismo salió del judaismo, o mejor expresarlo usando el lenguaje de san Pablo: si la fe cristiana ha sido transplantada sobre el viejo árbol de la Sinagoga, el monoteísmo hebreo en su totalidad surgió de la jeroglífica faraónica, es decir, de la lengua sagrada de los primogénitos de Dios. Los semitas y los egipcios tuvieron relaciones muy estrechas mucho antes del tiempo de Moisés, tanto que es imposible decir que no sean hermanos. Su supuesto parentesco no es más que un señuelo debido al islamismo de Oriente Medio.

Exponer la historia de la Atlántida y de sus supervivientes marcando cronológicamente cada época era poner en evidencia la preparación judaica de Israel y, por ello mismo, la preparación evangélica que le siguió en espera del Salvador, Hijo de Dios, predicho por los profetas y escritos del Antiguo Testamento. La propia Historia intervino en 525 a.C. con la invasión de Egipto por los persas, con Cambises al frente para que Dios indicara firmemente que el momento de la expiación y la reparación había llegado. En cinco semanas el triunfo de los hijos de Ciro El Grande fue completado. Los escritos narran la última reunión del Colegio de los Grandes Sacerdotes de Tebas bajo la instigación de Cambises, que reclamó:

-Vuestros templos, vuestros tesoros, vuestros archivos, vuestras vidas, están en mis manos. Si queréis conservarlos, reveladme el secreto de Osiris.

La respuesta del Gran Pontífice fue del mismo nivel que la fe que lo impregnaba, sabiendo que llegaba su último minuto de vida, contestó:

-Lo que pides, ¡Oh! gran rey, está por encima de nuestras posibilidades. Nosotros podemos invocar a nuestro Dios rezando para que te perdone la sangre que has derramado y permitir que la clemencia penetre en tu alma, pero no podemos revelarte lo que pertenece al Hijo del Salvador. Tú puedes matarnos, violar las tumbas de nuestros sacerdotes, quemar sus momias, tirar las columnas de nuestros templos, reducir a

> *cenizas los rollos de papiros de nuestros archivos, pero no conocerás el secreto de Osiris porque él es el primogénito de Ptah, al que uno no puede acercarse más que con el vestido blanco de la pureza y no cubierto por un abrigo enrojecido de sangre.*

Cambises, furioso por esta respuesta, pasó a todos los sacerdotes por el filo de su espada, envió quinientos mil prisioneros a través del Sinaí, de los que sólo veinte mil llegaron a Persia. En cuanto al último faraón, Psamético III, tuvo que ver a Cambises degollar personalmente a sus dos hijos y entregar como botín a sus cuatro hijas a los comandantes persas, antes de ser él mismo arrastrado hasta la muerte atado a las ruedas de un carro. De esta forma acabó el segundo corazón de dios, Ath-Ka-Ptah.

Este libro es un acercamiento a la compresión de las "Combinaciones Matemáticas Divinas", estudíando el lugar de donde surgieron: Dendera. Este nombre probablemente no dirá nada a muchos lectores, y sin embargo fue objeto de grandes polémicas hace 150 años, trastocando el conocimiento de los sabios del mundo entero. Unos cuantos años antes, Champollion pasó por ese lugar y no tuvo ni el más mínimo presentimiento del enorme interés del lugar que recorría con desenvoltura, escribiendo en agosto de 1928 a su hermano de catorce años mayor que él:

> - *"Yo tenía ante mis ojos una obra de arte de arquitectura cubierta de esculturas con detalles del peor estilo [...] los bajorelieves de Dendera son detestables, de un tiempo de decadencia".*

Quizás Champollion, vencido por conspiraciones, intrigas y polémicas, cada vez más vivas, y debilitado por la enfermedad y la fiebre, había perdido la intuición que le hizo entrever la verdad de la jeroglífica, y su envidia por no haber sido el primero en hablar de Dendera era debida a que fueron los sabios que acompañaban al ejercitó del general Bonaparte en Egipto los primeros en entrar en el lugar para hacer una descripción, que tuvo el efecto de una bomba cuando llegó a las grandes academias mundiales.

Esta es la historia que conviene conocer con detalle antes de penetrar en la comprensión del conocimiento original de Dendera, también conoceremos a Mohamed Alí, el Pachá, que hizo destrozar templos magníficos para construir tres tiendas de golosinas, viviendas y mezquitas, y se rió en las barbas de Champollion cuando éste le entregó en mano su *"Notice de l'Histoire de l'Egypte"*.

Conoceremos la epopeya del que hizo traer a Francia el famoso Zodíaco de Dendera, que era la carta precisa del cielo del día en el que tuvo lugar el "Gran Cataclismo" hace doce milenios. Leeremos por fin las cuatro teorías que separaron y opusieron a los mayores sabios del mundo, desde San Petesburgo a Londres, y de París a Berlín, en relación a esta realidad tan evidente que, de hecho, debería haberlos puesto a todos de acuerdo.

Este período de treinta años, de 1801 a 1831, fue el que lamentablemente decidió la orientación de la egiptología para mayor desgracia, ya que desde hace ciento cincuenta años los sabios encaminados en esta dirección, jamás buscaron profundizar los grandes secretos de lo ellos mismos estaban interpretando según sus creencias, pero cuya traducción no les daba nada. Actualmente los egiptólogos forman una casta en la que nada se puede trastocar.

En efecto, durante diez años asimilan una historia oficial faraónica y egiptológica, y los siguientes diez años preparan una tesis doctoral que superan con gran éxito, por fin, se dedicaban a enseñar durante veinte años lo que habían aprendido [¡sic!] antes de hacerse algunas preguntas que ahogaban en el fondo de ellos mismos precipitadamente por miedo a poder contestarlas y tener que abjurar de cuarenta años de su propia existencia... ¿Quién lo reconocería?

Sin embargo, es conveniente aprender día tras día e iniciarse hasta que la vida terrestre se acabe, tal y como hizo Path-Go-Ra convertido en Pitágoras a su vuelta a Grecia. La inscripción de su nombre sobre su escarabajo de mármol verde de Siena[2], estaba rodeado por los doce sellos de las errantes y de las fijas, formando lo esencial de las

---

[2] Syene, del cual deriva Asuán.

combinaciones matemáticas divinas de su escuela de Dendera. En conjunto, esto reformó el alma del mundo[3].

Esta cosmogonía teológica donde la vida terrestre, muy corta, no es más que una condición previa a la entrada a la vida eterna, necesitaba por supuesto tener una espiritualidad muy elevada, y parece ser, que los primeros eruditos que siguieron a Champollion dedicándose al estudio de las costumbres y hábitos de los primeros egipcios, se complacieron en rebajar y envilecer su religión monoteísta. Quizás pensaron que actuando así realzarían el nivel de inteligencia de sus contemporáneos, ya que la cuestión del monoteísmo, que se perdía en la noche de los tiempos, trastocaría demasiado los fundamentos de la cristiandad en esta primera mitad del siglo XIX. Por ello, tantos sabios muy creyentes retrocedieron ante la interpretación exacta de los textos temiendo el rechazo que les amenazaba.

Esto explicaría por qué la solución del mayor enigma de todos los tiempos ni siquiera se haya intentado en serio hasta hoy, a pesar de la luz verde otorgada por la Comisión Bíblica que se reunió en el Vaticano en 1956, diciendo bien alto que: "jamás los textos del Génesis, en el Antiguo Testamento, habían tenido un contenido cronológico, ni referencias en el tiempo histórico".

Leeremos la suma de los trabajos de las investigaciones efectuadas desde hace un siglo sobre esta importante cuestión anterior al diluvio, que no es menos considerable. Si aún la clave de su comprensión no ha sido hallada, la responsabilidad no es de los investigadores apasionados, estimados sabios la mayoría, y a los cuales conviene rendir homenaje lo más honradamente posible ya que sin sus esfuerzos nada hubiera sido posible. En efecto, ellos han desbrozado el terreno sobre el que hoy es posible amontonar los materiales necesarios para la traducción precisa de los textos de Dendera.

Las investigaciones de los egiptólogos guardan, por ello, un lugar privilegiado por haber abierto la vía, que al fin nos permitirá salir del largo túnel. La forma jeroglífica y anaglífica de los textos debía ser

---

[3] Véase "*La extrodinaria vida de Pitágoras*" Ed. Robert Laffont, 1979, mismo autor.

forzosamente sencilla, porque la lectura debía ser comprendida sobre el terreno a fin de permanecer grabada en la memoria, al igual que en los muros de todos los templos.

De esta forma, las oraciones más antiguas dirigidas a Dios, a Osiris, a Isis y a Horus, de ninguna forma tenían implicaciones bárbaras, ya que sólo podían ser impronta de grandeza y sabiduría. Estas fórmulas mantenían alerta la atención de los espíritus que las leían los textos, tanto a través de la vista y de la idea formulada por las figuras grabadas, como por la resonancia interior que esas palabras expresaban por sus sonidos.

El conjunto formaba la expresión más auténtica de la fe, reconocible por la verdadera adoración de todo el pueblo egipcio hacia la Tríada Divina. Por ello, los egiptólogos deberían volcarse sobre lo que de forma tajante rechazaban entrever prefiriendo llenarse la boca de interpretaciones politeístas y zoólatras, en completa negación con la realidad del pasado. Por lo que es conveniente conocer los dueños y los fines de este Templo de Isis en Dendera, al que algunos asignan cuatro siglos de vida a.c. y otros doce milenios.

En esta obra, serán reproducidos *"in extenso"* todos los estudios científicos y astronómicos, con todos los detalles históricos previos necesarios a la publicación de las configuraciones celestes y de su realidad. Además, siendo todo un eterno reinicio, y perteneciendo la Eternidad sólo a Dios, podemos asegurar a lo sumo que sin Egipto nuestra cristiandad no hubiera podido ser lo que es.

Tal y como está especificado en el Evangelio según san Mateo, capítulo 2, versículo 13: ...

"un ángel del Señor se le apareció en sueños a José y le dijo: Levántate, toma al niño y a su madre, y huye a Egipto. Quédate allí hasta que yo te avise, porque Herodes va a buscar al niño para matarlo"...

¿Quién era el hijo?: ¡Jesús!

Por ello, si Egipto no hubiese acogido al Hijo de Dios, la historia de la cristiandad no hubiese sido. Escribo estas páginas para su estudio y no dentro de una botella en el mar, sabiendo que lo que contienen forma la expresión de la Verdad, y como Galileo debo ser el único en repetirme:

"¡Y, sin embargo, es Verdad!".

CAPÍTULO PRIMERO

EL ZODÍACO DE DENDERA

"Sólo la vista de los monumentos de Dendera bastó para restablecernos de las penas y de las más temibles fatigas del viaje, aún a sabiendas de que no tendríamos la esperanza de poder visitar todo lo que contenía el resto de la Tebaida."
E. de Villiers du Terrage,
Diario de la Expedición de Egipto,
de 1798 a 1801.

"Las criptas que comunican con el templo de Dendera por los pasajes estrechos, desembocan hoy en salas con la forma de agujeros abiertos y libres, pero antaño estaban cerrados por una piedra al efecto, cuya cara girada hacia la muralla estaba esculpida como el resto de la muralla."
A. Mariette,
Dendera.

El templo de la Dama del Cielo, la diosa Iset, o Isis en griego, fue el lugar más sagrado, tres veces santo por la Tríada Divina, que fue Osiris, Isis y su hijo Horus en todo Egipto, cuyo nombre en jeroglífico Ath-Kâ-Ptah significa "Segundo Corazón de Dios".

Desde la más remota antigüedad su nombre fue universal según Pitágoras, Platón y Eudoxo que la visitaron y la elogiaron, Dendera fue objeto incontestado de su facinación y admiración. El mayor sabio árabe, el Makrisi, que vivió en el siglo XVIII, expresó lo mismo al pasar por allí. Otros viajeros, muy numerosos, también hablaron de ello, incluyendo a Norden, a quien debemos la interesante ilustración del lugar de finales del siglo XVII.

Se tuvo que esperar al año 1801, durante la famosa campaña de Bonaparte en Egipto, para descubrir el famoso zodíaco en el techo de una de las salas del templo de Isis en Dendera. Un centenar de eminentes sabios, denominados *Comisión Científica del Ejército de Egipto* formaban parte de la expedición de guerra que incluía a 50.000 soldados. El general Desaix, comandante del cuerpo del ejército que había perseguido a los mamelucos hasta el Alto-Egipto, a unos 800 km. aproximadamente al sur del Cairo, se detuvo un día para un merecido descanso a la sombra de unas ruinas admirables, a pesar de estar hasta sus tres cuartas partes enterradas bajo las arenas, y dañadas por las miserables cabañas de paja amontonadas sobre las terrazas de los edificios: Dendera fue redescubierta.

El pueblo de Dendera sobre el tejado del templo, tal y como lo vieron los soldados y los sabios que acompañaban al General Desaix en el Alto Egipto, en 1801.

EL ZODÍACO DE DENDERA

El templo de Dendera dibujado por Vivant Denon durante la campaña de Napoléon en Egipto.

A pesar de todo, los sabios que acompañaban al general se detuvieron en seco, involuntariamente, en una sala superior frente a un techo enigmático. La carta del cielo de las eras del tiempo resurgía de la nada, donde estuvo enterrada desde el año 525 a.c., momento en el que los persas invadieron Egipto y mataron a todos los sacerdores, destrozando los templos al igual que el "Segundo Corazón de Dios".

Este descubrimiento contituyó tal acontecimiento en el mundo que es conveniente trazar la historia del mismo:

En 1801 el vizconde Vivant Denon realizó espléndidos dibujos, retomados a continuación por los especialistas del ejército de Egipto que incluía a Jollois, de gran fama en todas las Academias de Ciencias del Instituto Francés del Cairo, creado por él mismo, antes de su regreso a Francia para el 18 de brumario (segundo mes del calendario republicano francés por Bonaparte).

Este monumento se convirtió en objeto de interés universal y creó tal impacto que varios países ya lo deseaban. En Francia se organizó un viaje especial, en el mayor secreto posible, para intentar traerlo por el mar Mediterráneo. Ello tuvo lugar en 1821, con el mayor éxito y fue en 1822 cuando apareció el relato del viaje de Lelorrain, nombre de un héroe actualmente desconocido. Él trajo hasta Marsella, a pesar de muchas penurias, este prestigioso vestigio de una ciencia perdida, y fue acogido desde su llegada como un triunfador, su éxito en las masas superó ampliamente al de Gagarine, el primer hombre del espacio, hace ya veinte años.

Los hechos auténticamente históricos relatados en este capítulo, al igual que diferentes detalles poco conocidos son de los archivos de la época, el lector puede tener plena confianza y acordarles el valor que se merecen.

Bien, debemos comprender que el año, en el que se realizó la hazaña sin precedente de Lelorrain, el Pachá Mohamed Alí utilizó su nombre como medio para atraer las visitas extranjeras, además de acordar los permisos sin reserva alguna a quienes solicitaban excavar la tierra de Egipto y llevarse lo que descubriesen. Ello "*despejaría el suelo de las ruinas que lo abarrotaban y con las que el país no iba a hacer nada*". Estas fueron las auténticas palabras de este Pachá, Mohamed Alí, nacido en Macedonia, al igual que el primer Tolomeo que gobernó Egipto. De padres turcos estaba muy lejos de compartir los prejuicios de sus compatriotas contra los europeos, ya que en éstos, al contrario, tenía gran confianza para la ejecución de sus proyectos.

El Pachá comprendió rápidamente que no serían las poblaciones de Egipto las que permitirían regenerar el país. Un inglés, Briggs, sería el que dirigiría gran parte de los establecimientos comerciales; un francés: Jumel administraría sus manufacturas y otro francés: Coste, joven arquitecto de gran talento dirigiría sus construcciones, por fin, un valiente oficial de la vieja guardia, el coronel Sève, alejado de Francia por tormentas políticas, encontró asilo ahí y gozó de gran influencia que a menudo inclinaba en beneficio de sus compatriotas.

Fue en vano que algunos consejeros de Mohamed Alí, más clarividentes, intentaran interponerse de forma que Egipto pudiese conservar sus tesoros ya que demasiadas personalidades tenían sus intereses fijados y sus voces fueron acalladas: ¿cómo olvidar la ejecución de algunos trabajos, beneficiando a los árabes, y procurándoles una relativa comodidad sobresaliendo del amasijo donde vivían? Fue el caso de la Tebaida, donde las excavaciones fueron muy numerosas, fue precisamente esta región que Saulnier hijo, gran viajante y primogénito de banquero, visitó diez años antes y donde financió a Lelorrain. Veamos cómo lo describe en una carta enviada a su padre relatando sus entresijos con el Pachá:

> "Yo estaba instruido de lo que ocurría en Egipto, no sólo por los relatos de los últimos viajeros, sino también por unas relaciones particulares que mantenía ahí. En 1818 conseguí hacer llegar hasta el Pachá, gracias a un intermediario, unos libros franceses que deseaba hacerse traducir y que yo había adquirido bajo el consejo de Boghos, su primer drogman. Su elección era notable: las biografías de Plutarco, una vida de Pedro I, otra de Carlos XII, las campañas de Federico II, las de Napoleón y el manuscrito de Santa Helena. Desde entonces, ya he recibido de Alejandría varias expediciones de monumentos recogidos en Tebas, entre otros una momia que no tiene equivalencia en Europa, en ninguna colección privada o pública".

Lelorrain, en cuanto a él, soñaba febrilmente con Egipto, y él mismo contó dos años más tarde al regreso de Saulnier hijo:

> "Sólo fue en 1820 cuando soñé seriamente cómo sacar partido de las facilidades que el gobierno de Mohamed Alí concedía a todos los exploradores de antigüedades egipcias. Igualmente decidí no exponerme al azar en las excavaciones, a pesar de que cualquiera que hubiera iniciado hubiera sido exitosa. La que yo deseaba no debía engrosar el número de esos monumentos de carácter imponente, pero uniforme, que abarrotan las exposiciones en Europa. Pensé que ya era hora de rechazar las inútiles copias del mismo tipo, y que era hacia un objeto de reconocida y exclusiva importancia al que debía, si puedo expresarme de tal modo, dirigir mis miras.

> Por ello, no tardé en soñar con el planisferio esculpido en relieve en una de las salas superiores del templo de Dendera, y, después de haber pensado detenidamente, fue ese venerable resto de tan remota antigüedad el que decidí hacer transportar al seno de la sabia Europa. En esta empresa que meditaba, me pareció que, en efecto, no podía proponer otro objeto de mayor valor. Además, otras consideraciones fijaron más mi propósito sobre mi elección, ya que por una singular fatalidad, a lo largo

de una sucesión de siglos, este monumento había permanecido inadvertido en el recinto mismo donde se construyó.

Unos viajeros atentos e intrépidos, como Procopio, Bruce, Norden, pasaron cerca de él sin siquiera apreciarlo. Fue en una época de la más brillante de nuestros militares, cuando el monumento fue señalado por el general Desaix, que perseguía en medio de la soledad tebana los despojos del cuerpo de Mourad-Bey. Denon tenía gran entusiasmo y curiosidad por las artes y estaba determinado a seguir la división de Desaix. A pesar de los peligros, de las fatigas, fue el primero en dibujar el planisferio de Dendera, y fueron los sabios franceses en Egipto los que lo publicaron en el mismo período, en las memorias, permitiendo desvelar toda su importancia desde entonces.

Al igual que por los bellos recuerdos que despertó, este monumento se ha convertido de alguna forma en monumento nacional y se calcula que a su llegada a Francia sería acogido y considerado en cierto modo, como un triunfo del ejército de Egipto".

Lelorrain contactó con Saulnier, banquero que aceptó tomar a cargo el equipo de Egipto como asociado en los beneficios que podrían extraer. Saulnier escribió entonces en relación con el relato y el viaje de Lelorrain:

"No dudé en aceptar la oferta y tomarlo como asociado, ya que estaba convencido de que tenía todas la cualidades que exige tal empresa. Desde ese mismo momento me encargué sin descanso de asegurar el éxito y reunir los diversos medios necesarios, ya que era evidente que Lelorrain no encontría en Egipto los instrumentos que necesitaría para tal operación.

En consecuencia, hice confeccionar con gran urgencia sierras de diferentes medidas para poder desprender el monumento de su estructura, tijeras para reducir su grosor, y gatos mecánicos para levantar la masa, además de un trineo para arrastrarlo hasta el Nilo, la idea de este trineo tiene una forma ingeniosa y nueva que pertenece a Lelorrain, y yo consideré el mérito de esta invención como la primera garantía de éxito de los esfuerzos que él acometería.

Él llevaría mis instrucciones y al mismo tiempo, las notas y las cartas de recomendaciones que varios miembros del Instituto han querido darle. El barón Pasquier, entonces ministro de Asuntos extranjeros, también se había interesado por la empresa que se anunciaba útil para las artes y había hecho entregar a Lelorrain una carta para Pillavoine que, por entonces, realizaba como interino las funciones de cónsul general de Francia en Egipto. Con todas estas recomendaciones Lelorrain llegó al Cairo al principio de enero de 1821".

Su llegada a la ciudad suscitó inmediatamente todo tipo de rumores, los exploradores ordinarios de antigüedades egipcias, muy numerosos en aquel tiempo, deambulaban por la ciudad durante las fiestas emitiendo todas las hipótesis extravagantes sin alcanzar la correcta. Su presencia sí pareció preocupar sobre todo a Salt, cónsul general de Inglaterra, y a Drovetti que acababa de ser nombrado cónsul general de Francia, ambas personalidades eminentes se habían atribuido un derecho, casi exclusivo, sobre lo que quedaba de la herencia de los faraones y de los tolomeos. Según ellos, todas las antigüedades que formaban parte y que se situaban sobre los terrenos donde ellos habían cavado, por aquí y por ahí, les pertenecían, habiendo llegado a entenderse hicieron un pacto de paz tomando el Nilo para delimitar sus respectivas posiciones atribuídas.

El Pachá no había intervenido en estos arreglos privados, que además no tuvo en cuenta para nada a la hora de dar sus autorizaciones para las excavaciones. De forma que cuando Lelorrain le presentó su proyecto, fue recibido benévolmente preguntándole a través de un intérprete sobre el objetivo de su viaje a Egipto. Cuando Mohamed Alí supo que era para efectuar investigaciones en el Alto Egipto, le permitió sin dificultad alguna acceder y, a través de un favor especial, le entregó una carta de recomendación para su vasallo Achmet Pachá, gobernador del Alto-Egipto. El firmante en lengua turca decía:

(Aquí el monograma que significa Dios y el sello de Mohamed Alí)

> ORDEN:
> Conforme a lo expuesto y al requerimiento del navegante viajero, sujeto francés llamado Lelorrain que desea llegar hasta Wadi-Halfa para satisfacer su curiosidad y realizar investigaciones en ciertos edificios al igual que algunas excavaciones en edificios antiguos, nuestra orden presente se emana y se le remite para que pueda viajar sin temor con el objetivo descrito anteriormente, y que lejos de oponer obstáculo alguno a sus investigaciones acerca de los monumentos antiguos, los gobernadores de las provincias y los otros oficiales dedicados a la administración del país, le acordarán ayuda y protección.
> Si Dios quiere, se actuará en conformidad a estas disposiciones.
> Entregado el segundo mes de Rebi-ul Thany 1235
> (27 de enero 1821).

Esta carta ponía a Lelorrain bajo protección de cualquier peligro personal en el seno de la expedición que iba a realizar. Como él mismo relató:

> "Viajamos ahora por Egipto, ya autorizados por el gobierno del país casi con la misma seguridad que en las zonas más policiales de Europa, y ciertamente, con muchas menos posibilidades de peligro que en diferentes Estados de Italia.
> Cuando Mohamed Alí fue elevado al rango que ocupa actualmente, por el deseo de las milicias albanesas, de las cuales él era uno de sus oficiales generales, se vió obligado a tolerar los excesos de las mismas durante tres días, pero enmedio de estos desórdenes juró que en pocos años se podría caminar sin temor durante la noche por las calles del Cairo con las manos llenas de oro, y ha mantenido su palabra."

Pero si Lelorrain no tenía nada que temer en cuanto a su seguridad personal, estaba lejos de tener asegurado el éxito de la operación, cuyo secretismo era primordial. Las rivalidades que dividían a los exploradores de antigüedades egipcias eran muy conocidas bajo el acecho de los odios que estas investigaciones exaltaban, aunque era fácil reconocer que, en general, eran los interéses mercantiles los que alimentaban estas acciones, y que el amor por el arte les era ajeno. Todo se hubiera perdido si los rivales de Lelorrain hubieran descubierto su secreto, ya que con los medios de los que disponían en el Alto Egipto, sus rivales probablemente le hubieran planteado situaciones embarazosas de las cuales no siempre hubiera podido salir exitoso.

Por suerte para este proyecto extraordinario las dificultades aparentes y reales que presentaba su ejecución no permitieron reconocer el objetivo preciso. Se creyó el rumor de que la intención de Lelorrain era ir a Tebas, dirección usual de los viajeros, y ahí fue donde se organizó por todos los medios el fracaso de su propósito, cuando llegó a Dendera escribió a Saulnier:

"El templo, que hoy se designa con el nombre de Gran Templo, estaba dedicado a Isis. Es la construcción más extensa de la Tebaida, y es, inconstestablemente, la mejor conservada y la más bella.

Es un monumento que tiene la capacidad de excitar desde hace siglos el entusiasmo de los visitantes, tiene forma de un cuadrado alargado construido con piedras de arenisca sacadas probablemente de las montañas vecinas. Su fachada tiene 132 pies y varias pulgadas de longitud. Enormes columnas de 21 pies de circunferencia decoran su pórtico, en número de 24 como en el templo de Latopolis. Las paredes de sus murallas, tanto interiores como exteriores, al igual que los contornos de sus columnas, están cubiertas en toda su altura de escenas alegóricas o religiosas esculpidas en relieve y contienen una multitud de caracteres en jeroglíficos, igualmente esculpidos, destinados según su aspecto y por deducción, a la explicación de las escenas alrededor de las cuales están tallados.

La imaginación se espanta por las sumas enormes y por el tiempo que ha sido necesario para terminar este suntuoso edificio, su aspecto es tan imponente que conmueve hasta los hombres más groseros, y a los más ajenos a las artes. Se cuenta, que después de una exhausta marcha, en la que había sido presa de crueles privaciones, la división del ejército del general Dessaix, llegó al atardecer a Dendera y todos los soldados se conmovieron a la vista del gran templo y por tres veces aplaudieron de admiración".

Después de haber asegurado la posibilidad de llevar a cabo el propósito por el cual había llegado a Dendera, Lelorrain decidió retrasar el inicio de las obras previstas, ya que unos viajantes ingleses anunciaron su decisión de permanecer en el lugar para sacar dibujos, y hubieran podido, a su partida, informar de los trabajos de Lelorrain. Si no hubiera tenido la prudencia de esperar el momento correcto, se hubiera expuesto a problemas que deseaba evitar, por ello, se alejó de las ruinas de Tentiris, con la intención de volver más adelante, aprovechando para hacer correr el rumor de que se dirigia a las orillas del mar Rojo para iniciar una colección de conchas. Esa fue la información que llegó al Cairo y a Alejandría, añadiendo que por motivos de salud, Lelorrain se vió obligado a parar en el transcurso de su viaje en una villa de la Tebaida: en Dendera, hecho que no alarmó a los demás buscadores de tesoros enterrados.

El día de su regreso, Lelorrain visitó las ruinas con su intérprete y un director de excavaciones. En todos los lugares de Egipto, los árabes habían dejado de oponerse a la búsqueda de las antigüedades, antaño lo impedían ya que estaban convencidos de que los europeos sólo se interesaban en los monumentos antiguos por sus díamantes, su oro y el dinero que pudiese haber. Fue para descubrir tales pretendidos tesoros, por lo que los árabes mutilaban los restos los más preciados de las artes en Egipto.

Pero en el siglo XIX, ya conocían la curiosidad de los Europeos sólo por las piedras, aunque les parecían magos por la capacidad y el arte que tenían de extraer de los monumentos las inapreciables riquezas contenidas, por lo que se dedicaron a vender a los visitantes las antigüedades que se habían apropiado, o bien ayudaban a quitárselas a otros por un bajo sueldo, convencidos de que debían renunciar a poder sacar mayor beneficio.

Lelorrain no tuvo dificultad alguna en encontrar gente de la propia ciudad que le ayudara en sus trabajos. Se alegró al volver y sintió con satisfacción la soledad habitual del gran templo, los ingleses, por suerte, ya se habían ido, de modo que nada se oponía al inicio inmediato de las obras para sacar correctamente el Zodíaco.

El techo en el que estaba encuadrado se componía de tres partes distintas: uno de los laterales estaba ocupado por este zodíaco, el otro por una escena astronómica de iguales dimensiones, y el centro por la figura de Isis situada entre dos largas leyendas jeroglíficas. Por un lado tocaba el muro, y del lado opuesto, una de las leyendas que encuadraba la gran figura de la mujer. En las dos longitudes restantes estaban dibujados unos trazos en zigzag, que vemos en muchos bajo relieves egipcios, y que se supone, representan agua. Incluyendo estas líneas quebradas que tenían dos pies de ancho por ambos lados, el monumento tiene doce pies de largo por unos ocho pies de ancho, su espesor es de tres pies, y debe pesar de cincuenta a sesenta toneladas.

Veamos el hecho histórico a través de la carta que Lelorrain envió a su socio J.B. Saulnier, relatando la suma de las dificultades desde el inicio de esta ardua y peligrosa tarea. No debemos olvidar que esto ocurrió en mayo de 1821:

"Primero pensé conservar los bordes con los zigzag, pero viendo que no rodeaban las cuatro caras, y que evidentemente no era más que un elemento de relleno sin interés, calculé el peso de la gran piedra, que ya sería enorme de por sí e imposible de manejar. Por ello, sólo me limité a sacar el zodíaco con el cuadro en el que está encerrado. Esta explicación me lleva a dar algunos detalles relativos a su extracción."

Este dibujo en la portada, efectuado en 1801 por un miembro del Ejército de Egipto, permite ver mejor las famosas "líneas quebradas" llamadas zigzag por Lelorrain que además, tienen una explicación muy precisa.

En efecto, una línea en zig-zag, es el jeroglífico del agua, dos líneas una bajo la otra es el de una inundación o el de la crecida del Nilo. Tres forman el plural, es decir una gran cantidad de agua. Cinco muestran el diluvio, y por fin ocho líneas quebradas significan el Gran Cataclismo. Pero esto, por supuesto, nuestro explorador lo ignoraba, por ello es difícil de reprochar, y en cuanto a la reproducción de Isis con los brazos extendidos hacia el Poniente, ahí donde estuvo exactamente la engullida Atlántida, su peso impidió que se extrayera, y Lelorrain sigue la descripción de su trabajo de esta forma:

"Al principio estuve muy incómodo para realizar el agujero en el techo para poder introducir una sierra, debía atacar la gruesas piedras de tres pies de espesor, cosa imposible con las pocas tijeras que tenía, ya que si las hubiera utilizado para ese propósito, no me hubieran quedado para desbastar la piedra. Por ello, pensé en serrar en díagonal y hacia el exterior, lo que permitió ver que la sierra no mordía en seco ni mejoraba con el frío, para remediar este inconveniente mandé hacer unos dientes especiales a las sierras y sólo entonces se empezó a morder la piedra. Sin embargo, no conseguía llegar al interior de la cámara, para lograrlo encontré una solución exitosa, ya que había traido una buena pólvora: empecé por minar el trozo que había conseguido serrar, con mucha precaución para conocer el alcance de la pólvora y su fuerza, cuando todo estuvo bajo control trabajé con seguridad.

Después de dos días de trabajo agotadores, ya que tuve que hacerlo yo mismo bajo el sol y con un calor de más de cuarenta grados, sentí la gran satisfacción de conseguir realizar un agujero suficientemente grande, que agrandé a continuación con unas tijeras, para poder introducir al fin la sierra. Gracias a mis precauciones, el juego de la mina no hizo daño alguno al resto.

Pensé que había ganado bastante tiempo, pero resultó que no se podía serrar más que un pie de piedra al día y los tres laterales por cortar sumaban en conjunto veinticuatro pies, con esta cuenta haría falta un tiempo considerable, exclusivamente para esta parte de la operación y tengo demasiada prisa para ello, ya que mis trabajos no serían ignorados por mucho tiempo y si se descubrían antes de estar acabados, todo se perdería, por ello realicé dos agujeros más en los zigzag y pude maniobrar con tres sierras a la vez. Todo iba a buen ritmo, veía a mis tres operarios serrar y había estimulado a mis árabes, ya que trabajaban con un ardor increíble.

No dejaba de vigilar los trabajos ni un solo momento, los movimientos de las sierras, cuando agotado por el sol, de tal manera que no podrá imaginar su insoportable ardor, caí *peligrosamente enfermo hasta el punto que me fue imposible levantarme, una fiebre horrible me devoró y todos mis nervios se concentraron en mis articulaciones. Esto duró ocho días y no tenía médico alguno al alcance, sin embargo, un árabe me sanó con el jugo de una planta de la cual ignoro el nombre.*

Pero ello no fue importante ya que los trabajos no se interrumpieron: mi drogman fue vigilante en la realización de las obras, para recompensarlo lo contraté para sustituirme, pero entonces las obras emperazon a ser irregulares. El drogman por exceso de precaución para no alcanzar el planisferio, dió a las sierras una inclinación oblicua que ha provocado una irregularidad de corte en el grossor de las piedras y en uno de los cortes en las líneas quebradas. Esta desigualdad no ha dañado el resto y es prueba de la integridad del zodíaco.

El andamio interior destinado a sostener el conjunto, una vez serrado, gracias a los resistentes gatos, y a los escombros acumulados en la habitación permitieron que los daños posteriores se vieran minimizados. Pero para poder manipular este monumento fue necesario reducir su espesor con las tijeras hasta la mitad de su tamaño, sin tocar en nada la cara del mismo, donde estaba grabado el zodíaco. Sólo después de esto se izó hasta la terraza superior para bajarlo hasta el suelo. En total, esta delicada operación se ha realizado en 22 días. Ahora se puede pensar en los medios para transportar este monumento hasta el lugar preciso del Nilo donde espera el barco, a sólo ocho kilómetros del templo.

Para conseguirlo, en primer lugar era necesario cruzar los montículos del campo de ruinas que rodeaba Dendera extendiéndose sobre varias hectáreas, además del terreno irregular y de los escombros, la tierra estaba cortada por canales de irrigación de varios milenios de antigüedad que traían el agua del río a las casas de los sacerdotes.

Aún resultaría más difícil transportar tan pesado fardo de una sóla pieza, este planisferio ya troceado, superó los escombros que se amontonaron para su extracción, y en el primer día se llegó al limite de las ruinas.

El segundo día recorrió dos kilómetros cargado sobre un trineo, pero las vigas sobre las que rodaba fueron aplastadas por el peso de las losas y no se pudieron usar el tercer día, interrumpiéndose de esta forma el viaje hacia el Nilo. La poca madera recuperada de los alrededores sólo sirvió para asegurar el deslizamiento durante el resto del día, la distancia recorrida no superó el kilómetro. A continuación vino la gran prueba de fuerza y de nervios, ya que sólo con la ayuda de los gatos primero, y el sostén de los brazos humanos, cada vez más numerosos de los árabes agotados, después, se consiguió hacer avanzar la muy pesada carga, y a pesar de un día de doce horas tórridas y extenuantes de trabajo, sólo se avanzó de cincuenta a sesenta pasos, durante los tres últimos días, a pesar de mi convalecencia, participé en los penosos trabajos bajo un calor tórrido con el fin de llevar a cabo la tarea encomendada".

Lelorrain necesitó 16 días y más de 50 hombres para conseguir llegar con su carga intacta a orillas del Nilo. Pero lo peor aún quedaba por venir. En este período de sequía, el nivel de las aguas había bajado tanto que elevó el nivel de las orillas a seis metros en vertical, lo que obligó a excavar un camino capaz de aguantar la prodigiosa carga del zodíaco con una inclinación que no superara los 45° (grados) de modo que el trineo no volcara.

En cuanto se hubo acabado, treinta hombres se encargaron de hacer bajar el conjunto con ayuda de cordajes sujetando el todo, de forma que el deslizamiento fuera más fácil y seguro, se introdujeron unas tablas untadas con jabón bajo el trineo. Apenas se soltaron un poco las cuerdas, arrastrado por su propio peso, el enorme trineo resbaló bruscamente por la pendiente rompiendo las amarras y atropellando a los hombres que intentaban recuperar las amarras, con la rapidez de un rayo, la pesada carga se hundió en la tierra blanda a unos pasos del Nilo.

El zodíaco, por suerte, no sufrió daños en este escabroso accidentado descenso, y unas cuantas horas más de trabajo encarnizado permitieron cargarlo en una barca con el fin de llevarlo al barco que se había situado en el medio del río. Pero Lelorrain aún no había llegado al fin de sus penas, un peligro proveniente de la barca en sí acechaba: llena de invisibles fisuras que bajo el peso de la carga se convirtieron en grietas por las que el agua se filtró a presión rápidamente.

En menos tiempo del que se necesita para escribirlo se hundió un pie y siguió inundándose, mientras que algunos árabes, a grito pelado, ordenaban vaciar el agua, otros intentaban tapar los agujeros sin llegar a conseguirlo, pero el conjunto de ambas operaciones permitió llevar las dos piedras que formaban el zodíaco hasta la faluca y subirlas *in extremis*.

Cuando se dió orden al "*Rais*" de aparejar la barca, éste declaró en tono categórico que no haría nada, ya que las aguas río abajo eran poco profundas para poder navegar, lo que, por supuesto, era falso, y persistió en su mentira. Lelorraine no podía demostrarlo, pero no tardó en sospechar que la auténtica causa era que un americano, Bradich, que había llegado a Dendera mientras él realizaba los trabajos de desprendimiento del zodíaco, seguramente habría testimoniado con entusiasmo a su regreso al Cairo frente a cualquier autoridad ávida de apropiárselo y, de paso, sobornó a los árabes del barco.

De ello tuvo la confirmación al día siguiente por su *drogman*, que le contó que el *Rais* reconoció haber recibido mil piastras turcas para impedir la salida del cargamento durante tres semanas al menos. Lelorraine comprendió que era de vital importancia adelantar ese tiempo que le querían hacer perder inútilmente. Así que prometió al jefe de la faluca que si salían de inmedíato y alcanzaban El Cairo sin problemas, tendría la suma convenida de antemano, más las mil piastras que le habían sido prometidas por otro lado; conmovido por esta clemencia y la nueva proposición, el *Rais* se arrodilló y juró fidelidad eterna asegurando que ninguna seducción exterior lo detendría en su camino al Cairo.

En efecto, después de una navegación irreprochable, el barco se detuvo a unos doscientos kilómetros de la capital. En este punto se cruzaron con una embarcación que venía a toda vela hacia el sur. Los ocupantes de la faluca los reconocieron, se detuvieron y los interpelaron. Juntando los barcos, un empleado civil, en nombre del cónsul general de Inglaterra, les instó a entregar el zodíaco de Dendera que tenían a bordo, ya que él debía entregarlo y ejecutar la orden de Kaya-Bey de la que era portador.

Lelorraine replicó claramente que no tenía que recibir orden alguna, ni de los ingleses, ni de cualquier otro, por el buen motivo de que él mismo era portador de un escrito redactado y firmado por el Pachá Mohamed Alí. Y que si cualquier persona del otro barco se interpusiera en la continuación de su viaje violaría, además, un pabellón francés cuya bandera mandó izar inmediatamente en el mástil a fin de ponerlo bajo su protección.

La sóla amenaza convenció al diplomático inglés que tuvo miedo de las complicaciones inesperadas que podían surgir, por lo que cedió el paso prudentemente y Lelorraine retomó su ruta dejándose llevar por la corriente descendente y un viento favorable hasta El Cairo, donde llegó el 14 de junio.

La ciudad estaba en plena efervescencia y las autoridades preocupadas por otros acontecimientos muy graves: La noche anterior, el Pachá había salido a toda prisa hacia Alejandría, ya que sus espías le dijeron que la guarnición del puerto proyectaba masacrar a todos los cristianos que estuvieran allí, relanzando de esta forma otra guerra santa. El Pachá quería evitar tal catástrofe, ya que ello retrasaría la prosperidad renaciente del país.

Todas las emboscadas tendidas a Lelorrain se detuvieron. Además ya no tenía nada que temer, ya que el intento de seducción, del cónsul británico al Pachá, antes de que éste saliera para el Delta, había sido en vano. Mohamed Alí tenía otros problemas que resolver antes de ocuparse de las quejas que no entendía en absoluto. En efecto, con el propósito de no recibir al cónsul inglés, el Pachá exclamó irritado:

¡No comprendo cómo dos piedras pueden ser objeto de tales discusiones, ya que en este país las hay para todo el mundo!

Lelorrain embarcó el zodíaco en el primer barco con destino al puerto de Marsella con fecha de 18 de julio de 1821. Fue así como el planisferio, reproducido por sexta vez en el mismo lugar, y que grabado bajo Tolomeo Evergetes II, constituye la pieza de archivo más antigua del mundo, llegando a Marsella 6.400 años después de que esta carta del cielo, bajo forma de advertencia, fuera archivada para nuestro conocimiento.

CAPÍTULO SEGUNDO

LLEGADA DEL ZODÍACO A PARÍS

"Mi primera alegría fue convencerme que mi entusiasmo no había sido una ilusión. Todo es interesante, se debería dibujar el todo para tener lo que se desea observar. Empezaré pues, por la sala que motivó el viaje: la sala del Planisferio Celeste".

Jollois, *Viaje a Egipto*

"En los Salones sólo se hablaba del zodíaco. ¿Lo ha contemplado? ¿Qué piensa del zodíaco? Eran las preguntas a las que se debía contestar, bajo pena de caer del rango de hombre o mujer de buen tono. La moda tan potente en Francia dignó hacer a un monumento de tal antigüedad, ¡el honor de admitirlo en su variable imperio!"

Periódico encliclopédico,
Extraido de la editorial del nº de agosto de 1822

El escrito a continuación es de Saulnier hijo, que cuenta en una bella misiva, impresa en 1822 y vendida por el autor, la continuación de la extraordinaria aventura de este carta grabada del cielo en Dendera:

"Fue el 9 de septiembre de 1821 cuando el zodíaco circular entró en la ensenada de Marsella. En el edificio donde se había cargado se me entregó una carta que me había remitido Lelorrain. No había tenido noticias suyas desde el mes de marzo por lo que estaba preocupado por su salud, e incluso por su vida, tenía frente a mi el éxito de su operación y por su carta supe lo más importante: que seguía con vida.

Acto seguido escribí a las diferentes clases de Institutos a los que este tipo de acontecimiento podría interesar, para anunciar la llegada del zodíaco a Francia. El modo en que la noticia fue acogida fue la primera y la más preciada recompensa de mi empresa.

La Academia de Bellas Artes me propuso, por intermedio de uno se sus miembros, solicitar al ministro del Interior cargar sobre su ministerio los gastos del transporte del monumento desde Marsella hasta París. El mismo día en que la academia del registro y de las Bellas Letras recibió mi comunicación, su secretario perpetuo escribió en respuesta:

"La Academia ha llevado a cabo la lectura, con gran interés, de su carta por la que nos informa de la llegada a Marsella del planisferio de Dendera. Ella os felicita por el feliz suceso de la honorable empresa para Francia que se podía creer imposible lograr. La Academia os ruega recibir sus agradecimientos por lo que ha tenido a bien comunicar su ofrecimiento para poder examinar este precioso monumento en cuanto llegue a París".

5 de octubre de 1821
Firmado: Dacier

"Salí para Marsella en seguida, para poder estar en el momento del desembarco del zodíaco y controlar los cuidados necesarios para que su transporte se realizara sin incidentes. Cuando llegué a la ciudad, supe que no iba a ser introducido en el puerto hasta el 27 de noviembre, ya que uno de los pasajeros del barco había enfermado. Lelorrain llegó pocos días después que yo y su cuarentena debía terminar al mismo tiempo que la del monumento.

Como ambas presencias eran inútiles, volví a ponerme en marcha hacia París. Supe que antes de dejar Egipto, Lelorrain había vuelto a enfermar probablemente por las penurias y las fatigas soportadas. En cuanto su convalecencia se lo permitió, embarcó hacia Alejandría y por suerte fue recuperando salud durante la travesía que duró cuarenta y cinco días. Ello fue determinado por los administradores de la Salud, el zodíaco desembarcó el 27 de noviembre y se pudo comprobar que no había sufrido más daños cruzando los mares que cruzando los siglos."

Interrumpamos un momento esta lectura para demostrar el interés que provocó el desembarco del monumento en Marsella, varios periódicos le dedicaron un artículo en primera página. He aquí un extracto del periódico de París:

"Es difícil describir la curiosidad que ha suscitado el zodíaco de Dendera cuando salió de su cuarentena, los marselleses en esta ocasión no han desmentido su origen griego. Apenas sacado del barco que lo contenía, el general que ordenaba la división, Damas, el prefecto del departamento y Mongrand, alcalde de la ciudad, llegaron hasta el pontón donde acababa de depositarse. Numerosos grupos se presentaron simultáneamente, pero fueron rechazados por la imposibilidad de recibirlos a todos, yo fui de los pocos afortunados que formó parte del pequeño grupo de elegidos."

Saulnier describe con énfasis su monumento diciendo:

"Es con un sentimiento casi religioso que me acerqué a este antiguo monumento. La pureza, la finura de los trazos de los signos astronómicos me han parecido admirables. Su conservación me ha sorprendido aún más, ya que no he observado degradación alguna más que en las figuras del gavilán que sostienen el planisferio. Estas degradaciones poco considerables tienen un aspecto casi simétrico que me hace pensar que han sido hechas adrede. Se podrían quizás atribuir a los soldados de Cambises cuando excitados por el fanatismo de los magos, desearon aniquilar los más hermosos monumentos de Egipto. La gran antigüedad de la que hablo da realmente veracidad a esta conjetura".

Es cierto que el prefecto ofreció que la administración soportara los gastos de su traslado a París, los periódicos de Marsella informaron de que ningún derecho había sido percibido para su introducción en

Francia. El director general de aduanas había escrito al director de la ciudad que un monumento sin precio, como del que se trataba, debía ser considerado de alguna forma como propiedad pública.

Desde su entrada a puerto, la casa de los hermanos Gil, que están a su cargo, se llenó de curiosos que solicitaban el privilegio de ver el monumento, y para conseguirlo varios extranjeros ofrecieron sumas considerables a la incorruptible vigilancia que estaba apostada de guardía. El entusiasmo es general y no se esperaba que la gente expresara de forma tan exagerada su amor por las artes en una ciudad que parecía absorta por los negocios.

El architecto Penchaud, de gran talento, vigiló el embalaje de este monumento de valor incalculable para que, a su llegada a París, estuviera tan bien conservado como cuando estaba suspendido en la bóveda del templo de la antigua Tentiris.

Antes de que el zodíaco saliese de Marsella, un extranjero ofreció una suma considerable, esta primera proposición fue seguida de otra más ventajosa, pero no se dió seguimiento a esta negociación. El conde Siméon, por entonces ministro del Interior, testimonió el deseo de comprar el monumento en nombre del gobierno, incluso había escrito al prefecto de Les "Bouches-du-Rhône" para que lo mantuviera informado de la sucesión de los acontecimientos.

Este monumento será probablemente la joya del gabinete del rey, en el museo del Louvre, ya que es tan interesante para la historia del cielo como para la historia de la antigüedad, de las artes y del dibujo. Pocos días después de su llegada a París, Lelorrain se entrevistó sobre ello con el ministro de la casa real, entre cuyas atribuciones estaba la de dirigir el museo, a continuación escribió el 25 de enero pasado a Corbière, que acababa de ser nombrado ministro del interior y en cuya cualidad estaba encargado de la administración de ambos monumentos. Éste no tardo en nombrar una comisión a la que confió el deber de examinar el monumento y de informarle.

Esta comisión estaba formada por Cuvier y Fourier, ambos de la Academia de las Ciencias y el señor Walckenaër de la Academia de las Inscripciones y Bellas Letras. La opinión de estos miembros no podía plantear duda alguna y a lo largo de la primera entrevista uno de ellos comentó que si el gobierno no adquiría el monumento, se debería hacer una suscripción pública del mismo, deseando que lo que quedaba del honor nacional se interesase en ello.

Esto era también la opinión común, los periódicos se hacían eco de los diferentes partidos que se dividían y todos testimoniaban unos sentimientos uniformes en este punto.

"Como los miembros de la comisión me aconsejaron vivamente moderar mis pretensiones para facilitar el éxito de la negociación con el gobierno, no dudé en declarar que estábamos dispuestos a aceptar su estimación.
Estaba seguro que apreciando el valor del zodíaco, estimarían el valor del mismo y de su importancia. Las dificultades de nuestra empresa, los gastos que se habían adelantado, la suerte que podía hacer que todo se hubiera perdido en vano, los peligros que acecharon al que voluntariamente y con bravura lo había arriesgado todo".

Cuando la Comisión tuvo su informe se escribió al ministro del Interior la carta siguiente:

"Nos acaban de informar que la comisión que usted encargó para examinar el zodíaco circular de Dendera ha terminado su trabajo. Esperamos en consecuencia que su Señoría tenga a bien informarnos los más pronto posible la decisión que se tomará según el informe de esta comisión. Sentirá, sin que tengamos la necesidad de comunicárselo, cuan incómoda es la incertidumbre en la que nos encontramos desde hace varios meses. Esta incertidumbre, sin embargo, no nos ha impedido rechazar en Marsella, al igual que el prefecto de Bouches-du-Rhône comunicó a su predecesor, la oferta que una casa extranjera nos había realizado de doscientos mil francos para el zodíaco.

Esta oferta representaba a la época algunas ventajas reales, ya que aún no se había realizado el gasto de porte de Marsella a París. Para mejor demostrar a su Señoría nuestro deseo de tratar con el Gobierno, proponemos y sugerimos ser reembolsados a través de pagos sucesivos que se dividirían en dos o tres ejercicios. La adquisición del Planisferio de Dendera, si el pago se conviene de esta forma, no será por supuesto ni onerosa, ni molesta para el ministerio del Interior. Y aún representaría menos si el precio fuese por mitad soportado por el ministerio de la Casa Real.

Hemos entrado en estas explicaciones porque deseamos evidenciar de forma auténtica a su Excelencia el sincero deseo que sentimos de que Francia, donde tantas conveniencias han situado su ubicación, pueda conservar el preciado monumento del que somos poseedores".

París a 4 de abril 1822.

En espera de una solución referente a la propiedad del planisferio, se desencadenó desde este día una tempestad entre los honorables miembros de las sociedades sabias del mundo entero. Fue el objeto de las más vivas polémicas, ya que ciertos medios científicos cristianos protestaron con una terrible vehemencia cualquier tipo de antigüedad relevante del planisferio.

La supuesta antigüedad de la carta del cielo inscrita en este grabado no presentaba duda alguna para los sabios que la habían estudiado en Egipto, confirmada a continuación en Francia por varias fuentes. Pero debemos reconocer que la Iglesia mantenía, con furia y con todo su peso, a los que negaban un pasado a este monumento calificado de forma irrisoria como zodíaco, ya que no podía ser más que una provocación blasfema contra la misma Historia Sagrada.

Tal envergadura de desacuerdo envenenó para siempre el debate en algunos medio y relaciones, surgiendo varios clanes ferozmente opuestos: los miembros más eminentes de las sociedades sabias de todos los países. La variedad de las hipótesis, de las cuales algunas eran de lo más fantástico, demuestra una cierta falta de estudios astronómicos de dichos eruditos, confundiendo efecto y causa como un engaño imaginado. De ahí la esterilidad de la discusión que debería haber unido todos los esfuerzos y todos los valores para obtener una síntesis constructiva y alcanzar la "Verdad" sobre el fantástico monumento.

El número de obras aparecidas en los dos años posteriores a su llegada a París es espantoso, nombraremos para resumir por interés del lector apasionado sobre este hecho histórico el pensamiento de cada uno de los cuatro jefes de filas presentes:

1. J. Saint-Martin, miembro del Instituto de Francia y de la Academia, publicó en 1822 un amplio memorial detallado, bien documentado, cuya conclusión estaba al alcance del público, invitándolo a no volver a la polémica: "*Para resumirlo en dos frases, el planisferio que decoraba antaño uno de los techos de las salas superiores del gran templo de Dendera, es un monumento de baja época, cuyo origen no remonta a más de 2.700 años*".
2. El Abad Testa, secretario de las Letras Latinas de su S.S. el Papa en el Vaticano e igualmente miembro de la Academia de Roma, escribe esta carta en 1822 sobre el zodíaco de Dendera que hizo mucho ruido, pues en este nivel del debate fue como una puesta en guardia contra un sacrilegio de excomunión, por lo que este documento es de relevancia y fue traducido a varios idiomas, he aquí el prefacio de la traducción francesa de 1837 que desvela ampliamente la forma de pensar de su autor: "*Él (Testa) pensó que era su deber como sabio, destruir las ideas que podrían nacer por este descubrimiento del Zodíaco de Dendera. Él ha demostrado que era sin razón que algunos enemigos de Moisés y de la Santa Escritura querían servirse de este nuevo medio para apoyar su sistema de eternidad del mundo, o al menos de su mayor antigüedad. Pero la Santa Escritura se mantiene como una roca contra la cual vienen a romperse todos los demás sistemas.*"
3. Dupuis, autor de fama como astrónomo competente, fue el primero en desencadenar esta lucha epistolar, publicando en 1814 una memoria que sacudió aún más a los eclesiásticos. Se convirtió de inmediato en el enemigo de Moisés y de las Santas Escrituras, asegurando con pruebas fehacientes y demostrando que el planisferio era impropiamente llamado zodíaco, ya que era la emanación de un pueblo que vivió al menos diez mil años

antes de Cristo, sin embargo, para la Iglesia, Adan había nacido cinco milenios antes de la era cristiana, mientras que la tierra no existía en la época enunciada por Ch. Dupuis.

Este erudito profesor de matemáticas y muy amante de la astronomía era un apasionado investigador celeste. En su admirable Memorial, hizo intervenir la precesión de los equinoccios para justificar su datación del cielo grabado en el planisferio, y añadió como conclusión, para desafiar a sus eventuales detractores: *"Como no es en su cuna que una tal civilización haya podido organizarse y establecer la necesidad para el estudio del cielo sistemáticamente observado, debemos admitir que este pueblo tuvo antes de Dendera una antigüedad aún mayor a otro período de doce mil años."*

4. El astrónomo Biot, físico y miembro de la Academia de las Ciencias que, dándo un valor de 700 años de antigüedad al zodíaco, demostró de hecho que era de tal antigüedad que podía remontar al origen de los tiempos. El propósito de sus observaciones astronómicas en cuanto al zodíaco es un ejemplo de ello: *"Si es cierto que la desigual división de los signos del zodíaco de Dendera expresa la diferente situación de los equinoccios a la hora de su construcción, esto demostraría que los Egipcios poseían en estos mismos períodos de tiempo, muy remotos, una astronomía de gran sabiduría. Siendo el estado más o menos avanzado de esta astronomía un elemento que no debe mantenerse al margen de la interpretación del monumento".*

A pesar de la violencia de los antagonismos, se advierte hoy que cada uno tenía razón a su modo. Y esto se escribe, no como el juicio de Salomón o para dejar de ofender, sino porque es la simple expresión de la verdad, tal y como se desarrollará más adelante.

La Iglesia ha reconsiderado su postura de antigüedad y origen de la Tierra desde hace tiempo y todo el mundo está hoy de acuerdo en situar el primer homínido alrededor de hace tres millones de años. La Comisión Bíblica del Vaticano, reunida en 1958, permitió a todos los investigadores encontrar la verdadera cronología del Génesis en el cual nada justificaba la interpretación errónea de las cifras en uso aún en el siglo XIX, cuando llegó el zodíaco.

Este planisferio es la indicación de una advertencia solemne, de una puesta en guardia contra una nueva insurrección al respecto de los mandamientos de la Ley de la Creación. Y es para evitar tal renovación de calamidades, en la que esta vez no habría ciertamente superviviente alguno, que los primeros rescatados llegando al Segundo Corazón, elevaron la primera construcción: el templo en la gloria de Dios para agradecer el haber sellado una nueva alianza a su llegada en este lugar de la Tierra.

En el techo de la construcción más alta, ellos reprodujeron la carta del cielo del día señalado: El del Gran Cataclismo cuando su continente desapareció en el Poniente, creando millones de dormidos, muertos a la vida terrestre pero resucitados en el más allá gracias a la resurrección de Osiris y a la obediencia de las nuevas generaciones surgidas a través de su hijo Horus.

Esta carta del cielo, este planisferio convertido en zodíaco será detallado por cada uno de los autores eruditos, cada cual a su manera, en los capítulos siguientes. Pero para que el lector pueda aclararse en este laberinto astronómico, vamos a detallar el círculo interior, el que contiene las doce constelaciones. Es una espiraloide perfecta, tal y como está enseñado en el medallón que ilustra el principio del capítulo anterior.

Hay que añadir que el jeroglífico que representa una espiral significa la Creación. De esta forma, el ideograma general es el de una nueva creación ya que algunas figuras están en el sentido opuesto a las otras, como se explicará a continuación.

El León incontestablemente abre la ronda interminable de las constelaciones porque es el guía. Está sobre una "Mandjit", la barca salvadora del cataclismo, y las otras once lo siguen.

Observamos debajo otro león con la cabeza girada, significando así que el cálculo a utilizar es el de la precesión de los equinoccios[4] para encontrar la fecha precisa del cielo grabado. El astrónomo y el escultor para poder precisar sus pensamientos incluso giraron las figuras de Géminis y de Cáncer que son las últimas del orden en el que el Sol recorrió las constelaciones bajo los influjos del Corazón-del-León: Regulus.

Primera constatación astronómica: El Sol navegaba en la constelación de Leo de 11.767 a 9.751 antes de Cristo. Se hubiera alcanzado la última fecha si no hubiese ocurrido, justamente, el gran cataclismo sobrevenido en 9.792 antes de nuestra era. Hay aquí una correlación evidente que no puede ser más desconcertante para cualquiera que no sospechase la antigüedad real del egipto faraónico. Ciertemente fue lo que paró inconscientemente a algunos de los más famosos polemistas que estudíaremos.

Veamos, pues, las doce figuras zodiacales en su sentido precesional tal y como han sido grabadas en el techo del gran templo de Dendera. Pondremos en itálica todos los nombres de las estrellas o constelaciones incluidas en estos doce ideogramas actualmente mitificados:

Leo. Está situado sobre *la Hydra, el Cuervo* mira hacia la cola. La figura de mujer, que sigue al León, se situa frente al *Cuervo*, correponde sin duda a la estrella que denominamos la *Copa*.

- Virgo. Ella está detrás del León llevando una espiga. Es Isis, y la espiga es su hijo Horus, representados no figurativamente dentro del círculo inferior del planisferio, lo que permite un cálculo preciso.
- Libra. Encima de ella hay un círculo en el que se ve la silueta de una mujer agachada. Este punto tan particular ha sido objeto de numerosas controversias, girando también alrededor del origen griego o egipcio.

---

[4] Se trata del retroceso en el espacio que hace retrogradar la tierra sobre ella misma 360° en 25.920 años, es decir, un retroceso de 72 años por grado.

- Escorpión. Tiene la cabeza girada hacia Libra, haciendo de ella su punto de mira. Pero es la silueta de Nut, la reina virgen, la madre de Osiris, representada en su burbuja.
- Sagitario. Tiene la forma de un centauro alado con dos rostros, sus patas delanteras están sobre una barca, su simbología se desarrollará posteriormente.
- Capricornio. Tiene la parte anterior de una cabra y la cola de pescado. El pájaro que está delante indica un punto celeste: el de la constelación del *Cisne*.
- Acuario. El que vierte las aguas, personifica el Diluvio o la Edad de Oro, es el patriarca que tiene las dos urnas que derrama de arriba abajo sin que él mismo sepa cual es cual.
- Piscis. Simboliza el segundo advenimiento de Osiris y Set, los Gemelos. Aún están ligados por la cola, símbolo de unidad filial que les une a Nut, su madre. Entre ellos se encuentra claramente dibujado el *Cuadrado de Pegaso* y *el Pórtico* o el Pastor.
- Aries. Su cabeza está girada hacia atrás mirando el final predestinado del Segundo Corazón. La fecha aquí indicada está situada entre el 2.304 antes de nuestra era y el año del nacimiento del segundo hijo de Dios, que será el Salvador, la destrucción de los persas tuvo lugar en 525 a.C.
- Tauro. Parece correr hacia el Poniente mirando también hacia atrás. Es la figuración de Osiris cuyo apogeo se situa más allá de la muerte terrestre en este período en el que el Sol precesional duró de 4.608 a 2.304 a.C., recordemos que en 4.244, Menes, primer faraón de la primera dinastía, restableció la integridad del Primer Corazón en un Segundo Corazón, de ahí el enorme valor de este monumento que es el planisferio de Dendera.
- Géminis. Se dan la mano, pero caminan el uno tras del otro. El simbolismo es evidente, y lo hemos visto, se trata de los dos hermanos enemigos, Set y Osiris. Una guerra sin piedad los opuso durante todo este período y por ello tomó esta demominación típicamente egipcia.
- Cáncer. Aún estaba representado por un cangrejo, segunda forma del escarabajo privilegiado en la jeroglífica. Es incontestablemente la última de las Doce grabadas en el techo monumental. El modo en el cual el escultor ha ejecutado el orden

de representación penetrando en el interior del círculo es muy honroso para el promotor. No deja duda alguna sobre la intención de cortar la ronda de los astros definiendo a Leo como el jefe, a fin que todos los cálculos de la Creación, la Ley del Creador y los mandamientos referentes a las criaturas, tengan efectivamente al León como punto de partida.

Es cierto que la sala donde se encontraba el zodíaco circular estaba destinada a enseñar las premisas de los misterios. Era ahí donde se enseñaba, a los que querían llegar a la iniciación, los preliminares gloriosos de esta alta antigüedad transmitidos durante diez milenios gracias a los sacerdotes. Los once años de estudios intensivos previstos en la Doble Casa de Vida de este Templo apenas bastaban para asimilar todas las figuras simbólicas de los cuerpos celestes y toda la alegoría de los movimientos de los astros a través de la historia de los Hijos de Dios que habían presidido la "Alianza en Ath-Kâ-Ptah".

El planisferio de Dendera era más propio para servir en esta demostración que las formas dadas a las constelaciones, representando a unos antiguos egipcios cuya piedad semultiplicó de forma iconográfica sobre los muros de centenares de templos a orillas del Nilo. Y es en esta fabulosa teogonía vista por Platón durante su estancia de cinco años en Egipto, de la que escribe en el *Timeo* en boca de un sacerdote egipcio: "Vosotros los griegos, no sois más que unos niños sin pasado".

Pitágoras también viajó a Egipto y a Dendera para acceder al conocimiento después de múltiples peripecias. Cuando volvió a Europa enseñó ideas sobre la constitución del universo mucho más sanas que las que serían profesadas por los griegos de la escuela de Alejandría. Fue el primero en hacer conocer la doble rotación de la Tierra, sobre ella misma y alrededor del sol.

También pensaba que las estrellas fijas eran unos soles innombrables repartidos por el espacio y que formaban centros de otros sistemas planetarios. Estas nociones tan exactas sobre el sistema del mundo demuestran los grandes progresos que hizo la astronomía en Egipto.

Sin exponerme a ser tachado de temerario, podemos pensar que Tales, Pitágoras y todos los filósofos que habían ido a estudiar a la misma fuente durante su estancia en Egipto, fueron al planisferio del gran templo de Dendera. Este zodíaco es el único monumento astronómico egipcio que tiene forma circular. Las dos piedras sobre las que está realizado el zodíaco son de la misma naturaleza, pero con cualidades diferentes. El grano de la más pequeña es más fino y está más apretado, ello provoca que sus esculturas tienen algo más de calidad que las de la grande.

Las antorchas de los iniciados y de los viajeros, al igual que otras causas aún, dieron a estas dos piedras sombreados que no le son naturales. A menudo se dijo que se parecían a un bronce antiguo: Quizá se podría comparar más exactamente al hogar de una chimenea, ya que contiene a la vez tonos de hollín y de ceniza. La variedad de estos diferentes tonos daba a nuestro monumento en algunos puntos el aspecto de un gran camafeo.

Dupuis, Volney y otros sabios de los que hablaremos más adelante se apoyaron en el zodíaco de Dendera para mantener que el universo existía desde la eternidad retrocediendo su creación a un pasado muy remoto. Fourier, de la Academia de las Ciencias, realizó un estudio en profundidad y reconociendo la gran antigüedad del monumento, dio explicaciones que, no obstante, no tienen nada de inconciliable con la tradición cristiana.

Sea lo que sea, me abstendré de abordar aquí este problema, ya que se verá ampliamente desarrollado en la obra que termina la trilogía atlante y que aparecerá próximamente.

A pesar de todos los sabios que refutaron en las *Memorias* dirigidas a las diversas Academias, entre 1822 y 1823, la antigüedad de Dendera, y cuyos escritos serán reproducidos en los próximos capítulos, muchos otros eruditos buscaron respuesta al valor del planisferio. Nombraremos sólo a Visconti, que pretendió que no databa más allá del primer siglo de la era cristiana. Independientemente de los motivos copiados a la astronomía sobre los que se basaba, Visconti daba valor a una opinión analógica que pretendía hacer coexistir los estilos de la escultura del gran templo de Isis con los de las esculturas griegas. Veremos en las observaciones de Dupuis hasta qué punto una opinión puede diferir sobre un mismo objeto.

En las dos disertaciones que publicó sobre ello, Visconti busca en un suplemento aparecido en el momento de la traducción de las obras de Herodoto por Larcher, al final del tomo II, para sacar partido de una inscripción en caracteres griegos que está en un pilar en el que se menciona el nombre de Tiberio. Es como si se pretendiese que el Louvre fue contruido durante el gobierno de Napoleón, ya que la inicial de su nombre se ve repetida. Es probable que esta inscripción haya sido plasmada por adulación o agradecimiento en ocasión de alguna restauración o donativo realizado al gran templo de Dendera en tiempos de Tiberio.

Apenas es posible suponer que un tirano expoliador, tal como fue éste, haya utilizado una suma necesariamente considerable del presupuesto de Egipto cuando se convirtió en una provincia romana para elevar a orillas del Nilo, un dios que no era el de su patria, un templo cuya magnificiencia no era igualada por ninguno de los más antiguos monumentos de la metrópolis del imperio romano.

Saulnier, en su Memoria, también habla de esta antigüedad, he aquí el final de su interesante disertación, ya que él mismo fue el instigador y el segundo protagonista:

"Todos los edificios del mismo estilo que los de Dendera, construidos a orillas del Nilo, deben datar de una época en la que Egipto era la sede de un vasto imperio que se extendía hasta las profundidades de África, a unas distancias que nos son aún desconocidas. Recientemente acabamos de descubrir a más de trescientas leguas de la primera catarata, unos monumentos del mismo estilo que los del valle de Tebas. Fue cuando este imperio existió y el sacerdocio mantenía tanto a los reyes como al pueblo en su dependencia y ejercía una influencia todopoderosa, que debió eregir estos vastos e imponentes monumentos, al igual que en la Edad Media se realizaron con grandes gastos nuestras basílicas cuando la autoridad del clérigo romano aún no era contestada por los escritos de los reformadores ni de los filósofos."

San-Martin, de la Academia de Inscripciones y Bellas Letras, en una memoria extremadamente curiosa que acaba de publicar sobre el planisferio, combate el sentimiento de Visconti a través de medios muy ingeniosos de los que sacó partido por los nombres de los reyes escritos en caracteres sagrados en el recinto donde estaba el monumento. En cuanto al resto, desde que en Francia se implantó la opinión de los que mantenían que el monumento era de época posterior a la invasión de Cambises, todo se vio abandonado. Se llega incluso a asegurar por Visconti, la poca similitud de la imagen con los dibujos efectuados antes de su transporte a Francia. El primero por Denon, el segundo por Jollois y Devilliers. Sólo en su segundo viaje a Dendera cuando Denon tuvo el placer de realizar su maravillosa obra. He aquí los términos en los que da cuenta de la circunstancia de este acontecimiento:

"En Quena, yo veía desde mi ventana las ruinas de Tentiris, a dos leguas al otro lado del Nilo. Estas ruinas de Tentiris, que recordaba con tanto interés y de las que particularmente echaba de menos el zodíaco, que demostraba de forma tan positiva los grandes conocimientos de los egipcios en astronomía. En Dendera no se pagaba el miri y como se enviaban cien hombres, yo los seguí. Sólo había veinte minutos de camino desde Dendera hasta las ruinas de Tentiris, llamadas ahora Berba nombre que los árabes dan a todos los monumentos antiguos. Llegamos de noche al pueblo, y al día siguiente fui con treinta hombres a las ruinas que poseía, y esta vez con toda la plenitud del reposo y la calma. Mi primera alegría fue convencerme de que mi entusiasmo por el gran templo no había sido una ilusión por la novedad. Todo en él era interesante, se debería dibujarlo al completo para poder expresar todo lo que se desea informar. Nada ha sido realizado sin objeto. Mi tiempo se ve muy limitado, empezaré, pues, por lo que de alguna firma es el objeto de mi viaje: el Planisferio Celeste.

El suelo muy bajo y la oscuridad de la habitación no me permitían trabajar más que pocas horas al día. La multiplicidad de los detalles y la dificultad de no confundirlos observándolos *de forma tan incómoda, no me detuvo. El pensamiento de aportar a los sabios de mi país un bajorrelieve egipcio de tal importancia, me motivó para padecer con paciencia la tortícolis que me acarreó dibujarlo.*

Mis dibujos, mis trabajos y mis investigaciones se detuvieron por el apremio del Cheik del pueblo por librar la zona de nuestra presencia que de pronto le molestaba. Desde el primer día se dirigió al estado mayor para depositar su contribución y el general se vio obligado a convocar sus tropas, que yo debía seguir y mi expedición acabó de esta triste manera".

El dibujo del zodíaco circular realizado por Denon, contiene sin duda algunos errores, pero no son estas inexactitudes las que provocan sorpresas, sino más bien su fidelidad a la suma de los trazos reproducidos pensando en la rapidez con la que lo hizo. Su escrito da perfectamente cuenta de tan difícil ejecución. Se queda uno sorprendido de la multiplicidad y del mérito de los dibujos realizados en Egipto por Denon cuando se piensa que los dibujó en medio del tumulto de la guerra y siguiendo a un cuerpo de armas con el que compartía las privaciones, las fatigas y los peligros.

Jollois y Devilliers que dibujaron después el planisferio, dispusieron de más tiempo, se basaron en el dibujo de su predecesor tomando todas las precauciones que su importancia exigía. Sin embargo, no consiguieron siempre superar felizmente las dificultades que resultaban de la multitud y de sutileza de los detalles originales, además de la oscuridad del recinto en el que estaba suspendido y el lugar que ocupaba.

Resulta que ellos también han cometido varios errores, cuya mayoría eran imposibles de evitar. En sus dibujos hay una imagen añadida que no existe en el monumento, se supone que han tomado por una serpiente o dragón lo que no era más que una inscripción en caracteres jeroglíficos, nombre de la figura dibujada inmediatamente encima.

Las distancias que separan los diferentes asterismos no están siempre perfectamente observadas. Los signos jeroglíficos situados en el lateral, son en parte inexactos. También hay errores en los que están dispuestos cerca de los ángulos del cuadrado. Cualquier otro dibujante hubiese cometido similares inexactitudes al no tener conocimientos particulares sobre el modo de escritura egipcia".

Esta carta de Saulnier da informaciones útiles sobre los acontecimientos que han rodeado la llegada del panisferio de Dendera a París. Y podría añadir al último párrafo, con el fin de excusarlos, que la mayoría de los arqueólogos, o mejor dicho de los anticuarios, como realmente se llamaban a los egiptólogos en el siglo XIX; que ninguno había seguido curso de astronomía alguno para hablar mejor de lo que ignoraban.

Porque estas polémicas estériles desencadenadas sólo han dado vueltas sobre la fecha de construcción de los muros y del techo del gran templo de Dendera y no del origen mismo del mensaje que estaba grabado. La transmisión del texto a lo largo de las diferentes reconstrucciones es de mucha menor importancia. ¿Qué importa que Keops mandara volver a copiarla y que después Sesostris también, y aún después, por sexta vez, Tolomeo Evergetes II?

Los razonamientos estaban fuera del problema y deformados por la parte blasfema y falsa, porque la realidad histórica es de una antigüedad vertiginosa y sólo ha empezado a despuntar con el descubrimiento por parte del vizconde Emmanuel de Rougé, cuarenta años más tarde, durante unas excavaciones de un viejo papiro, el de un eminente escriba real de un celebre fararón: Khufu, que los griegos nombraron Keops fonéticamente y a quién es atribuída la contrucción de la Gran Pirámide.

Este precioso manuscrito, autentificado por todos los egiptólogos, atestigua que su rey, Khufu, había ordenado la tercera reconstrucción del Templo de Isis y ello siguiento estrictamente los datos dibujados sobre las pieles de gacela por los "Seguidores de Horus".

Así, si Keops era de la cuarta dinastía, tres milenios antes de Cristo, los Seguidores de Horus, los hijos de Horus, fueron los Reyes que trajeron hasta el Segundo Corazón a los supervivientes del Gran Cataclismo. Sin embargo, éstos reinaron antes de Menes, 4244 a.c., durante el sexto y quinto milenio antes de nuestra era.

Aclarado esto será más fácil retomar la cronología de Egipto y autentificar el conocimiento por la revelación de los cálculos que permiten el estudio de las Combinaciones Matemáticas Divinas.

CAPÍTULO TERCERO

OBSERVACIONES DE DUPUIS SOBRE EL ZODÍACO

> *"Yo sabía que Atenas era una colonia de Egipto y que fue de ahí donde los filósofos griegos habían sacado todos sus conocimientos astronómicos. He llegado pues a la conclusión que era en el país de Egipto donde debía buscar la denominación de las constelaciones y su origen con los signos zodiacales".*
>
> Ch. Dupuis, *Origen de todos los cultos*

> *"Pues, sea cual sea la época de la construcción del templo, demostrada o no, bien por las inscripciones o por el estilo de la arquitectura, no conlleva consecuencia alguna para la época astronómica que está indicada por el monumento de Dendera. Es la astronomía la que debe determinarlo".*
>
> Ch. Dupuis, *Observaciones sobre el Zodíaco*

La obra de Dupuis, *"Origen de todos los cultos"*, era bien conocida antes del descubrimiento de la carta del cielo. Los tres tomos de gran formato, acompañados por un cuarto con dibujos y reproducciones, levantaron un concierto de protestas en los medios católicos al igual que sonrisas angustiadas o divertidas por parte de algunos especialistas en arqueología.

Por primera vez, un hombre erudito y de fama se atrevía a decir y a escribir que la tierra era una bola muy vieja y que la humanidad era mucho más antigua de lo que pretendían los religiosos.

Dupuis no sólo era un astrónomo que hacía las preguntas adecuadas por embarazosas que fueran, sino que, además era también

Miembro del Instituto, de su clase de Historia y de Literatura Antigua. Conviene, pues, estudiar seriamente sus observaciones cuidando tal vez de no ofender a la Iglesia. Además, Dupuis se había distinguido de los demás sabios publicando un estudio detallado sobre el primer zodíaco que se dio a conocer en Dendera, el que es rectangular y consta de dos trozos a ambos lados del pórtico, ya que existe otro en el gran templo edificado bajo la protección de la Dama del Cielo, Isis, dedicado al estudio de las Combinaciones Matemáticas Divinas. Este no ofrece ninguna datación, pero precisa la fluctuación de los movimientos celestes, e interesó menos a la historia que desarrollamos aquí. He aquí sin más la pluma de Dupuis:

> *"Varios sabios ya han publicado sus opiniones sobre el gran zodíaco del templo de Dendera, la antigua Tentiris de Egipto. El poco acuerdo que representan los fundamentos de sus trabajos me ha motivado a estudiar también este precioso monumento e imprimir mis varias observaciones que podrán ayudar a su estudio a los que desean penetrar más en el estudio de las antigüedades egipcias, ya que es el primer paso en el conocimiento de la lengua sagrada.*
>
> *Mis investigaciones tienen una meta más amplia que la que se propusieron los sabios, que sólo han buscado determinar la antigüedad del monumento, único objeto de sus disertaciones. A mi me preocupa la naturaleza misma del objeto, he buscado comprender su sentido, y sólo hablo de su antigüedad en segundo plano.*
>
> *Antes de empezar mi propósito, contestaré un punto preciso de Lalande en cuanto al zodíaco rectangular. Este sabio observa el centro de Cáncer como el punto solsticial de primavera, y situa debajo de la figura, lo que en su suposición debería estar arriba, ya que el trópico de primavera o el trópico superior es el término más elevado en la marcha ascendente del sol.*
>
> *Debería pues estar en la parte superior del monumento, a menos que éste presente las imágenes unidas al trópico en un orden*

> *invertido. Y esto es lo que Lalande no dijo[5] porque es un efecto que no producen los colures[6] cuando se divide el zodíaco en signos ascendentes y descendientes, pero que puede reproducir el meridiano, dividiendo el zodíaco en dos partes, una oriental y la otra occidental. Esta última división es la del monumento y no la que Lalande supuso, ya que de otro modo lo hubiera dicho."*

Este sabio añade también que la esfera de los griegos, tal como es descrita por Eudoxo y Aratus, siguiendo una tradición más antigua, remonta a 1.300 años anterior a la era vulgar, y que Eudoxo podía haberla traido de Egipto. Se pensaba que Lalande concluiría que la esfera de Dendera podría ser similar ya que también representa una época lejana y que podría incluso ser la original que Eudoxo copió en Egipto, pero concluyó lo contrario diciendo que los copistas griegos habían esculpido el zodíaco donde estuviese el original; de forma natural escribe:

> *"Que la esfera de Eudoxo se encuentra en el zodíaco de Dendera, esfera que por consiguiente puede ser considerada como obra de los griegos".*
> *Cuando Lalande hubiera debido decir que: "es muy natural que el antiguo zodíaco de Dendera haya sido reproducido en las esferas de Grecia y en la de Eudoxo", ya que Eudoxo, reconocido por Lalande mismo, había traido su esfera de Egipto. Lalande ha hecho viajar esta esfera, de unos a otros, sólo para poder respetar la opinión de Visconti que pretendió que el zodíaco y el templo de Dendera eran obra de los griegos, opinión que voy a examinar sin más demora.*

Al final del segundo volumen de la nueva traducción de la obra de Herodoto por Larcher, en el tomo dos, página 567, se inicia la información que Visconti, bajo el ruego de Sylvestre de Sacy, comunica

---

[5] Para el lector interesado, leer en una biblioteca especializada el libro: *Connaissance des temps pour l'An XIV. Les réfutations de Ch. Dupuis.* Páginas 365 y siguientes.

[6] En astronomía se llama coluro a cada uno de los dos meridianos principales de la esfera celeste, uno de los cuales pasa a través de los polos celestes y los puntos del equinoccio, y el otro pasa a través de los polos celestes y los puntos del solsticio.

a Larcher para imprimir a continución un violento alegato en contra de los incrédulos que se atreven a envejecer el mundo más de los que está marcado en su cronología[7].

Larcher anuncia que su meta es proteger al público en contra de las charlatanerías de los incrédulos de profesión. A mi me importa poco que el mundo sea viejo o joven, así que he dado al zodíaco la antigüedad que creo que tiene realmente, y a pesar de las consecuencias apoyaré mi sistema del origen del zodíaco. Diré con gran franqueza que no creo que pueda trazar la verdadera posición primitiva, a pesar de que capricornio está en la cima del cielo, porque pienso que los signos están situados en orden inverso.

Visconti pretende que el zodíaco de Dendera es algo posterior al inicio de nuestra era y que la edad en la que fue realizado está situada entre el 12 y el 132 d.C. aproximadamente. Esta idea es debida a varias observaciones que hizo sobre el monumento. Nos dice en primer lugar que encontramos una inscripción con nombres romanos y anuncia que el césar no puede ser más que Augusto o Tiberio.

Pero Visconti sabe muy bien que una inscripción moderna puede, a lo largo de los siglos, haber sido trazada sobre un monumento más antiguo y que para llegar a conclusiones se debe observar la época de construcción del monumento, que trasladó expresamente a las fechas de reinado de tal o cual príncipe, fijando así de forma precisa la fecha de esta construcción. A continuación, Visconti indica que hay otra inscripción griega anterior en varios siglos a ésta, y de la cual no se pudo sacar copia. Cuando se conozcan, dice, tendremos datos para aclarar la cuestión si es que hay una fecha fijada o si se omite, además, Visconti, dice que es del tiempo de los tolomeos.

Pero si no se puede concluir por una inscripción del tiempo de los romanos que el templo haya sido construido por ellos: ¿cómo lo

---

[7] Dupuis hace alusión al propósito de Larcher, a la noticia de Visconti que dice: "publico esta noticia con el consentimiento de su autor, cuyo ojo experto de los antiguos monumentos, ha juzgado éste como moderno poniendo término de esta forma al triunfo de los incrédulos que no ha sido de gran duración".

reconoce Visconti?, ¿por qué concluir que una inscripción de tiempos tolemaicos indica que el templo haya sido construido por los tolomeos? Además de la inscripción romana y de la otra que no se pudo leer, se podría indicar que el templo fuese aún más moderno, a lo que Visconti respondió que era difícil no reconocer *en este monumento fuera obra de los griegos, por lo que el establecimiento en Egipto no se remonta más allá del reinado de Alejandro.*

En efecto, dice que es bueno observar que en la arquitectura del templo de Dendera, de gusto egipcio y con jeroglíficos esculpidos en los muros, ofrece relaciones de analogía con las artes en Grecia. ¿Qué se deduce de ello si esta similitud, que contestan varios artistas, existe realmente? Nada más evidente que los griegos adoptaron de los egipcios no sólo la ciencia y la filosofía, sino también los principios de las artes que, a posteriori, perfeccionaron a su gusto.

Estrabón, que tenía ciertamente conocimiento de las artes en Grecia, nos dice en su Estrabón, libro 17, p. 806, que él había observado en el antiguo templo de Heliópolis muchas figuras de estilo griego y toscano y no por ello concluyó que los griegos y toscanos hubiesen construido el templo de Heliópolis. Además, los griegos no esculpían figuras jeroglíficas, esta ciencia pertenecía exclusivamente a los egipcios.

Basta echar un vistazo al zodíaco para que el menos avisado de los observadores se dé cuenta de la presencia de una multitud de caracteres jeroglíficos rodeando el monumento. No pueden ser obra de los griegos, ya que no poseían la escritura de esta lengua sagrada. No sólo no comprendían nada, sino que no estaban suficientemente instruidos en esta ciencia para redactar los textos astronómicos que sólo los sacerdotes egipcios poseían.

Aún cuando existiera una semejanza entre la figura del zodíaco de Tentiris y los zodíacos griegos, no sería más que la semejanza que debe existir entre el original y las copias. Sabemos que los griegos no fueron los inventores de zodíaco y que tomaron su astronomía al menos de los caldeos, sino fue de los egipcios.

Esta semejanza no es evidente, echemos un vistazo sobre las figuras de nuestro zodíaco y las comparamos con un zodíaco griego. Empecemos por Aries que en la esfera griega tiene su cola girada hacia Tauro, en Dendera la tiene girada hacia Piscis. Tauro tiene la misma actitud, asegura Visconti, pero cuando vemos el zodíaco griego, su Tauro está recostado, su grupa oscurecida nos deja en la ignorancia sin saber si es buey o vaca, como decían Ovidio y los antiguos mitólogos Eratóstenes y Germanicus. Aratus añadía además: "Está recostado sobre su amplia barriga", esto demuestra que no hay duda sobre la representación griega[8]. En el monumento de Dendera, al contrario, se le ve lanzándose como un toro furioso, he ahí una actitud muy diferente.

Los Gemelos egipcios no son los del zodíaco griego. Cáncer no está en el monumento de Dendera ya que está sustituido por el escarabajo, con lo cual no ofrece semejanza entre los dos zodíacos. La Virgen no tiene alas en el monumento egipcio de Dendera y sí en los zodíacos griegos. La Balanza no era conocida por los griegos y no fue más que una invención de los aduladores de Augusto. Es la opinión de nuestros adversarios, opinión que ciertamente no es la nuestra, no pueden encontrar en este signo una semejanza en el zodíaco griego.

El hombre Sagitario del monumento de Dendera tiene dos caras y su caballo tiene alas, el Sagitario griego sólo tiene una cara y no tiene alas. El Acuario de los zodíacos griegos es un hombre que tiene una urna sobre su muslo de donde sale una gran corriente de agua. El monumento de Dendera presenta la imagen de un hombre en pie que lleva en cada mano dos pequeños jarrones de los que vierte el agua.

He aquí los trazos de semenjanza que hicieron decir a Visconti que las figuras del monumento de Dendera, al menos la mayoría, eran en modo y actitud semejantes a las de zodíaco griego. "La semejanza de la mayoría de los signos a los griegos demuestra que este zodíaco fue ejecutado en un tiempo donde las opiniones de los griegos no eran extrañas en Egipto, pero aún en un tiempo que no remonta más allá de la época más antigua de la astronomía griega.

---

[8] En la traducción de Manilio, efectuada por Pingri, tomo 2, pág. 231.

Sé muy bien que en el sentido alegórico estas diferencias son casi nulas, pero tienen mucho significado en el dibujo y las formas por lo que no podemos decir que ambos zodíacos se parecen y pertenecen al mismo genio.

Pero cuando concedemos a Visconti que el templo de Dendera no fuese más antiguo y que sería obra de los tolomeos, nada se puede concluir referente a la época astronómica referida por el zodíaco, y es este punto el que nos interesa, porque de la misma forma que se puede esculpir una incripción moderna en un templo mucho más antiguo, de igual modo se puede esculpir sobre un templo moderno y encajar en su techo un zodíaco cuyas posiciones astronómicas remonten a siglos muy anteriores a la época de la construcción de este templo.

Para ello, es suficiente que los arquitectos no sean astrónomos y que representen sobre los techos modernos los zodíacos copiados de antiguos templos sin preocuparse si ofrecen el cuadro exacto del cielo de la época en la que se hizo la copia.

Esto es lo que ocurrió con los que hicieron nuestras iglesias góticas, donde encontramos zodíacos que situan la imagen de la constelación de Capricornio en el solsticio de invierno, la de Cáncer en el de verano, la de Aries en el equinoccio de primavera y Libra en el de otoño, a pesar de que hace más de dos mil cuatrocientos años que estos puntos equinocciales y solsticiales no pasan ya por estas constelaciones que por torpeza se confundieron con los signos.

Aún hoy los confundimos cuando denominamos trópico de primavera al trópico de Cáncer y al solsticio de invierno trópico de Capriconio, a pesar de que los colures ya no estén ahí, ya que pasan por el pie de Géminis y el arco de Sagitario, como lo demuestra la sola inspección de un globo, es decir a 30°, o a un signo entero de distancia de las contelaciones de Cáncer y de Capricornio.

Las posiciones más cercanas que se pueden suponer a los colures en el zodíaco de Dendera están a 388 años antes de la era vulgar, época en la cual la primera estrella de Aries estaba en el colure del equinoccio. El reino de Alejandro es del año 334, así pues, este monumento supone un estado del cielo anterior a Alejandro de quizá más de diez siglos si suponemos que los colures pasaban por el medio de los signos, como en el zodíaco que Eudoxo trajo a Grecia desde Egipto, pareciendo indicar la división de Cáncer en dos partes, como hemos comentado anteriormente.

Nada nos puede parecer más ordinario que ver monumentos dibujando un orden más antiguo de las cosas que al de su construcción. Los adoradores del Sol, bajo el nombre de Mitra, llenaron la Galia, Italia, Inglaterra, de monumentos de su culto y dibujaban un estado del cielo tal y como estaba más de dos mil quinientos años antes que ellos, ya que situaban en los equinoccios a Tauro, y Escorpión y Leo en el solsticio de primavera, como lo hemos demostrado en nuestra explicación sobre el monumento de Mitra. Los griegos se sirvieron de la esfera de Eudoxo que daba el estado del cielo tal y como era cerca de 1.300 años antes que él, siendo Eudoxo contemporáneo de Platón.

Los romanos usaron durante cien años un cuadrante que habían traido de Sicilia, sin darse cuenta que no era conveniente a la latitud de su país. Pero todo era creíble gracias a la ignorancia de la que griegos y romanos tenían suficiente. Así, sea cual sea, la época de la construcción del templo, demostrado o no por inscripciones o estilo de arquitectura, no afecta para nada la lectura astronómica indicada por el monumento de Dendera. Es la astronomía la que debe determinarlo.

"El primer signo, dice Visconti, es el del León. Hemos creido, añade, que el inicio del zodíaco por el León indicaba una época remota en la cual este signo era solsticial, y que esta época bien podía ser la del edificio mismo. Esta hipótesis es insostenible, ya que hay en este zodíaco las pruebas de lo contrario, demostrando que la relación de los signos con las estaciones del año no era diferente al que conocemos para los catasterismo griegos. Libra, símbolo del equinoccio, está en su lugar, es decir, que este signo sigue al de Leo después del intervalo de un solo catasterismo, lo que no podría ser si Leo era solsticial".

Aquí Visconti nos da más de los que pedimos y supone más de lo que le podemos conceder. Pretende que el zodíaco en este monumento empieza por Leo. Él acuerda, pues, que Leo era solsticial, ya que era el primero de los signos, a menos que lo haga el primero contando desde el equinoccio de primavera, lo que no entra en su intención, porque entonces este zodíaco remontaría a más de 6.700 años antes de la época en la que Leo ocupó el solsticio de verano, en lugar de que cuando Leo fuese el primero de los signos descendientes, que fue aproximadamente 2.500 años antes de la era vulgar.

Entonces, él estaba al inicio del zodíaco como Cáncer lo estaba en las siguientes descripciones que Aratus y otros astrónomos griegos nos dieron del zodíaco. Aquí Visconti nos da más de lo que se le pidió, ya que suponemos que Leo, en esta posición, está precedido de Cáncer, y que no es rigurosa ni realmente el primero. Por ello no hacemos remontar la época de este monumento tan atrás como lo haríamos si Leo fuese el primero de los signos, tal y como lo es en los trabajos de Hércules y en el monumento de Mitra que hemos explicado.

Visconti sólo sale de este embrollo con una contradicción: Que Leo era el primero de los signos (bien entendido de los signos descendientes porque si hubiera querido decir de los signos ascendentes, dataría la época a más de 15.000 años), sin embargo Leo no era solsticial, es decir, que estaba al inicio y el primero sin ser ni el inicio ni el primero. Para justificar esta aparente contradicción, Visconti supone que:

"Si hubiese sido solsticial no cabría un solo catasterismo entre Leo y Libra."

Estas expresiones deben ser subrrayadas ya que el error reside ahí. Cuando Leo estaba en el solsticio de primavera, había sólo un catasterismo entre él y Libra, y sólo podía haber uno. Cuando vuelva en 21.640 años, también sólo habrá un catasterismo entre él y Libra.

Esta es la segunda y última grabación efectuada en el lugar, en Dendera, antes del recorte del planisferio. Es mucho más sofisticada y no incluye más que errores mínimos. Es lo que ha llevado al autor del mismo a un Ensayo de interpretación del Zodíaco de Dendera dejándonos su contribución con letras y números para su explicación.

Suponer, como Visconti, que podría haber más de uno, sería suponer que el movimiento de los nudos equinocciales y de los puntos solsticiales, que se mueven en el zodíaco, cambian las relaciones que tienen las doce imágenes entre ellas conectadas a las estrellas fijas, es decir, que la aguja de un reloj en su revolución alrededor del círculo de las horas, invierte el orden de los números que las marcan.

Los nudos, o estaciones que se inician en estos nudos, cambian en relación a las imágenes celestes respondiendo a todas sucesivamente como los planetas que circulan en el zodíaco, pero no cambian el orden, ni lo hacen los planetas: en fin, los nudos equinocciales y los nudos de la luna que realizan su revolución, los primeros en 25.960 años, y los otros en casi 19 años, en cualquier lugar del zodíaco en que los situe el movimiento retrógrado no harán que haya más de un catasterismo entre Leo y Libra.

Este catasterismo es el de Virgo, que será la única imagen del zodíaco eternamente situada entre Leo y Libra. La hipótesis que situaría a Leo en el solsticio de verano, y que situa entre él y Libra un solo catasterismo, no sería insostenible, es más bien la hipótesis contraria la que sería insostenible.

Plan du petit appartement.

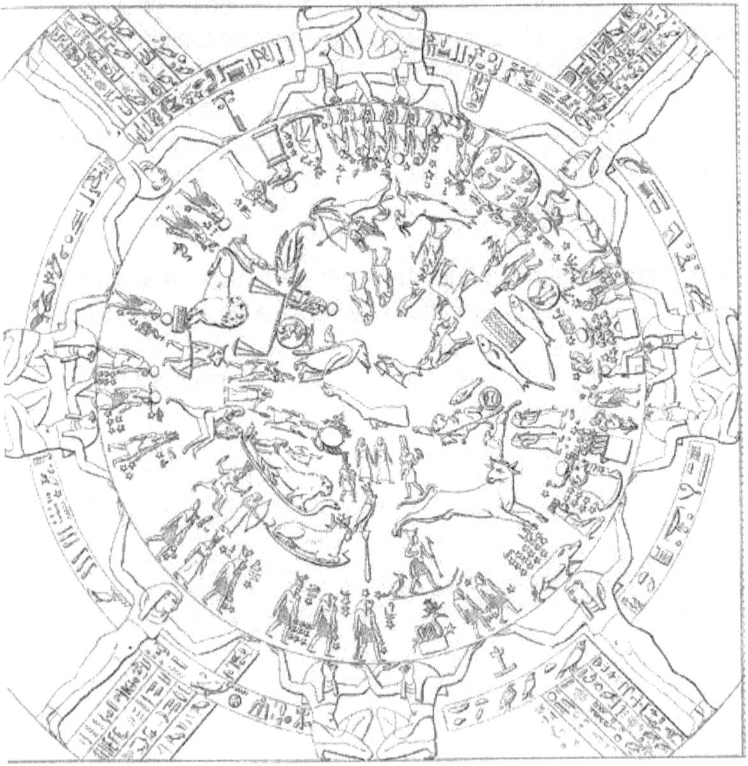

Planisphère du petit appartement sur le temple de Tentyris.

Estamos de acuerdo en que no podemos suponer que Leo esté en el solsticio de verano y, al mismo tiempo, Libra en el equinoccio de otoño, por ello no supusimos que lo estuviera, al contrario supusimos que aún no había llegado, que le faltaba la distancia de un signo entero cuando Leo ocupaba el solsticio de verano, hemos concluido que este símbolo de la igualdad de los días y las noches no había sido imaginado para designar la igualdad que tuvo lugar en otoño, sino la que tuvo lugar en primavera, y que antaño fue el primer signo a partir del punto equinoccial de primavera.

Es únicamente en esta hipótesis en la que hay una concordancia entre los signos o imágenes celestes y las estaciones, acuerdo que no existe de ningún otro modo, sobre todo en Egipto, a pesar de lo que diga Visconti que situaba a Libra en el equinoccio de otoño.

En efecto, la virgen que lleva la espiga simboliza las cosechas, respondiendo al mes de agosto, época en la que no se cosechaba en Egipto, ya que el Nilo inunda los campos. El buey o el toro que recorre el sol en mayo, en esta hipótesis, no representa la labranza de Egipto que se realizaba en noviembre.

El hombre de Acuario, que representa el Nilo desbordado, responde a enero, cuando el río estaba su caudal más bajo, ocurre igual con los otros signos que, según el deseo de Visconti, deben estar en relación con las estaciones, ya que Libra no es el único símbolo cuyo sentido inequívoco debe estar en armonía con el estado del cielo y de la tierra para tener relaciones significativas con las estaciones.

Sin embargo, como si todo el misterio del origen del zodíaco fuese designado únicamente por Libra, se me ha negado esta prueba diciendo que este emblema es muy moderno en comparación con los otros catasterismos. Incluso se ha llegado a decir que ha sido una invención de los aduladores de Augusto.

Desafío a que se enfrente a este monumento un solo zodíaco griego, romano, hindú, egipcio, por muy antiguo que sea, donde este emblema de igualdad de los días y de las noches no esté representado junto con los otros catasterismos. Desafío que se nombre un solo catálogo de estrellas, una sola nomenclatura de los doce signos, exceptuando algunos griegos, que no es más que una prueba negativa, donde Libra no está representada.

Al igual que los astrólogos, siguiendo un posición dada de los cielos, creían poder adivinar los acontecimientos de la vida de un hombre o la suerte del futuro de un imperio, de igual manera pretendían, siguiendo acciones conocidas, reencontrar el estado del cielo en el nacimiento de un hombre o en el momento de la fundación de una ciudad. Cicerón[9] da a entender que Tarutius concluía que Roma subyugaría el universo, o mejor, sabría que había subyado casi todo el universo. Concluyó, por ello, que el horóscopo de su fundación suponía la luna *in jugo*[10].

Porque esta era la conclusión que sacaban los astrológos en los versos de Manilio, donde hace alusión a Augusto, nacido bajo Libra, o el 8 ant. Kal. Octobris.[11] Donde vemos como el poeta adulaba a Augusto dando a entender que su justicia y poder habían sido anunciados por el mismo signo bajo el que había nacido, Libra. Y de ello su apoteosis. Tarrutius no hubiera sacado pronósticos de la potencia romana basándose en el horóscopo de su fundación, si no hubiese supuesto que la imagen de Libra ya estaba en los símbolos a la hora de la fundación de Roma.

Porque los pronósticos se deducían de la naturaleza misma de la imagen, y si se hubieran visto las pinzas de un escorpión de ninguna manera hubiera dicho "*in astil*", y no se hubieran sacado las consecuencias que se han extraido "*ex jugo*", y este emblema sería reciente.

Las tres esferas, persa, hindú y bárbara, sacadas de Aben Erza, todas nombran la balanza, especificando que en las esferas persa e hindú este signo está en el primer decano, y en la esfera bárbara en el primer decano de Scorpio situa el centro de Libra. ¿Podríamos creer que estos diferentes pueblos hayan adoptado su astrología de los griegos, que según el reconocimiento de Estrabón lo adoptaron de los egipcios? En la clasificación de los doce grandes dioses que son de gran antigüedad entre los griegos y romanos, se dio a cada uno, un

---

[9] De Div. L. 2, c. 098.

[10] Solin, en su Cao. 1 dice: *in libra* porque *jugum* significa exactamente "astil de una balanza".

[11] Manilio, libro 4, verso 546 a 551.

signo celeste y se lee: "*Spicifera est virgo Cereris fabricataque libra Vulcani*"[12].

Era evidente que el único signo en el que se encontraba un instrumento de metal, debía ser asignado al dios forjador, o igual este signo del zodíaco no fue asignado al dios forjador si no hubiese habido desde la más remota antigüedad entre los doce signos una obra de arte que presidía Vulcano.

La astrología había conservado en sus antiguos archivos una ficción sobre el origen del mundo y sobre la posición de los planetas en los signos del zodíaco en el momento de la formación del universo, y se dice que Venus estaba en Libra[13]. Los astrólogos de Persia situaban ahí el lugar de Saturno en el mismo período, unos y otros llamaron por su nombre a Libra. Y Sabemos que actualmente los astrónomos del mundo entero tienen la misma denominación para todo lo que concierne al cielo. Esto es lo que ha guiado mis observaciones.

La conducta que mantendremos en la explicación sobre el Zodíaco convencerá al lector imparcial que no hemos buscado dar a nuestras pruebas más valor del que tienen. Si no nos hubiésemos hecho sacrificar por ley cualquier consideración personal, incluso nuestros cálculos de amor propio hacia la verdad, nos hubiese sido fácil beneficiarnos de la similitud que hay entre la posición de los signos en este zodíaco, comparándolo a lo que hemos nombrado como zodíaco primitivo, y así poder plantear nuestra hipótesis.

Además de que no necesitamos esta prueba, de ningún modo intentaríamos sacar provecho, ya que nuestro sistema puede mantenerse sin este apoyo. Esta siempre ha sido nuestra actitud, la buena fe debe servir de guía en el estudio de las ciencias como en todos los asuntos de la vida. Está permitido callarse, pero jamás luchar para alterar la verdad. Es este amor por la verdad que me empuja aquí a atacar la opinión de los sabios que estimo y respeto, porque si los

---

[12] Manilio, libro 2, verso 432.

[13] Macrobio Som. Scipion, I, 1, cap. 21.

errores de los hombres ordinarios no tienen consecuencias, los de los grandes hombres con autoridad de imponer pueden alejar por largo tiempo los senderos de la verdad y a los que los toman por guías. "*Amicus Plato, sed magis amica veritas*[14]".

Estas observaciones cuya conclusión es la más bella profesión que podemos imaginar sobre el tema, pueden parecer menores para un lector no interesado por la astronomía y la astrología. Pero en este libro es primordial el estudio y la comprensión del panisferio que indica un día preciso en la carta del cielo, principal, único para la historia universal. Por ello me pareció citar en primer lugar a esta eminencia, personalidad que había conmovido a tantos eruditos en todas las academias mundiales. Cronológicamente, antes que él estuvo el abad Testa. No haré ningún comentario más, las explicaciones y textos que he desarrollado en el tercer tomo de la Atlántida permitirán mayor comprensión.

---

[14] "*Amigo (es) Platón, pero más amiga (es) la verdad*".

CAPÍTULO CUATRO

OPINIÓN DEL ABAD TESTA SOBRE EL ZODÍACO

Él, Testa, ha demostrado que era sin razón que algunos enemigos de Moisés y de las Sagradas Escrituras querían servirse de este nueve medio para apoyar sus sistemas sobre la eternidad del mundo, o al menos sobre su muy remota antigüedad.

Nota del traductor de la disertación.

¿Qué debemos hacer además si, después del descubrimiento de la precesión de los equinoccios, gustó formar unos zodíacos que muestran el solsticio de verano en Leo, en Virgo, y aún más allá? ¿Qué argumento podemos sacar para justificar la antigüedad del mundo?

Abad Testa, Disertación sobre dos zodíacos

En 1807, apareció en París, en *Ad. Le Clere, Imp. De N.S.P. el Papa y de S.E.* el monseñor cardenal archiarzobispo de París una "Disertación sobre Dos Zodíacos recientemente descubiertos". El autor era un tal Testa, de origen italiano, ya que su libro estaba traducido del italiano por C.E.S.G.

Parecía sorprendente que un simple laico hubiese podido tener a mano una imprenta que trabajaba para el Vaticano y la archidiócecis de París. He podido encontrar, sin mucha dificultad, el autor original al igual que la primera edición de su texto. Que, además, había sido escrito para una ocasión muy definida, en el año 1802, es decir, mucho antes. Y Antes de desvelar los entresijos de esta traducción tardía, he aquí la reproducción *in extenso*, de la nota que precedió esta disertación bajo la forma de introducción:

"El señor Testa, conocido sabio y distinguido en Roma al igual que en todas las Academias de Italia, ha dirigido a una de ellas, en la que acababa de ser admitido, una disertación sobre dos Zodíacos recientemente descubiertos en Egipto. Él ha pensado que era su deber como auténtico sabio destruir las ideas que podrían surgir de ello. Él ha demostrado que era sin razón que algunos enemigos de Moisés, y de la Santa Escritura, desean servirse de este nuevo medio para apoyar sus sistemas sobre la eternidad del mundo, o al menos de su muy remota antigüedad. La falsedad de los razonamientos de los filósofos sobre este tema ha sido demostrada por el Señor Luc, autor de las Helviennes, y por otros sabios. Las Santas Escrituras son como una roca contra la cual se estrellan todos los sistemas.

Testa no nombra la Academia a la que dirije su Disertación, el traductor, por respeto hacia el autor, ha guardado silencio sobre este tema, sólo advierte a los lectores que ha traducido la revelación por consentimiento del autor, la disertación tal como Testa la había hecho imprimir".

Este trabajo realizado en acuerdo con el autor ha sido uno de los ejemplares impresos en Italia y en italiano, referente a la recepción del abad Testa como miembro de la Academia de Religión Católica en Roma, fue el 5 de julio 1802. Este religioso muy erudito hizo, pues, esta disertación con el objetivo de complacer y poder ser recibido brillantemente por los miembros de esta docta y muy católica academia, por ello, su texto sólo puede indicar una sóla dirección: la dictada por los imperativos de la Iglesia. Esta disertación sobre los dos zodíacos incluye también el templo de Esna que se situa un poco más al sur de Dendera, está dedicado especialmente a Horus, hijo de Isis, diosa del Cielo en el zodíaco que nos interésa.

He aquí el texto íntegro:

"Me habéis agregado a vuestra Academia, los felices auspicios bajo los que ella nació, da lugar justamente a la esperanza que será ilustre desde su inicio y muy querida a los amigos de la religión. Deseando rendir gracias por el honor que me habéis concedido, y sabiendo bien que se agradece mejor por actos que

por vanas palabras, me propongo sin más preámbulo entreteneros hoy con el examen de algunos monumentos descubiertos en Egipto sobre los que se ha hecho mucho ruido, y algunas personas dicen abierta e incontestablemente que son contrarios a la cronología de Moisés. Estos monumentos consisten fundamentalmente en dos zodíacos, uno esculpido en el gran templo de Dendera y otro en el de Esna, ciudades antiguas de Egipto, situada la primera en el grado 26, y la segunda en el grado 25 de la latitud boreal.

El zodíaco de Dendera muestra, por lo que se asegura, el solsticio de verano en Leo, el dibujo de este zodíaco ha sido enviado a París por Denon, laborioso astrónomo. El matemático Burchardt, que lo examinó, reconoció efectivamente el mencionado solsticio, 60 grados más alejado que el punto que ocupa actualmente. Así, pues, desde la construcción del zodíaco de Dendera hasta hoy, el solsticio ha efectuado una retrogradación de 60 grados. Si para retroceder un sólo grado son necesarios 72 años, el zodíaco de Dendera precede, pues, a nuestra era en 4.320 años.

Hace, pues, 4.320 años los egipcios ya se habían adelantado en astronomía hasta el punto de poder dibujar un zodíaco que marcaba los puntos solsticiales. Antes de que una nación abandone el estado salvaje para convertirse en pastoril, después en una civilización que gire su cultura hacia las ciencias, y en particular la astronomía, haciendo tales como progresos ¡para poder elevarse por fin hasta la invención del zodíaco y la esfera! ¿Cuántos y cuántos siglos han sido necesarios? Quien dudase un momento de esta humillante verdad, demostraría que no conoce la frágil naturaleza de la inteligencia humana y además, que ignora todo de la historia de las ciencias.

La propia astronomía da testimonio de la remota antigüedad de los egipcios, que ya eran astrónomos, cuando el mundo, en tiempos de Moisés, aún estaba en la nada. ¡Oh, Moisés!, ¡Oh, escritor divinamente inspirado! ¿Será verdad que en las ruinas de este mismo lugar, que fue el teatro de tus prodigios, se descubran ahora monumentos que irremediablemente desmienten, combaten, destruyen la historia de la creación del mundo que tú has trazado? Señores, no os asustéis, Moisés está acostumbrado a triunfar sobre sus enemigos. Este atributo lanzado contra él, otra vez será telum imbelle sine ictu[15].

Antes de describir más especificamente estos nuevos zodíacos traidos de Egipto, no os voy a ocultar la opinión de algunas personas que están persuadidas, o sospechan al menos, que estos monumentos no son más que una invención ingeniosa y nada más.

Estos zodíacos, al parecer, son semejantes al que fue enviado de Egipto al padre Kircher; como anécdota, eran unas curiosas láminas de plomo vendidas en Roma, en Montfaucon y publicadas por él mismo como antiguas e interpretadas de forma seria en sus libros[16]. El número de imposturas de este estilo es infinito y nunca seremos suficientemente precavidos para evitarlas. Esto es generalmente verdadero, pero si deseamos aplicarlo a los nuevos zodíacos de Egipto, está totalmente fuera de lo razonable. ¿Acaso el que los mira como impostura los ha examinado en detalle? No, claro, ya que estos zodíacos aún no nos han sido mostrados.

Su condena es, pues, caprichosa, a causa del miedo que nace de las consecuencias que se puedan deducir del zodíaco. ¿Pero cuántas veces no se han sacado consecuencias falsas de hechos verídicos? ¿Qué significado tiene aquí el copto que inventa zodíacos y un griego que trafica con láminas de plomo? La naturaleza mentirosa y la base de avidez de esta nación son de sobra conocidos. ¿Pero cómo podemos atrevernos a pensar

---

[15] Arma débil sin empuje.

[16] Sin embargo el abad Testa no cita a su compatriota, el señor Sonnini que habría regresado de Egipto algunos años antes, y que escribió una obra notable: "Viaje en el Alto y Bajo Egipto ", en cuyo tomo III el autor describe el templo de Dendera y entrega unos extraordinarios dibujos de los muros y de los pilares, pero ¡ni habla del zodíaco!

todo ello de nuestros sabios y de los astronómos que los descubrieron?

De cualquier forma, si estos monumentos no son más que imposturas, aún no lo diré, realmente es el que los ha hecho y no el que los ha encontrado el que es culpable de esta impostura. Los egipcios eran muy envidiosos deseando pasar como la primera de todas las naciones, por ello se vanagloriaban de una prodigiosa y remota antigüedad. Los griegos y los caldeos se mofaban de esta vana pretensión. ¿Cómo convencer a estos celosos que, no bastando las palabras, requerían puebas? Para ello, los egipcios supusieron anales, inventaron unas memorias, imaginaron monumentos para poder hacer constatar la realidad de sus delirios. Suplían de esta forma, por la impostura en la cual sobresalían, la verdad que les faltaba.

¿Acaso los hombres no han hecho eso y seguiran haciéndolo? ¿Es necesario aportar los ejemplos del orgulloso engaño de los egipcios? Su crónica denominada antigüa, escrita antes de lo que podemos conjeturar, rondando el tiempo de los Tolomeos, nombra quince revoluciones del ciclo canicular. Lo que necesita 21.900 años, en tanto que Fréret sólo hace remontar el invento de este ciclo a 2.782 antes de nuestra era.

Los egipcios le leyeron a Herodoto estos anales que contenían la serie de 330 reyes que habían gobernado en Egipto uno a continuación del otro. También enseñaron a Herodoto, en una sala del templo de Sais, 345 estatuas que representaban los pontífices que, de padre en hijo, se sucedieron sin interrupción en el gobierno religioso de esta prefectura.

Evaluando las generaciones a 30 años, el primer pontífice de Sais hubiera vivido hace unos 10.350 años antes de Herodoto. ¿Qué persona sensata creería en los 48.000 años de observaciones astronómicas, necesarias a las 30 dinastías sucesivas de los reyes egipcios y a los 345 pontífices de Sais? Sin embargo, los sacerdotes enseñaban sus efemérides a los extranjeros, les leían sus anales y contaban frente a ellos sus estatuas.

Así pues, las efemérides, los anales y las estatuas no eran más que imposturas solemnes. Y sabemos que un zodíaco se pinta sobre un muro o se graba en un techo mucho más fácilmente que se pudiera componer las observaciones astronómicas de miles y miles de años, se puede escribir los anales de los 300 reyes y más aún, y hacer 345 estatuas de pontífices[17]. El que pueda pensar que el zodíaco de Dendera ha sido situado en el lugar a propósito para demostrar el origen remoto y la antigua ciencia astronómica de los egipcios, a ese, le digo que piense una cosa posible pero muy fundada y probable teniendo en cuenta el carácter vano y orgulloso de esta nación.

Esta conjetura probable y fundada se convierte en certera y segura cuando llegamos a la reflexión de que la invención o la imagen del zodíaco egipcio no precedió al tiempo donde el equinoccio de primavera estaba bajo el Carnero (Aries).

La mayor y más antigua divinidad de los egipcios era Júpiter Amón. Se le representaba bajo la forma de un canero[18] y se adoraba en los templos la figura de un carnero vivo. Si Aries fue el emblema de Júpiter Amón. ¿Quién no vería que este animal apareciese, pues, en el equinoccio del cual era el símbolo? Cuando los sacerdotes de Amón que estaban en Tebas, los fundadores de la astronomía egipcia, compusieron su zodíaco, si el equinoccio de primavera pertenecía a otra constelación, el animal representado en ella hubiera sido consagrado por ellos a esta divinidad y no al Carnero. Pero la última estrella de Aries, en la extremidad de su cola, está actualmente a 50 grados más al oriente que el equinoccio indicado.

---

[17] Nadie en su sano juicio se atrevería a plantear tal discurso y es sorprendente que no hubiese habido ninguna reacción de los miembros de esta "Academia". En efecto, ¡quién se atrevería a imaginar una actividad ociosa dedicada a trazar con una extraña excactitud 48.000 años de observaciones! Sin nombrar los anales y las estatuas. [¡Sic!]

[18] Osiris, el Toro Celeste, que precede en el cielo el apogeo de Aries, marcaba el cénit del monoteísmo de Ptah.

Cincuenta grados, a más de 72 años por grado, hacen 3.600 años. Pasó pues 3.600 años desde que el punto del equinoccio de primavera penetró, por decirlo de algún modo, en la constelación de Aries. Por lo que aún no había entrado antes de estos 3.600 años y por consiguiente no existía aún zodíaco alguno para los egipcios.
¿Cómo pues, hubiera podido existir el de Dendera, 720 años antes de su época? Pero aún hay más y mejor, poseer desde tantos siglos un zodíaco e ignorar aún cuántos días tiene un año, es una contradicción que no les podemos suponer a los egipcios, cuyo genio en la ciencia de la astronomía era tan célebre y tan alabado.

¿Cómo es posible que en tiempos de Moisés, los egipcios aún contaban su año con 360 días? Y se puede demostrar la época en la cual decidieron añadir esos 5 días, a pesar de que algunos cronologistas puedan diferir, y es un punto sobre el que no voy a discutir aquí, nos lleva a la fecha de 1.325 a.C., sigue siendo muchos siglos anterior a la fecha pretendida por los zodíacos recientemente descubiertos.

El famoso ciclo sotíaco del que se vanagloriaban los egipcios, es falso, no de unos minutos, o unas horas, sino de 36 años, lo que es un error mayor como cada uno puede comprobar, y que demuestra evidentemente que los egipcios ignoraron totalmente la diferencia entre el año del trópico y el sideral y que, por ello, no pudieron conocer de forma alguna la precesión de los equinoccios.[19]

Hiparco sólo descubrió, o mejor dicho sólo sospechó, el movimiento de las fijas confrontando, como lo veremos más adelante, sus observaciones con las de Timocare, que no vivió

---

[19] El significado real y extraordinario del ciclo sotíaco (que es la revolución de la estrella Sirio) sólo se conoció sesenta años después de la aparición de este escrito, así no podemos tener en cuenta la falta de rigor de Testa. En efecto, había un año "vago" o vulgar, para usanza del pueblo, y un año llamado "de Dios" para los sacerdotes y los maestros de la Medida y del Número. Ella duraba 1461 años solares, sin un sólo segundo de error.

más de 200 años antes que él. ¿Por qué no haberlas confrontado con unas observaciones de tiempos más remotos?, lo que le hubiera dado un resultado más notable y decisivo; porque Hiparco seguramente lo hubiese hecho si hubiese podido.

No se había pensado, pues, en Egipto antes de Timocare, para determinar con exactitud la posición de los astros, es decir, en establecer los fundamentos de la verdadera y sólida astronomía. Parece certero, según esto, que el zodíaco de Dendera no tiene la antigüedad que se le atribuye. ¿A qué tiempo pertenece se pregunta uno? Si señala realmente el solsticio de primavera en Leo, yo creo firmemente que es contemporáneo o posterior a Hiparco que vivió, tal como sabéis, entre 160 y 125 a.C.

No conociendo la precesión de los equinoccios o, lo que es lo mismo, el movimiento de las estrellas, no se puede saber que el solsticio de verano estaba en Virgo antes de pasar a Leo. Sin embargo, no hay duda alguna que esta precesión era desconocida en Egipto hasta Hiparco.

Él fue el primero que observó que la espiga de la Virgen[20] precedía seis días al equinoccio de otoño, cuando Timocare había observado que esta estrella nacía, no seis, sino ocho días antes de este mismo equinoccio. Comparando ambos, Hiparco dedujo que en 200 años la espiga de la Virgen se había aproximado dos grados hacia oriente. Hiparco, presuadido que era debido a la inmovilidad de las fijas, creyó al principio que se equivocaba. Quizá se dijo, que Timocare tuvo un error o que quizá él mismo lo cometió.

Queriendo salir de esta incertidumbre, rehizo la observación y la repitió sobre las otras estrellas del zodíaco, cuya posición

---

[20] En el texto original: *la spica della Vergine*. Si el autor quiso llamar la atención sobre esta constelación, lo consiguió, ya que está grabada en el zodíaco de Dendera. Sin embargo, si se admite como hace el abad Testa y en contra de toda realidad, que el zodíaco no remonta más que a 732 a.C., sigue siendo anterior, no obstante, 600 años a Hiparco.

Timocare ya había determinado. Concluyó que todas se habían movido igualmente del poniente al levante. Determinó, pues, que las fijas no eran en realidad fijas, como se creía hasta entonces, sino que caminaban hacia el amanecer con mucha lentitud, ya que en doscientos años sólo se habían desplazado dos grados.

Pero Hiparco no publicó esta consecuencia como certera. Sólo podía deshacerse de todas sus dudas con una resplandeciente novedad que debía despertar en lo más profundo de su espíritu.

El movimiento de las fijas, que los astrónomos denominan movimiento en longitud, cosa que él sospechó más que creyó y que sólo fue certero e incontestable por las numerosas observaciones repetidas doscientos años después por Tolomeo.

Hagamos una breve reflexión sobre este hecho que confirmará siempre la verdad de lo que se ha establecido hasta ahora. Si estando Hiparco vivo, ya hacía tanto tiempo que los egipcios observaban las estrellas y los puntos equinocciales y solsticiales, si poseían públicamente zodíacos como en el que hemos visto el solsticio de verano entre las estrellas de Virgo y en el otro entre de las de Leo, y en un tercer zodíaco más reciente que ellos, entre las de Cáncer, ¿cómo hubieran podido sospechar por un momento el movimiento de las fijas, observándolas sucesiva y uniformemente alejadas de este solsticio?

Cuando sabemos con certeza, por ejemplo, que los obeliscos de Roma estuvieron antaño en Egipto ¿Quién puede, a menos de haber perdido la cabeza, dudar que hayan sido transportadas de áquel país a Italia? Este movimiento no fue pues un descubrimiento de Hiparco, no hubiera dudado de ello toda su vida y en los cuidadosos registros que tomó sobre el zodíaco de Dendera, situado en el templo de la misma ciudad, y por consiguiente expuesto a la vista del vulgo como a la de los astrónomos, no hubiera escapado a sus investigaciones. Así pues, este zodíaco como lo confiesan los más celosos promulgadores, le era totalmente desconocido a Hiparco y a los astrónomos de la escuela de Alejandría, podemos concluír a continuación sin temor al error, que es posterior a este gran fundador de la astronomía griega.

El zodíaco de Dendera fue descubierto en el templo de dicha ciudad. Pockode y Lucas hablan en sus viajes de un templo realmente magnífico, en Dendera, sobre cuyos muros aún son visibles algunos leones de marmol. El último viajero incluso publicó una inscripción griega que existía sobre la fachada del templo, y otra algo anterior que copió del frontispicio de un gran edificio, conservado en gran parte, y que aún se puede admirar en la misma ciudad.

Es verdad que estas inscripciones son defectuosas y están mutiladas. Montfaucon, o no supo, o no quiso comprenderlas, pero un gran sabio helenista de nuesta academia sí quiso encargarse de ello[21] y exponerlo a pleno día. En una de la inscripciones se lee el nombre de un Marcus Claudius, y en la otra el de Tibero César. Estos ornamentos del gran templo de Dendera están dibujados, tal y como se lo pareció a Pockoke[22], y ejecutadas por un artista griego de gusto exquisito. Si este edificio no tiene aún 2.000 años de existencia, ¿cómo podría tener un zodíaco pintado de 4.000 años?

Veo suficientes dificultades para que se opongan a mis consecuencias. Para segarlas todas de un solo golpe, no me resistiré a los que pretendan que el templo de Dendera debe ser absolutamente considerado como de construcción egipcia y no griega. Pero siempre será necesario reconocer que un tal templo de esta forma construido, debe ciertamente haber sido construido en tiempo en el que la arquitectura egipcia, habiéndose despojado de sus formas rústicas, incorrectas y groseras, había conseguido unas más nobles, más regulares y más agradables, este cambio, según los sabios, tuvo lugar a partir de la invasión de Cambises, o a partir del viaje de Platón a Egipto.

---

[21] Monseñor el abad Testa no lo nombra en ningún momento, pero se trata de Letronne, sabio helenístico que escribió una *Memoria* notable titulada: "sobre el origen griego de los zodíacos pretendidamente egipcios" y que será objeto del siguiente capítulo.

[22] *Description of the East, tome I, c.III.* el gran capitel de Dendera, la antigua Tentiris, con la cabeza de Isis y compartimientos en relieve por encima, está perfectamente bien esculpida, y debe ser contada entre las más bellas obras de Egipto.

Que el templo de Dendera, sea pues tan antiguo como Cambises, que remonte incluso, si se desea, hasta la era de Sesostris, que por suerte haya escapado de la barbarie persa que destrozaron y arrasaron los templos quemándolos, y en general todos los antiguos monumentos egipcios, pudiese ser verdad, pero ese templo no puede contar con más de 4.000 años de antigüedad, época en la que seguramente no existía ningún templo de forma alguna en la zona.

Pero ¿por qué buscar las probabilidades ahí donde la certeza no falta? El zodíaco de Dendera contiene Libra entre otras constelaciones. Burchardt, comprometido como lo está en mantener la remota antigüedad de este zodíaco, nombra expresamente a Libra que está representada[23]. Los antiguos egipcios no conocían esta constelación, y los griegos de la escuela de Alejandría han sido los primeros en situarla en sus zodíacos, es un hecho incontestable y admitido por todos en general, pero que Dupuis se ha esforzado en hacerlo incierto, no ha hecho más que confirmarlo por sus esfuerzos.

El autor más antiguo que cita demostrando la antigüedad de Libra, es Geminus, que vivió, como sabéis, en tiempos de Sila, alegando Le Boundesch de los Persas, cuyo libro no es anterior al siglo VII de la era vulgar. Nombra por fin un zodíaco encontrado por un inglés, Call, en una hostelería de las Indias, como para demostrar que ese zodíaco fuera realmente muy antiguo, como si un zodíaco antiguo y propio de los hindúes, en el cual no hay ni rastro de Libra, no fuese ya demasiado conocido[24].

Es, pues, evidente que Escorpión ocupaba antes con sus pinzas el espacio en el que, más tarde, fue situado Libra. Nos desviaríamos mucho, sin necesidad, si aportásemos las numerosas pruebas de esta

---

[23] Los catasterismos, comentados por J.C. Schaubach, Göttingue 1.793.

[24] La argumentación del abad Testa es muy engañosa por el hecho de que hoy, ningún egiptólogo duda sobre las seis reconstrucciones sucesivas sobre los mismos cimientos. Pero únicamente han subsistido éstos y ha sido necesario demoler los techos para reconstruirlo. Pero es evidente que los dibujos meticulosamente conservados han servido para las reproducciones del zodíaco del techo. Por otra parte, si Libra no hubiese existido, no hubiese habido nada más que once particiones y no doce, lo que es impensable.

verdad, muy conocida además. Que nos baste con la única autoridad de Erastóstenes, que describiendo las constelaciones del zodíaco, una por una, en sus Cataterismos[25], no habla en ningún momento de Libra, igual que no la nombraron ni Eudoxio, Aratus e Hiparco al igual que en general todos los astrónomos que precedieron a éste silencio tan imperdonable como imcomprensivo si Libra hubiera formado en sus tiempo un asterismo zodiacal.

¿Qué más? Erastóstenes, hablando de Scorpio: "ob magnitudinem in duo dodecatemoria dividitur, etenim ad aliud tenduntur cheloe efus, ad aliud ejus corpus et aculeus", no hay duda de que Scorpio en tiempos de Eratóstenes, ocupaba dos de las doce partes del zodíaco según lo que Ovidio comentó[26]: " ¿occupat in spatium signorum membra duorum?".

Escorpión estando situado entre Libra y Sagitario, sin ocupar el lugar de éste, nombrado generalmente por todos los antiguos, ocuparía por consiguiente, el lugar de ella.

Ello es tan real que las dos estrellas principales que se encuentan en las dos cuencas de Libra conservan aún en el Tolomeo Almageste, al igual que en los otros astrónomos, en particular en los árabes[27], el nombre del brazo de Scorpio a las que pertenece originariamente. Así pues el zodíaco de Dendera que contiene la constelación de Libra, es posterior a la invención de este asterismo y así su antigüedad se disipa. Ya advertí que después de tantas convulsiones y tantos gritos, la montaña haciendo su trabajo daría a luz a un ratón. "Par levibus ventis volucrique simillima somno".

Para cuando acabe mis investigaciones, nadie tendrá derecho a hacer reproche alguno. Los zodíacos de Dendera y de Esna son

---

[25] "Los Catasterismos", comentados por J.C. Schaubach, Göttingue.

[26] "Las Metamorfosis, libro III"

[27] "Globo celeste copto-árabe" del Cardenal Borgia. Es la explicación más célebre de la astronomía copta, pues egipcia, transmitida a los árabes. Lo que no dice el abad Testa es que esta esfera retransmitida desde la noche de los tiempos **sí** tenía Libra dibujada delante de Escorpión.

relativamente modernos, es este hecho que importaba hacer cierto. ¿Qué más debemos hacer, si después del descubrimiento de la precesión de los equinoccios, gustó realizar unos zodíacos que mostrasen el solsticio de verano en Leo, en Virgo y aún más allá?

¿Qué argumento podremos sacar para fechar la antigüedad del mundo? Un astrónomo puede, si quiere hacerlo, unas tablas de los eclipses que tendrán lugar desde ahora a 100.000 años, si es que el mundo aún existe. Igualmente puede determinar el estado que el cielo hubiese tenido hace 100.000 años si el mundo hubiese existido.

Un ignorante que leyendo en la Cronología de Pétau, que el mundo fue creado en el año 730 del período Juliano, pretendiera inferir por ello que Pétau se contradecía, y que el mundo es al menos 730 años más antiguo que la época que se le asigna. ¿No existe en nosotros compasión o desprecio? Las eras, los ciclos, los períodos, los zodíacos, las esferas de cronistas y de los astrónomos, y sus predicciones de los tiempos futuros, al igual que sus cálculos sobre los tiempos remotos, ni quitan ni añaden minuto alguno de existencia al mundo.

Voy a ir más allá, y pedir a los declamadores de zodíacos, ¿cómo deducen que el zodíaco de Dendérah, por ejemplo, muestre el solsticio de verano en Leo? Burchardt hablando de este zodíaco, en su carta al astrónomo Zach, dice que consiste en dos columnas, o Hermes, conteniendo cada uno seis constelaciones, siendo la primera y la más alta en una de las columna, Leo.

Los Hermes, nombrados, por encima de la cabeza, están provistos de dos brazos que tienen elevados por encima de su misma cabeza. Esta elevación de los brazos, si se confía en Burchardt, indica claramente el solsticio de verano en Leo. Yo, sin embargo, estoy seguro de que este indicio que es claro para él, nos parece muy oscuro a todos. El que ora eleva los brazos y manos al cielo, él que está en el dolor hace lo mismo. Isis llorando a Osiris adopta la misma actitud en los monumentos egipcios. En el de Dendérah podríamos concluir más bien, una coincidencia del solsticio de verano con Leo, viendo a esta constelación situada en el primero y el más elevado lugar de Hermes del que se trata.

La primera constelación pertenece pues al primer mes. Así pues cuando el zodíaco de Dendérah fue construido, Leo correspondía al primer mes del año egipcio. Pero los egipcios iniciaban el año en el solsticio de primavera. Por lo que si lo empezaban también en Leo, este solsticio ocurriría entonces y se combinaría con él.

Para demostrar la fragilidad de este argumento, debemos reflexionar sobre que los antiguos egipcios iniciaban especialmente su año civil, no en el solsticio de primavera, que aún no conocían, sino sobre la aparición, o como dicen algunos astrónomos, del nacimiento helíaco de la canícula. Era justo que la más grande y la más brillante de las estrellas fue consagrada por los egipcios a la mayor de sus divinidades y diese por su nacimiento un feliz inicio a su año.

En el momento de la canícula, la inundación del Nilo crecía sensiblemente, y se extendía con fuerza: de ahí, la opinión general de que esta inundación se producía por la influencia de este astro, o mejor de la divinidad que en él residía, de ahí también el nombre de "Hydragogues" por el cual los griegos distinguieron a continuación el mismo astro. Y como la inundación del Nilo era y es aún hoy la fuente de todo el bienestar de los egipcios, no era de extrañar que observasen la canícula, la enseñaran aún cuando el sol estaba en Leo, que por consiguiente fue la primera constelación, y que partió de ahí para dar nacimiento a los años y a las estaciones. De ahí las funciones y honores de estas dos constelaciones que fueron las mismas, y se dice de la canícula que fue Leo en gran parte.

Las dos fueron observadas como la sede de las primeras divinidades egipcias, ambas calentaban extraordinariamente la tierra haciendo madurar las frutas, ambas se llamaron "Hydragogues" es decir protectoras bienhechoras de la crecida tan útil y necesaria de su río. Y como la inundación del Nilo fecundaba su territorio, hacía a los egipcios felices y se lo atribuyeron también a Leo, como fuente de tantos bienes concediéndole honores distinguidos y adoraciones supremas.

Es por ello que el dios Kneph, que era el gran dios de los tebanos, venerado por ellos bajo la forma de una serpiente, se situa en algunos monumentos representada con la cabeza de un león rodeada de radios.

Es por ello que Mitra, divinidad egipcia, se representó en particupar con la cabeza de un león y es de ahí que nacieron la fiestas leónticas de los ritos mitríacos.

Si Horus, hijo de Osiris, no está representado de igual forma, posee, sin embargo, unos leones que lo acompañan y que sostienen su trono. Las verdaderas razones de la primacía del león entre las otras constelaciones del zodíaco egipcio son que la canícula era el domicilio de Isis, y que Leo era el de Osiris, su esposo, en el inicio del tiempo, el nacimiento y las apocatastases del mundo, debía iniciarse a la entrada del sol en Leo, sólo por las influencia de Leo, la inundación del Nilo era más abundante, y por consiguiente más fertil y ventajosa.

¿Os sorprendería aún ver que Leo posee el primer rango en el zodíaco de Dendera? [28] ¿Qué lugar y que parte juega el solsticio de primavera en todo ello? ¿Por qué, trastocando el curso natural de las ciencias y la autoridad de los monumentos, atribuir a los primeros egipcios los conocimientos adquiridos sucesivamente por los últimos? ¿Y desde cuándo los aficionados apasionados por la antigüedad pondrán fin a sus doctas e ingeniosas locuras?

Sin embargo, acordamos a los adversarios todo lo que pretenden, que Leo en el templo de Dendera ocupa el primer lugar y el más distinguido del zodíaco. Yo mantengo que el zodíaco puede ser facilmente del tiempo de Augusto. Escuchad mis motivos. Cuando la noticia de la toma de Alejandría llego a Roma, entre los distintos honores entregados a Augusto, el Senado estableció un decreto que ordenaba una nueva era.

Los egipcios obedecieron a disgusto, y tergiversando y excusándose una vez en un pretexto y otra en otro, tardaron cinco años

---

[28] Esta disertación a propósito del zodíaco de Dendera, al igual que la anterior y las que seguirán, dejan un gusto amargo al que piensa. Porque, en fin, este antiguo zodíaco que domina "El Último Juicio", grabado sobre el muro de la misma habitación y casi idéntico al de la fachada de la catedral de París, en la que se se ven esculpidos los doce signos del zodíaco, siendo el primero y el más alto el de Leo, mientras que a mano derecha del muro está grabado con la misma figuración el Juicio Final. Dentro de 4.000 años los polemistas deducirán obligatoriamente las mismas disertaciones y memorias.

en la ejecución de tal decreto. Según ello, fue en el año 21 del calendario de Julio Cesar, y el vigésimoquinto a.c., cuando empezaron su nueva era que denominaron actiaque, compuesta no de años vagos, sino de fijos, como lo estaban entonces en el calendario romano.

El uso de esta era se extendió inmediatamente en el resto de África, como lo vemos por la fecha del famoso decreto de los judíos de Berenice, publicado en 1732 por el marqués Maffei. La misma era, bajo otro nombre, fue también adoptada por la Iglesia en el Concilio de Niza, para el reglamento de la celebración de Pascuas.

No obstante, ¿cual fue el primer mes de los primeros años egipcios y de la nueva era? El mes de septiembre, estando el sol en Virgo. Es por ello que el primer mes de los calendarios egipcios, particularmente en el de Tolomeo, es el mes de septiembre: de ahí viene que los cinco días que se añadían al final del año en Egipto, se contaban a finales de agosto, como Macrobio lo declaó abiertamente en el primer libro de las Saturnales.

Y la batalla de Actium, ¿en qué mes se ganó? En septiembre. Y ¿Cuándo entró Augusto victorioso y triunfante en Alejandría?: en septiembre, igual que el mes de su nacimiento. Estas circunstancias eran más que suficientes para iniciar, tal y como se hizo, el nuevo año y la nueva era en el mes de septiembre. Conviertiéndose este mes en el primero del año, Virgo, como corresponde, se convirtió naturalmente en la primera de las constelaciones del zodíaco.

En la composición de su zodíaco, los egipcios han querido que el asterismo en el cual caía este solsticio, presentara la figura de un león, porque el movimiento retrógrado de este animal explica con justicia el del sol en esta circunstancia. El tiempo y los años empezaron, según los egipcios, en el nacimiento helíaco de la canícula: cuando ésta se elevaba en el horizonde, producía y anunciaba la inundación inminente del Nilo, y tomó por ello, en efecto, el nombre de "Hydragogues".

Tales eran las ideas, tal fue la doctrina constante de los egipcios según los antiguos escritores, y no nos está permitido abandonarlas para seguir las ideas sutiles de un escritor moderno. Trasladad ahora el solsticio de verano en las otras constelaciones, supongámoslo, por *ejemplo en Virgo. Cáncer, con su movimiento retrógrado, se convierte en algo inexplicable. Sirio, paranatellon[29] de Cáncer, nace helícamente tanto tiempo antes de la inundación del Nilo que uno no puede decir ni pensar que la produjera o anunciara: en una palabra, toda la doctrina de los egipcios queda, por esta hipótesis, alterada, confusa, destruída. Ch. Dupuis, con sus 15.000 años, ha creido conservarla, y por supuesto se ha equivocado.*

Esta doctrina estando totalmente adaptada al solsticio de verano en Cáncer, o en Leo según los zodíacos, debemos concluir que los egipcios no conocieron otros solsticios más que el hemos indicado. Y, por suerte. ¿Cómo hubieran podido conocerlo, ignorando totalmente la precesión de los equinoccios?

Pero ya es hora de acabar este planteamiento, deseo que se me permita añadir que el célebre De Lalande ha indicado la incertidumbre con la cual el solsticio de verano está indicado en el zodíaco de Esna, pasa de inmediato a decir: "Pero ello puede siempre dar alguna verosimilitud a la hipótesis de Dupuis". Que los periodistas aprendan a escribir, y la gente a hablar, de lo que se vanaglorian como si fuera una demostración rigurosa del sistema conocido, o del sueño de Dupuis, no es más que una débil similitud a los ojos de un astrónomo amigo suyo.

De todos modos, vean señores, que ya que se combate ahora a nuestra santa religión con tales argumentos, si el estudio de las ciencias naturales ha sido siempre útil para defenderla, se ha convertido hoy en algo absolutamente necesario."

Esta es la conclusión de esta curiosa obra literaria y científica que tanto ruido produjo en 1.802. Cada siglo tiene por supuesto su propio concepto de los acontecimientos ocurridos, y muy listos deben ser los que pretendan saber cual hubiera sido nuestra propia reacción si hubiésemos vivido en este principio de nuestro siglo XIX.

---

[29] En la astronomía antigua y la astrología contemporánea, una estrella o constelación que se levanta al mismo tiempo que otra, específicamente una estrella que se eleva al mismo tiempo que una constelación del zodíaco.

Hoy en 1.980, donde el mundo y su inteligencia avanzan a velocidad supersónica, todo ello parece muy insignificante. Pero de este zodíaco de Dendera, habiendo sido extraido de la Doble Casa de Vida, habiendo sido concebido para el estudio de la Combinaciones Matemáticas Divinas llevadas al Segundo Corazón de Dios, Egipto, es imposible silenciar de antemano los textos que han conmovido el inconsciente, o el consciente de cada uno y el interés general.

CAPÍTULO QUINTO

DESCRIPCIÓN DEL ZODÍACO POR LEPRINCE

> "Hasta ahora, hemos podido creer que sólo me he ocupado del zodíaco primitivo, sin embargo, todo lo que ya he dicho, se refiere por igual a la esfera egipcia. Creí que podíamos leer todo lo que acabamos de ver sobre las piedras traídas de Dendera, pero si no temiera cansar a mis lectores, no acabaría jamás".
>
> H. Leprince, Bibliotecario de Versalles

Antes de entrar en el terreno de la polémica entre los sabios de principios del siglo XIX, conviene leer el inicio de un ensayo de interpretación del zodíaco circular de Dendera, que fue publicado en 1.822 por Leprince, bibliotecario de Versailles, y que se había distinguido por dos memorias importantes. La primera sobre las auroras boreales, y la segunda, que tanto ruido había hecho, sobre el tratado de óptica de Newton, que refutaba con finura de argumentos que demostraban no solamente su erudición, sino además su gran saber.

No se trata aquí de compilar su obra sobre el zodíaco, sino de tomarle prestado íntegramente su descripción de la obra. Su talante bibliotecario se presta a ello muy bien, ya que no omite detalle alguno. Además la tiene delante de sus ojos, y nos permite gracias a sus anotaciones en letras y cifras, seguir perfectamente su descripción en sus mínimos detalles.

He aquí este texto, con el prólogo que nos da una pauta de sus propios pensamientos:

"Desde hace tiempo el zodíaco es objeto de meditaciones profundas y de discusiones interesantes. Traido de un pueblo que se atribuía una gran sabiduría y una antigüedad tan sorprendente, que tuvo que hacer nacer, por él mismo, el prejuicio de tal origen. Pero de todos los sabios que han intentado penetrar el significado de las figuras alegóricas que contiene, ninguno se ha atrevido a poner al día a Macrobio, nadie ha intentado derribar las dos bases del sistema de interpretación que este sabio había planteado. Cáncer y Capricornio se han quedado como dos puntos fijos, como dos límites entre los cuales las diferentes opiniones han intentando establecerse hasta ahora, y la hipótesis la más atrevida sólo debe su aparente solidez al juicio universal que consagró estos dos límites importantes.

Actualmente un maravilloso monumento ha vuelto a captar la atención general sobre esta gran pregunta, que debido a sus consideraciones parece estar unida a interéses mayores aún. Hemos asistido a la reaparición de dos opiniones principales que de forma desigual habían dividido las opiniones del mundo sabio. Una asigna al planisferio traido de Dendera, al igual que a otros monumentos descubiertos en los lugares antiguos que son del mismo tipo, un origen que se pierde en la noche de los tiempos. La otra le disputa esta antigüedad prodigiosa y acerca su construcción a una época más cercana a los tiempos en que vivimos. Ciento veinte siglos hay de intervalo entre estos dos sistemas. Y es alrededor de cada uno de ellos, que de alguna forma se han agrupado los de menor importancia, dejando aislado el enorme espacio intermedio.

El pequeño número de adeptos capaces de resolver un problema arqueológico de esta naturaleza, ha parecido inclinar la balanza hacia la opinión más extraordinaria porque la segunda, habitualmente menos defendida, parece deber su fuerza a la influencia del motivo más estimado, pero el menos propio para persuadir los que tienen la pretensión de ser sabios.

En el momento de mayor debate en una lucha tan curiosa, si los verdaderos amigos de las ciencias y de las artes deben elogiar a los hombre llenos de celo y de bravura que han juzgado su patria digna de poseer tal monumento, ellos no pueden rechazar su admiración bajo la conducta de un rey sabio e iluminado, digno de compartir la gloria de tal adquisición: él ha demostrado suficientemente en esta situación la amplitud de sus luces y su profundo conocimiento del espíritu humano.

Es este interés, siempre creciente, que este curioso trozo parece inspirar, es el que me ha determinado a actualizar una opinión que se aparta algo de las formas de todas las anteriores. La reservaba como anexo a la publicación, más alejada de un propósito astronómico físico con el que tiene relación inmediata, pero el tipo de fluctuación en la cual aún se situa el jucio sobre la más numerosa, me ha tentado proponer una solución que incluye algunas novedades. Siendo su principal ventaja, que no se le podrá discutir, la facilidad con la que la mayor parte de las figuras del cuadro reciben un sentido preciso.

Sin embargo, al entregar al público el fruto de mis investigaciones, deseo que se persuada de que en ningún caso, y en ningún momento, tengo la pretensión de imponer mis ideas, y que aquí sólo hago juicio del grado de certeza al cual mis pensamientos, investigaciones y pruebas pueden elevar los objetos de mi propia convicción. Espero, además, que se observen todas las precauciones que he tomado para, sino merecer estos votos, al menos para evitar los reproches que por derecho se pueden dirigir a los autores que parecen participar ellos mismos de su propia opinión.

La primera precaución tomada, el hecho que he mantenido como el más propio para esta indulgencia, ha sido darme la menor libertad posible y no alterar en nada los dibujos de las figuras que entran en la composición del planisferio. He sido muy escrupuloso en conservar los atributos en su más destacada apariencia, estando convencido que si un emblema podía haber sido situado en el lugar de otro emblema, no era como símbolo, sino como signo representativo únicamente. No entra, creo, en la esencia de ninguna imaginación, para quien el lenguaje figurado se ha convertido en necesidad, velar sus conceptos bajo una doble alegoría. Algunos escritores no lo pensaron así, y he creido encontrar la causa de la incertidumbre casi universal en tal circunstancia, en la libertad que se dieron por desnaturalizar todo lo que no cuadraba con los principales propósitos de sus sistemas. He pensado pues que sería útil llamar la atención general sobre esta disposición y sus consecuencias.

Todos los objetos tienen relaciones cercanas o alejadas entre ellos, la reunión más arbitraria para dar un sentido completo si se sabe elegir los que se relacionan mejor a la idea fundamental que se ha propuesto. Bien, de la multiplicidad de estas mismas relaciones que los objetos mantienen entre ellos, deberá resultar que la interpretación de esta nueva escritura jeroglífica dependerá probablemente del giro de la imaginación del que se apodere de ello, y creyendo haber traducido un pensamiento extranjero, éste sólo habrá creado, quizás, a través de las nociones verdaderas o falsas que le son propias, un pensamiento absolutamente particular. ¿Qué sería, si se creyese autorizado a reformar a su voluntad los signos de los que busca la expresión?

Determinado a no ver en las figuras del planisferio nada más que lo que los ojos de los menos ejercitados podrían reconocer, me puse la meta de callarme, o de decir pocas cosas sobre un pequeño número de personajes cuyos atributos no me eran muy familiares, o que, designados por los que me precedieron, no me parecieron ser una representación suficientemente fiel de los objetos indicados. Sin embargo, no aseguro que siempre haya podido captar con facilidad su constitución alegórica, y no descarto creer que la idea de sus disparates me haya llegado por falta de inteligencia en estos signos.

Las reflexiones anteriores, aunque simples, no parecen sin embargo haber sido presentadas a la mayoría de los sabios, como es fácil saber por el examen de las instrucciones preliminares que preceden los sistemas más notables emitidos sobre el planisferio circular de Dendera. Encontraremos en él algunos datos que se alejan de los que los egipcios tuvieron que recibir de la naturaleza misma, y que, por ello, me parecen son errores graves más propios para multiplicar los pensamientos de incertidumbre que para arrojar algo de luz sobre el verdadero objetivo de una construcción a la que unos suponen muy exacta y otros con muchas incorrecciones. De forma que el monumento que hasta ahora hemos denominado impropiamente planisferio, no será según nosotros la proyección de ninguna sección completa de la esfera celeste, sino un tipo de cuadro que representa las constelaciones en el orden de sus amaneceres y atardeceres, en virtud de la coincidencia de éstos con algunas épocas, con el retorno de ciertos fenómenos importantes a preveer como lo eran las diversas fases de la crecida y bajada del Nilo.

Una vez admitido este punto esencial, no deberíamos esperar encontrar en el espacio circunscrito al centro de los doce signos ni el polo de la ecliptica, ni el polo del ecuador, ni las constelaciones polares cuya observación sólo podía ofrecer un mediocre interés. Nuestro zodíaco egipcio ya no sería un monumento en teoría de astronomía, sino un tipo de calendario donde los sabios que se esforzaban en buscar los diferentes asterismos de la esfera de Eudoxo, no se sorprendían por encontrar las figuras alegóricas sin los atributos propios de las constelaciones que parecían ocupar el lugar.

Bajo este punto de vista, la comprensión del monumento ya no ofrecería, aún con una cierta relación, la exactitud que se buscó durante mucho tiempo. Pero representaría bajo otro aspecto y en todas sus partes una exactitud de otro tipo, mejor adaptada a los principios que presidieron su origen.

Todas las objeciones que se han realizado contra él, encontrarán aquí sus soluciones y su orden en relación a una colección de ideas simples y naturales que no suponen a sus autores ni más ni menos conocimientos de los que podían tener.

Es esta hipótesis que pretendo examinar y alejándome de la senda común, tomaré de alguna forma el compromiso de allanar, en el sentido que pretendo trazar, todas las dificultades que se ven en la antigua, seguiré incluso en su descripción otro sendero que el de mis predecesores. El orden en el que voy a proceder parecerá quizá muy regular, pero es el que mecánicamente mejor se presentó. Esto me ha servido cuando he buscado reconocerme en esta multiud de figuras reunidas en un espacio tan pequeño.

Si el observador deja de mirar por un momento los grupos que están en el centro, y se aleja hasta poder reconocer distintamente los doce signos del zodíaco, se consigue ver perfectamente tres series particulares de emblemas, cuya admirable correspondencia parece haber sido observada a propósito para levantar cualquier duda y fijar con precisión el sentido algo velado bajo cada una de ellas.

Se ha pretendido que los doce signos que forman la serie más notable, estaban distribuidos sobre una espiral en la cual el León sujetaba la extremidad más alejada del centro de la revolución, y Cáncer la extremidad que penetraba por encima de la cabeza del primero.

No pretendo combatir en absoluto esta proposición, más aún porque el curso del sol sobre una línea en espiral no es una idea extraña a la antigüedad y no es imposible que este prejuicio haya tenido su influencia en tal construcción. Pero como nos hemos basado sobre este punto para establecer en Leo la colure de los solsticios, creo mi deber remarcar que con sólo observar un globo celeste podemos fácilmente reconocer que estos dos asterismos están situados uno en referencia al otro precisamente de la misma forma que en el zodíaco de Dendera, es decir que Leo está en el norte, y que Cáncer, más en el medio día, casi bajo la cabeza del león.

Existe sin embargo una diferencia aparente: en el bajorelieve egipcio los signos están invertidos. Los pies de la figuras están girados hacia la circunferencia y la cabeza hacia el centro. Realmente es esta situación la que indujo al error a los que creyeron encontrar un auténtico planisferio.

En mi hipótesis sólo es necesaria una poca de atención para percibir que esta disposición era rigurosamente indispensable, como estando sujeta a unas reglas de arquitectura y de estética que no podían ser eludidas. Sólo puede ser por motivos muy poderosos que el escultor hubiera podido decidir deshacer la armonía que debía presidir no sólo la disposición de las partes del trozo, sino a todas las de las partes de las zonas del zodíaco, donde vemos un gentío de otros sujetos del mismo tipo.

Hubiésemos debido girar todas las figuras de las tres series ya que parecían formar un conjunto y están coordinadas en un mismo sistema. Hubiésemos debido (y la idea es casi burlona) girar también todos los otros personajes de los dibujos que cubren los muros desde arriba hasta abajo, de forma que el techo no pareciese aislado y no nos diera realmente una idea de conjunto. ¡Cúantas más otras razones se podrían dar aún!

En lugar de estar situado bajo la cabeza del león, como en la esfera de Eudoxo, Cáncer está justo por encima. Pero su posición relativa es perfectamente observable, ya que Cáncer está en el medio día, y la cabeza del león en el norte.

Diría en esta ocasión, para afirmar más la pruebas de esta situación, que los doce signos podrían aún dar confirmación a la versión del planisferio, que Jollois y Devillers se han equivocado cuando, en su descripción de las antigüedades de Dendera, insinuaron que el espacio circunscrito al centro estaba especialmente destinado a las constelaciones septentrionales, y que las constelaciones meridionales no se situaban más que fuera de este recinto. Varios de sus colaboradores han reconocido perfectamente, fuera del primer círculo, el Águila o el Buitre, la Flecha y el Boyero que están por supuesto en el hemisferio septentrional.

Repito, sin embargo, que no pretendo decir que la intención que originó esta construcción no haya sido representar Leo como el primer signo, o como el que dirige el cortejo. Situado cerca de Cáncer, él era efectivamente el primero que volvía a abrir la marcha después de la estación que se había operado en el solsticio.

Y podemos objetar que Cáncer indicaba la marcha retrógrada del Sol, porque era él quien debía rellenar esta función. Si el colure solsticial pasaba por el medio de la figura de Cáncer, como su situación en particular parece indicar, el sol debería seguir subiendo en los primeros grados, y debería bajar en los últimos. Sin embargo este fenomeno se vé aquí, por lo que creo, admirablemente bien indicado.

Con su carácter simbólico, todo el mundo reconoció el regreso del sol hacia uno de los dos hemisferios, y su declinación hacia el medio día no deja duda alguna que no sea hacia el hemisferio austral. Sin embargo, la ruta que el sol acaba hacia el noreste igualmente expresada por la meticulosidad con la tomada por dibujar Cáncer a continuación de Géminis, arrastrándose como haría el aninal que ha servido de símbolo, es decir a retroceso.

En la primera serie, Leo será pues el primero de los signos: él avanza de oriente hacia occidente, llevando sobre su lomo una pequeña figura sentada cuyo trono se vuelca, una larga serpiente, cuya cabeza se eleva y supera algo la suya, está extendida bajo sus pies, y, prolongando su cola hacia debajo de la del león, lleva en este lugar un pájaro que se parece a un cuervo o a una paloma, inmediatamente encima, la extremidad de la cola del leon, recortada, soporta una mujer que se mantiene de pie, sujetando en sus dos manos esta misma cola en su nacimiento.

Los astrónomos han creido reconocer en este grupo la Hidra de nuestras esferas, extendida como la serpiente bajo los pies del león, el cuervo figurado como pájaro y la copa representada por la mujer subida sobre la cola del león.

Virgo viene a continuación: la reconocemos fácilmente con la espiga que lleva (los copistas que han representado esta mujer con los pies juntos, han cometido a mi parecer un error grave) un hombre la sigue, su cabeza es la de un buey y por encima de *la misma hay como un croisant (media luna), él tiene en su mano izquierda un bastón con la cabeza de penacho y acabado por abajo en croisant. Por encima de este bastón que se ve frecuentemente en los emblemas egipcios, se ve una vaca bajo un gavilán. Estas dos figuras son de pequeña dimensión, y el personaje con el cual suelen aparecer para formar un grupo, es en general conocido con el nombre de "Perro Boyero de Isis".*

El tercer signo es la Balanza: ella precede a Escorpio y éste precede a Sagitario, representado por un monstruo alado, midad hombre, mitad toro, con cola de escorpión y dos cabezas de las que hablaremos más adelante: él tiene los pies de delante, únicamente, en un tipo de barco.

Capricornio aparece a continuación: está tumbado, por el porte de su cabeza y la tensión de su pata, parece dispuesto a levantarse. Tiene sobre el lomo un hombre con cara de gavilán, presentando el bastón, del que ya hemos hablado, perpendicularmente sobre el punto en el cual el animal se transforma en Piscis.

Acuario, representado por un hombre que camina, inclina en cada mano una jarra de la que se ve brotar agua. Después, viene un hombre con dos caras y armado del bastón.

Los dos peces que aparecen a continuación están unidos por dos trazos, prolongándose bajo Aries hasta un personaje con rostro de animal donde forman un ángulo. Entre los Peces se observa un gran paralelogramo, lleno de trazos quebrados que representan el agua.

Aries sucede, pero está tumbado en el sentido opuesto, es decir girado hacia oriente, únicamente mira hacia atrás.

Tauro, que los egipcios nombraban Buey, viene a continuación de Aries, de de oriente a occidente como los otros diez símbolos, él gira la cabeza hacia oriente y presenta de este modo, hacia el occidente, la concavidad de sus cuernos, que forman un dibujo que se asemeja a un croisant, parece animado y lanzado hacia el norte, es decir fuera del círculo de esta primera serie, en la parte que, en mi hipótesis, sería el hemisferio boreal.

Géminis, que hemos creido reconocer en un grupo representado por un hombre joven que coje de la mano y guía cerca de él a una jóven mujer, está precedido de un personaje cuya cabeza peinada al estilo egipcio es coronada por dos hojas de palmera. Lleva en la mano un instrumento que no he podido reconocer. Detrás de la mujer, y poco más abajo, hay otro pesonaje con cabeza de gavilán, coronado por un disco en medio de dos cuernos de vaca, lleva el cetro o bastón de augur de costumbre. Por fin, vemos a Cáncer situado, como ya hemos dicho, un poco por encima de la cabeza del León.

El espacio encerrado por las doce constelaciones que acabamos de indicar está ocupado por un suficiente número de figuras, de las que hay que destacar un animal gordo denominado "tifónido" por algunos, y que varios sabios han visto como un hipopótamo. Los que han creido ver aquí las constelaciones del polo creen que indica la Osa Mayor. Este monstruo está de pie por encima del Perro Boyero, que sigue a Virgo, y de uno de los platillos de Libra, tiene un gran instrumento cortante en sus manos.

Sobre la mitad del astil de Libra, hay un disco que contiene una mujer sentada sobre un trono con pies de león. Ella realiza con la mano izquierda un gesto apelativo. Por encima de este círculo hay un animal que se parece a un chacal y aún más por encima una figura peinada al estilo egipcio, sentada sobre un trono semejante al anterior, y presentando sus dos brazos hacia adelante con la palma de las manos girada hacia arriba.

Por encima de Escorpio hay un hombre sentado sobre un sillón dentro de una barca, tiene una máscara de gavilán con un disco atravesado por una serpiente o culebra sobre la cabeza, lleva además un cetro de augur en la mano.

Por encima de la cabeza de Capricornio y de la grupa de Sagitario, se ve un hombre que camina, teniendo un bastón sin cabeza de gavilán, más corto que el cetro del augur y del cual observamos algunas molduras que le dan un carácter particular.

A continuación de este hombre, están dispuestos, sobre una misma línea perpendicular, un buitre, un ibis y una estrella que se situa justo por encima del bastón del hombre subido sobre Capricornio.

Por encima de Acuario se situan: 1.º un cuerpo de gacela sin cabeza, 2.º otra gacela situada por encima de la primera y sujetada por un hombre, que parece tirar de ella por un lazo que tuviera en el cuello.

Cerca de los dos Peces que están más cerca del centro, se ve un disco que toca una larga cola, que se parece mucho, aunque más larga, a la del Carnero, situado por debajo, y que se prolonga entre este animal y los Peces. Esta cola pertenece a una figura que es parecida al hipopótamo del que ya hemos hablado: aquí el animal agachado lleva un tipo de gavilán sobre su cabeza, y está pegado espalda contra espalda con una especie de cabra.

Por encima de este grupo, se encuentra el cuatro trasero de un buey, sobre el que está recostado un pequeño carnero. Observamos igualmente un chacal sobre un carro egipcio. Los dibujantes han olvidado el travesaño que hubiera podido servir para fijar la opinión de los sabios sobre este atributo y sin embargo este trazo están bien visible sobre la piedra.

Por fin, encima de la cabeza de la mujer subida sobre la cola de Leo, observamos un hombre armado del bastón con dos cabezas que sigue en Acuario.

En la segunda serie de figuras que he imaginado viendo este conjunto zodiacal, hay trece cuadros, ocho de ellos se situan sin intervalo, parecen formar por ello un período preciso, mientras que los cinco restantes, situado en el occidente de los primeros, están dispersos en tres grupos muy distantes entre ellos. Parecen ofrecer tantos emblemas aislados que empezaré a

*describirlos en razón de la situación relativa de todas las figuras que se dirigen de oriente a occidente. Para mayor comprensión, asignaré a cada uno una letra, que servirá de recordatorio a los que deseen seguir en mi dibujo, mis explicaciones.
Bajo Piscis hay un disco (a) que contiene una mujer que tiene un cerdo cojido por las patas traseras.*

Bajo Aries, vemos dos personajes, armados cada uno de un bastón de augur que sujetan con ambas manos. El primero (b), cerca del cual se situa el ángulo de los dos trazos que unen a los Piscis, tiene una cabeza de hipopótamo. Está vestido con un largo vestido, tal como el segundo personaje (c) que camina tras él.

Bajo los pies traseros del Buey, dicho de otro modo Tauro, hay un hombre (d) caminando, lleva hacia adelande con la mano izquierda el bastón de augur, sobre su hombro derecho reposa un instrumento angular, cuya extremidad de una de las dos ramas está en su mano derecha, acercada a su pecho, los sabios que han creido reconocer aquí un mayal para batir el grano, no han prestado atención al hecho de que no se percibía hacia el ángulo ninguna flexibilidad, y que además, atribuían a los egipcios un instrumento del que no hacían uso. Eran bueyes, o según Heródoto, cerdos, que se empleaban para separar el grano de su espiga, echándoselos a los pies. Yo creo que es más bien el espectro aratriforme que observamos frecuentemente, llevado de la misma forma como en los bajorelieves egipcios: este atributo repetido tres veces en el que nos ocupa, una de ellas acompañado por un gancho que vemos a menudo entre las manos de las figuras que llevan el espectro aratriforme.

Este personaje está seguido de un penacho, detrás de las cinco figuras aisladas.

Las otras ocho figuras empiezan por un buitre (e) montado sobre una columna y situado bajo la mujer de los Gemelos.

Inmediatamente después hay una Isis bajo la forma de una vaca (f), recostada en una barca, y llevando en el cuello una pequeña cruz suspendida a un collar. Tiene una estrella entre los cuernos, y su cabeza está bajo Cáncer.

A continuación, y bajo las patas delanteras del León, hay una mujer de pie (g) armada con un arco y su flecha, que va a disparar, sus pies están juntos.

Bajo la grupa del León, y tras esta mujer, hay otra mujer (h), sentada sobre un trono con pies de león, y llevando en cada mano una especie de canope, o jarra, con una cruz por encima.

Bajo el pájaro que se ve en la extremidad de la cola de la Hydra hay también una mujer sentada, sobre un trono con pies de león (i) lleva en su mano izquierda una pequeña figura y realiza con la mano derecha un gesto muy patético.

La figura que sigue es (j) este mismo perro boyero de Isis, del cual vemos por encima otra representación entre Virgo y Libra. Aquí, en medio del baston, él tiene un carro egipcio.

Después, vemos un león (k), que parece girar la cabeza con cólera. Está sentado bajo Libra, y pone sus pies delanteros, que mantiene rectos, sobre un gran paralelogramo surcado de trazos quebrados como en el paralelogramo de los dos peces.

El decimotercer y último grabado de esta serie (l) es un personaje compuesto: hombre en la parte superior y león la inferior, tiene la cola de un escorpión, es decir una cola larga, con nudos o formada por seis o siete pequeños botones alargados, atados uno tras de otro. Este monstruo expresa el temor, y parece desear que el león que precede no se vuelva a levantar y vuelva sobre él: está de pie bajo el último platillo de Libra.

En la tercera serie están incluídas treinta y seis figuras distribuídas sobre una zona perfectamente circular y limitadas a los pies de los personajes por una circunferencia que tiene por centro el del monumento.

Cerca de la cabeza de las figuras de esta serie, observamos caracteres jeroglíficos y, a los pies del mayor número, varias estrellas ordenadas en un cierto orden. Empezaré por el primero de los dos personajes que se encuentran bajo Capricornio, donde todo el mundo está ya acostumbrado a ver una división natural.

1º. Bajo las patas de Capricornio, vemos un personaje con cabeza de gavilán, está vestido con una larga túnica blanca que empieza por debajo del seno, y se hace seguir por un pequeño carnero cuya cabeza está coronada por un disco, en el medio de dos hojas ligeramente espiroidales, que le parecen a las hojas del dourah, tipo de trigo antaño muy común y muy productivo en Egipto. También se denomina sorgo, y sus hojas son como aquí, estrechas y giradas en arco. El maíz, que también es un tipo de dourah, tiene igualmente unas hojas parecidas.

2º. El personaje que sigue es un hombre con cabeza de Isis, coronado de dos hojas de dourah, y de otro atributo. Pienso que éste no es más que un brote de lotus nymphea. En efecto, por encima de la cabeza de Sagitario, vemos un atributo que todos los sabios toman por una flor de esta planta tan preciosa en el antiguo Egipto, por encima de la cabeza de una gran serpiente con cabeza de Ibis, recostado sobre un gran paralelograma que pertenece a esta tercera serie, podremos reconocer una flor parecida. Sin embargo si quitamos los dos pétalos laterales, la figura que queda es evidentemente la misma que la que orna la cabeza de mi segundo personaje, y que llamamos brote de loto.

3º. Detrás hay un gran medallón que contiene varias pequeñas figuras situadas sobre dos filas, arrodilladas, y las manos atadas detrás de la espalda.

4º. A continuación viene un cisne.

5º. Un carnero viene después, parece lleno de vigor y presto para hacer renacer las más justas esperanzas. Sobre su cabeza, vemos las dos hojas de dourah que soportan un disco.

6º. Un hombre con cabeza de chacal.

7º. Un hombre peinado al estilo egipcio, y que deja escapar, o mejor que deja escapar de una jaula, un tipo de paloma.

8º. Dos parejas con cabezas de carnero incrustadas sobre una especie de altar, y coronadas de dos hojas de dourah y un disco.

9º. Un hombre sentado, sin brazos ni cabeza, esta última ha sido sustituida por dos hojas de dourah.

10º. Un hombre con cabeza de gavilán.

11º. Un niño agachado sobre una hoja de loto abierta. Él pone un dedo sobre su boca, y lleva apoyado en su hombro derecho el cetro aratriforme del que ya he hablado (d) en la segunda serie.

12º. Un bloque cuadrangular coronado de cuatro ureos o figuras de culebras con cabezas de hombres.

13º. Una gran cabeza de carnero, con un largo cuello erguido sobre un barco, y coronado del atributo que hemos visto en el números 1, 5 y 8.

14º. Una mujer arrodillada teniendo sobre su cabeza tres culebras.

15º. Un cerdo.

16º y 17 º Dos hombres sin atributos algunos.

18º. Un gran paralelogramo sobre el que reposa una larga serpiente cuya cabeza de ibis está coronada por dos hojas de dourah, una pequeña culebra y una flor de loto a punto de abrirse, o quizás encerrada en el momento en que los pétalos se van a separar y dejar al descubierto el fruto o la cáscara que contiene las semillas.

19º y 20º. Dos hombres con cabeza de gavilán, sin atributos.

21º. Un hombre cuya cabeza está coronada por un atributo que no he podido definir.

22º. Un hombre con cabeza de gavilán, con el atributo anterior.

23º. Un personaje vestido con una larga túnica, peinado al estilo egipcio, y que lleva sobre su cabeza dos tipos de palmas.

24º. Un hombre con cabeza de gavilán con el brote de un loto.

25º. Un hombre con las dos hojas de dourah y la flor de loto como el número 18.

26º. Un hombre con cabeza de gavilán con dos hojas de dourah y un disco, en el centro del cual observamos una pequeña culebra.

27º. Un hombre con un disco y la culebra.

28º. Un hombre con un atributo semejante a los nº 21 y 22.

29º. Un gysocéphale con un disco.

30º. Un harpocrata, es un personaje solípedo, llevando en la mano derecha el cetro aratriforme, en el modo acostumbrado, un gancho en la otra mano y sobre la cabeza una flor de loto.

31º. Un altar coronado por una cabeza de carnero sin cuernos, con el atributo de los nº 1,5,8,13.

32º. Una figura tifónida o hipopótamo agachado en su barca. Su cabeza está decorada por una gruesa estrella de seis puntas, de las que cuatro son horizontales.

33°. Un hombre con cabeza de chacal.

34°. Un hombre con las dos hojas, la pequeña culebra y la flor de loto como en el n° 18.

35°. Un gipsocéfalo sin atributos.

36°. Un hombre cuya cabeza está sustituída por un disco.

El gran círculo, donde se encuentran de tal forma distribuídas todas estas figuras diferentes, está soportado por cuatro grupos de dos hombres arrodillados y con cabeza de gavilán, están situados en ángulos rectos. En el centro de cada intervalo, de un grupo a otro, hay una mujer de pie manteniendo igualmente al medallón. A lo largo de las piernas de cada una de estas mujeres, vemos un gran número de caracteres jeroglíficos en varias líneas verticales.

Vemos también una zona circular, amplia de casi tres decímetros, descrita e interrumpida en la cintura de estas grandes figuras.

En el intervalo incluido entre esta última banda y el gran círculo concéntrico que contiene todas la figuras, observamos dos emblemas de los cuales uno es un brote de loto incrustado en un soporte de forma particular y que corresponde directamente a los pies detrás del toro, la otra con forma de palma elevada en el centro de una pieza que parece la parte inferior de un sepulcro está situada bajo Escorpión, hacia el inicio de la cola, y también debajo del n° 37 de la tercera serie donde vemos una cabeza de carnero sin cuernos sobre un altar.

Hay dos leyendas en el mismo intervalo, dos leyendas en jeroglíficos encerradas cada una entre dos trazos paralelos. Una se dirige un poco hacia Cáncer y la cabeza de vaca recostada en una barca, la otra está bajo Capricornio, y su dirección pasa por el punto de su metamorfosis en Piscis.

Tal es el orden del cuadro que todo el mundo ha observado hasta ahora como un planisferio, y que hemos creido destinado, por los sacerdotes egipcios, a constatar el estado de sus conocimientos en astronomía.

Si unos, sin muchos fundamentos, han creido ver el resultado de largas observaciones y de una ciencia profunda adquirida en un plazo de tiempo considerable, otros, por exceso de lo contrario, lo han considerado como el fruto de una superstición grosera, o incluso, como el capricho de un arte pobre aún en su infancia. Vemos que ha servido de texto para exaltar y despreciar el mérito de sus diseñadores, y que me parece que lo que mejor he demostrado, es que el mismo objeto pueder hacer nacer opiniones más que opuestas."

Detenemos aquí esta descripción precisa efectuada por el autor, Leprince, porque sus explicaciones no se basan sobre un punto de vista, ni científico, ni astronómico haciendo doble uso de sus seguidores. Pero en cambio, su descripción del Planisferio de Dendera es ejemplar por su minuciodad. Su puesto de bibliotecario de Versalles lo ponía evidentemente en mejor posición que otros para efectuar este trabajo tan riguroso y repelente a la vez.

Personalmente me he basado en esta descripción para mis primeras investigaciones sobre papel. Pero es hora de seguir con las diferentes opiniones que siguieron la llegada del monumento a París.

CAPÍTULO SEXTO

OPINIÓN DE LETRONNE SOBRE EL ZODÍACO

"El planisferio de Dendera es el más completo de todos los monumentos astronómicos encontrados en Egipto. Incluso hemos creido descubrir un sistema regular de proyección, lo que aún es incierto".

"Esta coincidencia de la época del desarrollo de la astrología con la de los zodíacos encontrados en Egipto es demasiado chocante para que no saquemos la deducción que estos monumentos tuvieron por objeto representar uno de estos temas astrológicos tan frecuentes actualmente."

Letronne, Sobre el origen de los zodíacos

E**l 30 de julio de 1824, en la sesión pública de la Academia de las Inscripciones y Bellas Letras, fue leido un memorial del sabio helenista Letronne, cuyo título era: *"Sobre el origen griego de los zodíacos pretendidos egipcios".*

Este trabajo, sin embargo, no fue impreso más que trece años más tarde en la Revista de Dos Mundos del 15 de agosto 1.837, su autor, tal y como lo explicó en su momento, no estaba satisfecho de sus declaraciones previas, que le parecieron enturbiadas por puntos de interrogación.

Con la advertencia que precede su entrega a la *Revue des Deux Mondes,* Letronne escribe*:*

"He menospreciado ponerme en estas investigaciones y publicarlas, por el malestar que siento publicando unos trabajos que no me satisfacen en todos sus aspectos. Sin embargo, en

> su conjunto, hay casi siempre lagunas que esperamos rellenar más adelante. Se supone que nuevas meditaciones, o el descubrimiento de cualquier hecho, pueda proveer nuevos medios de estudio. En el intervalo, corremos tras otras verdades que entrevemos y que pensamos por supuesto alcanzar. Por ello, los antiguos trabajos son desechados hasta que alguna circunstancia pueda sacarlos del olvido.
>
> El resultado de este trabajo se resumen como se verá en esta proposición única: el zodíaco en doce signos que se encuentra en Egipto es de origen griego.
>
> Esta proposición es la inversa de todas las que se han emitido sobre este tema, porque si ha habido hasta ahora tantas opiniones como cabezas sobre el objeto de la época del zodíaco, todo el mundo está de acuerdo sobre un punto: en que el zodíaco griego proviene de Asia o de Egipto. Esta proposición es pues una paradoja y como tal fue calificada, lo cual me esperaba. Esta calificación no podía más que quebrantar. Yo sé lo poco que vale, en general, una paradoja que no es más que un apercibimiento del espíritu, una forma más o menos ingeniosa de ver de otra manera que los demás. Pero cuando una paradoja es la consecuencia rigurosa de hechos bien constatados, que no sabrían admitir otra explicación, toma un carácter más científico, y no debemos temer reproducir por alejado que parezca estar de la opinión común, ya que tenemos la percepción que, si no es verdad en todos los puntos, contiene una suma de verdad que acabará por modificar sensiblemente las ideas recibidas".

Después de esta advertencia, que explica en parte su difusión pública con trece años de retraso, Letronne publica el contenido de su memoria:

> "Ninguna pregunta histórica tiene tan agitado al mundo sabio que la de la antigüedad de los zodíacos representados en varios templos de Egipto. Durante más de veinte años, esto ha ocupado a los astrónomos, los anticuarios, los teólogos y los filósofos. Ha hecho nacer una multitud de disertaciones y obras

donde las opiniones más contradictorias han sido mantenidas con tal vivacidad de controversia como hay pocos ejemplos. Y es que no se trataba únicamente de determinar la edad de algunos monumentos antiguos, tipo de discusión que puede levantar vivas disputas, porque raramente salen de un círculo estrecho de iniciados.

Las preguntas más graves, que tocaban o que se creía tocaban a las opiniones religiosas, se planteaban detrás de la pregunta arqueológica. Por ello, el interés científico se convirtió, para la mayoría, en interés menor. Muchos se decidieron por estar "a favor o en contra" de la remota antigüedad de los zodíacos, según los puntos de vista particulares que se deseaban hacer prevalecer. Los que extraños a cualquier preocupación conservaron la independencia de espíritu necesario, fueron sospechosos de dejarse llevar por motivos en los que la ciencia poco tenía que ver.

Desde que la filología hizo buenos esfuerzos se consiguió demostrar, sin réplica, que estas representaciones zodiacales han tenido que ser todas esculpidas bajo la dominación romana, y perdieron su importancia a los ojos de la mayoría. Las preguntas graves que se formulaban no han lugar, el espíritu de secta y de partido ya casi ha abandonado los zodíacos, pero han adquirido una muy nueva importancia a los ojos de las personas instruídas, por las recientes investigaciones que establecen una conexión de estos monumentos con algunas ideas dominantes en la época en que fueron esculpidos en los templos de Egipto.

Primero debemos distinguir en el zodíaco, considerado como la banda celeste que el sol cruza en su curso anual, dos nociones muy distintas y que casi siempre hemos confundido:

1º su división en tal o cual número de partes iguales.
2º la elección de las figuras destinadas a representar las constelaciones situadas sobre los diversos puntos de la ruta del sol.

La división de la eclíptica en 27, 28, en 12, 24, 36, o 48 partes puede existir en unos pueblos que no han tenido entre ellos comunicación alguna, ya que todas estas divisiones resultan de fenómenos constantes, y por doquier iguales. Todos los pueblos han debido observar que el movimiento retrógrado de la luna, en el cielo se opera en algo más de 27 días, y que la carrera del sol está marcada por cerca de doce lunas llenas.

Unos compartieron esta senda en 27, o 28 partes, otros únicamente en 12, o en números múltiplos de éste. Pero como los grupos de estrellas constituyen raramente unas formas determinadas, y como estos grupos mismos pueden estar compuesto de veinte formas diferentes, es evidente que el uso de los mismos grupos y de las mismas figuras, en dos pueblos, no puede ser efecto del azar: uno de los dos necesariamente los tomó prestados del otro.

De este modo dos pueblos pueden tener la misma división del zodíaco, y admitir sin embargo unas configuraciones diferentes. Concebimos como en tal pueblo la división indiferente de la eclíptica o del ecuador precedió la disposición, en grupos, de las estrellas situadas en la dirección de estos grandes círculos, y como, y en tal otro pueblo, un cierto número de grupos habrían sido formados en el entorno de uno de los dos, antes de que se hubiera pensado en dividirlos de forma regular.

Un hombre de gran saber, de espíritu amplio y profundo, desgraciadamente poco crítico, Dupuis, hizo remontar la institución del zodíaco a una época más remota aún. Bailly se detuvo en el año 4.600 antes de nuestra era. Dupuis no satisfecho de tal antigüedad, ya muy respetable, la hizo retroceder hasta 13.000 o 15.000 años, uniéndola a la explicación misma de cada uno de sus doce signos.

Esta explicación ingeniosa no era más que el desarrollo de una hipótesis indicada por un gramático del siglo V de nuestra. Dupuis la adoptó sin observar que pertenecía a una orden de ideas ajenas a las opiniones de la antigüedad.

Sabemos que, a través del contacto de los griegos y de los romanos con las naciones asiáticas, se formó una singular mezla de las superticiones de Occidente y de Oriente. La religión griega y romana acogieron, con una maravillosa facilidad, los cultos extranjeros, varias divinidades de Egipto y de Asia pasaron a Italia y a otras provincia europeas del Imperio romano.

Es a esta causa que se debe conectar el origen del sistema del que Macrobio conservó los rasgos principales, pero en el que solo se puede encontrar más que autoridades muy posteriores a la era vulgar. Según este sistema, los principales dioses, Júpiter, Marte, Osiris, Mercurio, Baco, Horus, Hércules, Adonis, son el sol bajo diversas formas y representaciones[30]: los mitos y los diferentes cultos de estas divinidades son unos símbolos de los movimientos astronómicos.

Macrobio dió una explicación de los signos del zodíaco basados sobre sus presuntas relaciones con el año agrícola, o los fenómenos celestes. Él pretende, por ejemplo, que Cáncer es un símbolo de la ruta retrógrada del sol, del trópico de verano hacia el ecuador, que Capricornio expresa la ruta de este astro que remonta del trópico de invierno.

Dupuis que se basó en esta explicación creyó representaba el verdadero significado de las configuraciones zodiacales. Primero planteó, de hecho, dos hipótesis, a saber, que el zodíaco había sido inventado en Egipto, y que era una expresión, bien de los fenómenos celestes, bien de las diversas circunstancias del año agrícola en ese país. No obstante, como no puede ser en la cuna de una civilización que un pueblo adquiera tal institución, se debería admitir una antigüedad aún mayor para establecer el origen de la civilización egipcia.

Dupuis, sintió él mismo cuan era la dificultad histórica que presentaba la extensa línea de su cronología. Él fue el primero en sugerir una modificación que consistía en suponer que los

---

[30] Macrobio, Les Saturnales I, 17-23.

inventores del zodíaco, habían situado los símbolos, no en el lugar que ocupa el sol, sino en la parte del cielo opuesta, de forma que la sucesión de los amaneceres de la noche de cada signo habría servido para marcar las relaciones del sol y de estos signos, lo que remontaría el origen del zodíaco a la época en la que Leo era solsticial y Tauro equinoccial, es decir, 2.400 antes de la era vulgar.

Fue en 1793-1794, cuando publicó su notable libro sobre "l'Origine de tous les cultes" (El Origen de todos los cultos) donde desplegó una erudición tan amplia como confusa, donde mezcló, sin crítica ni orden algunos las fuentes de todos los tiempos.

Pocos años despúes, en el momento de la memorable expedición a Egipto, se encontraron zodíacos esculpidos en varios templos muy antiguos del país. Este descubrimiento realizado en el país mismo donde Dupuis había situado la invención del zodíaco sobre unos edificios, de los que nadie podía poner en duda su remota antigüedad, se presentó como la confirmación más deslumbrante del sabio francés, y para colmar esta notable coincidencia, los zodíacos de Dendera no se iniciaban con el mismo signo que los de Esna, diferencia que se sólo puede explicarse por la época misma de los monumentos.

Creo innecesario recordar aquí los doctos y concienzudos trabajos que impulsó la discusión de estos monumentos, las investigaciones de los eruditos, los cálculos extendidos y sutiles de los matemáticos, en fin, toda la controversia que se extendió por Europa para poder determinar la época y el objetivo de los zodíacos a través de caracteres astronómicos que cada uno se esforzó en descubrir.

Me bastará con decir que todos los sabios que tomaron partido en esta memorable disputa, tanto los defensores de su remota antigüedad como los partisanos de una antigüedad más restringida, encontraron en las combinaciones de los emblemas que vemos representados el medio de demostrar, con un éxito similar, la verdad de sus diversas opiniones. Es probable que la discusión hubiera seguido aún, gracias a lo difuso y a la oscuridad de los temas, si unas "investigaciones" de otro nuevo tipo no hubieran detenido el ardor de los combatientes, demostrándoles que habían podido buscar la explicación de los zodíacos ahí donde no podían haberla encontrado hasta ahora. Después de tantos esfuerzos infructuosos, era fácil preveer que nunca se llegaría a algún resultado seguro, siguiendo combinando unos emblemas de los que nada podía determinar el sentido, y que dejaban el tema abierto a todas las hipótesis. Por supuesto que no se podría salir de este laberinto más que si, incluyendo el elemento filosófico y arqueológico, se conseguía encontrar, al exterior de los monumentos mismos, un punto de vista en la antigüedad que pudiera abarcarlas a todas, y descubrir así sus conexiones con las ideas dominantes en una época conocida.

Pero la primera condición para conseguirlo era saber cuándo habían sido ejecutados, y si se hicieron a la vez o a intervalos de tiempos unos de los otros. Este dato capital sólo podía resultar de hechos análogos a los que sirven para determinar la fecha de otros monumentos antiguos, es decir, de leyendas, de inscripciones conectadas por los testimonios de la historia.

Sigue demostrado que todos los zodíacos egipcios conocidos, en número de seis, son posteriores al reino de Tiberio, y han sido ejecutados en el espacio de al menos un siglo, entre los años 57 y 150 de nuestra era.

¿No es de observar, que no se hayan encontrado esas representaciones en ninguno de los templos de Egipto y de Nubia, cuya época remonta a antes de la dominación romana, ni en niguna de todas las tumbas reales que hemos podido abrir, a pesar de que casi todas contienen escenas astronómicas, para acabar ni en ninguna de las antiguas momias que conocemos?

Esta ausencia de cualquier representación zodiacal sobre los monumentos puramente egipcios parece demostar claramente que estas representaciones no formaban parte de los usos religiosos, ni de las costumbres nacionales del antiguo Egipto, y no podemos dejar de pensar que deben estar conectadas con alguna superstición nueva, que tomó su gran desarrollo alrededor del primer siglo de la era cristiana.

La determinación de la época de todos estos monumentos nos lleva a buscar, pues, en esta misma época, los motivos que debieron animar a sus autores. Sin embargo, en el marco de las supersticiones dominantes en los tiempos vecinos a la era cristiana, si buscamos cuales tienen una relación directa con las representaciones zodíacales, tenemos la astrologia, esta ciencia engañosa que basaba sus predicciones sobre las circunstancias astronómicas del nacimiento.

Una rama importante de esta ciencia, la que informaba en los nacimientos sobre el lugar que los planetas ocupaban en el zodíaco, nació en Caldea, se introdujo bastante tarde en los pueblos occidentales, y adquirió un singular desarrollo alrededor el primer siglo de nuestra era, cuando los progresos de la astronomía y de las matemáticas, con los alejandrinos, le permitieron rodearse de un aparato científico propio para disfrazar su trivialidad real.

La manía de los horóscopos se hizo general, alcanzó a grandes como a pequeños, a pueblos, magistrados y emperadores, se erigió por doquier unos temas genethliacus[31], no sólo de persona sino también de ciudades, de templos y de divinidades.

Esta coincidencia en la época del desarrollo de la astrología con la de todos los zodíacos hallados en Egipto, es demasiado impactante para que no deduzcamos que estos monumentos debieron tener algunas veces por objeto representar uno de estos temas astrológicos, cuyo uso se había hecho tan frecuente.

---

[31] Tomado del latín "genethliacus" sustantivo que significa horóscopo, y "Genethliacus" adjetivo que significa hecho al nacer.

EL ZODÍACO DE DENDERA

Esto está confirmado por estudios profundos de los monumentos que establecen que este zodíaco, que se inicia con el signo de Leo, y acaba por el de Cáncer, como los de Dendera, tuvieron como objetivo indicar que el personaje nació bajo el signo de capricornio.

La unión cronológica entre la aparición de los zodíacos sobre los monumentos griegos, romanos, egipcios, y el desarollo de las ideas astrológicas da un nuevo impulso al argumento extraido de la presencia de los nombres griegos y romanos hallados sobre los monumentos de estilo egipcio.

Ya no podemos tener la tentación de decir que si los zodíacos han sido ejecutados en esta época tardía el nombre del emperador Nerón, por ejemplo, cerca del zodíaco de Dendera, fue escrito posteriormente, la presencia de tal nombre está bien explicada por el crédito que habían adquirido por entonces las ideas de superstición a las que el zodíaco debía su ejecución. Y como en toda cuestión científica, un dato importante bien observado explica muchos otros. La introducción reciente del zodíaco, en las esculturas de los templos en Egipto, levanta, como vemos una gran dificultad, ya que el planisferio de Dendera es el más completo de todos los monumentos astronómicos hallados en Egipto.

Incluso creemos haber descubierto un sistema de proyección, lo que aún es incierto, y también creemos que, además de los signos del zodíaco, puede contener un cierto número de constelaciones extra zodiacales, o incluso todo el cielo visible bajo el paralelo de Dendera. Por ello, de forma singular observamos que en este planisferio, los doce signos del zodíaco son los mismos que los de la esfera griega, mientras que las figuras de las otras constelaciones son diferentes de las de la misma esfera.

De esta simple observación, resulta evidente que uno de los dos pueblos tomó prestado al otro estas figuras zodiacales, y las introdujo después entre las otras figuras de su propia esfera. No se trata de saber cual de los dos pueblos le debe al otro el zodíaco que les es común.

Sin insistir en más pruebas, me limitaré a un argumento que demuestra, a mi parecer, los derechos de los griegos en la "antigüedad". Sabemos que en el origen de la discusión sobre la edad de los zodíacos egipcios, Visconti y el abad Testa concluyeron que eran de una época reciente ya que contenían el signo de Libra, cuya inserción en la esfera griega es de fecha poco antigua.

Dupuis[32] y otros sabios respondieron a la objeción alegando varias esferas orientales donde también se encontraban este mismo signo, pero la respuesta se redujo a poca cosa, ya que estaban en la imposibilidad de demostrar la época "anterior" de estas mismas esferas. Se alegó también que Libra está representada a menudo en los bajorelieves egipcios, lo que no demuestra en nada la relación con este utensilio como signo zodiacal.

Toda la discusión sobre este tema sólo ha servido para establecer un único informe muy positivo, q ue en tiempos de Aratus y de Hiparco, el zodíaco griego aún no contenía el signo de Libra, y que este asterismo no había sido introducido hasta el primer siglo antes de nuestra era.

Anteriormente, la constelación del Escorpión formaba dos signos, de forma que hubiese habido doce divisiones y sólamente once figuras. Sin embargo, me parece que no hemos visto aún el alcance de este dato incontestable.

En efecto, ya que uno de los dos pueblos, en una época cualquiera, cuando existía un zodíaco cuyas divisiones estaban marcadas por doce figuras, y que este zodíaco pasó de uno al otro, es indudable que hubiera pasado entero. Sería absurdo

---

[32] Él se había situado frente a las objeciones en la Memoria sobre las Constelaciones, pág 337-338 , T III, del Origen de todos los Cultos.

imaginar que si hubiera contenido un número de figuras igual a las partes del zodíaco, sólo se le hubiera copiado ocho, nueve, diez o once, ¡se toman todas, o no se toma ninguna!

El número de once figuras, que existía en el zodíaco griego del tiempo de Eudoxo, de Aratus y de Hiparco, demuestra pues que no fueron tomadas prestadas a un pueblo que conocía once[33]*, en consecuencia, estas configuraciones habían sido diseñadas para la esfera de la que formaban parte mucho antes de que se proyectara la división regular de la eclíptica, y en una época más tardía de la que se empezó a utilizar la división de la eclíptica en doce partes. Se hubiera cortado la mayor de las figuras para tener el número doce, cuando parece más simple imaginar que la figura 12, fue la de una balanza, el símbolo más claro de la posición del punto equinoccial en este nuevo signo.*

La consecuencia necesaria para este pensamiento es que los zodíacos encontrados en Egipto son la representación del zodíaco griego, realizada después de que éste se hubiera completado.

Aquí empieza mi trabajo, en la aplicación de esta consecuencia a los testimonios históricos. Buscando el papel que el zodíaco pudo tener entre las opiniones religiosas y populares en Grecia, he encontrado que la idea de este cinturón celeste era desconocida para los antiguos griegos, que los amaneceres y las puestas de los astros que usaban tanto para la agricultura y la meteorología, estaban relacionados, no con el zodíaco, del que nadie parece haber hecho uso en Grecia antes de Euxodo, sino aproximativamente en ciertos momentos del año o bien en la posición del sol en los puntos solsticiales y equinocciales.

Todo demuestra que incluso en tiempos de Euxodo, el zodíaco no servía más que a los astrónomos. Esa nueva invención no

---

[33] Es posible la existencia de una errata en edición o manuscrito, en "once" por "doce", ya que este último era el número de constelaciones de la eclíptica descritas por los egipcios.

entró en el círculo de las opiniones vulgares ni en esa época, ni el el siglo siguiente, la religión no lo adoptó, el lenguaje poético permaneció ajeno. En numerosos pasajes en los que los poetas anteriores al siglo II e incluso al I antes de nuestra era que aluden, comparan o tratan los astros, en ninguno de ellos reconocemos ninguna huella de las constelaciones zodiacales. Las imágenes que emplean son análogas a las de Homero y Hesíodo.

Podemos decir lo mismo de los monumentos artísticos anteriores a la época de los que hablamos, donde podemos encontrar alusiones a la mitología astronómica, pero no a las representaciones de las figuras del zodíaco caracterizadas de cierta manera que son reconocibles a partir del primer siglo, y sobre todo en el segundo después de esta era, a partir del reinado de Antonino Pío[34]. Lo mismo ocurrió con los antiguos egipcios, a los cuales, a juzgar por sus monumentos originales, el zodíaco permaneció desconocido. Toda su astronomía, como la de los griegos, debía basarse sobre los amaneceres comparados de las estrellas en el horizonte. Nada sobre ello quedó informado en la ecliptica[35].

Ello conlleva que, en la esfera griega, las constelaciones que desde entonces se convirtieron en los signos del zodíaco, fueron formadas primitivamente, como todas las demás, independientemente de la idea de un círculo cualquiera, y que fueron como las demás de la esfera, inventadas o introducidas sucesivamente, igualmente se practicó en todos los pueblos, cuya esfera se enriqueció poco a poco con los nuevos asterismos.

Esta consecuencia es conforme a varios hechos importantes sobre los que no hemos insistido de forma constante. Si nuestro

---

[34] Antonin-le-Pieux.

[35] Esta última apreciación de Letronne refleja bien hasta qué punto su demostración es débil a la hora de explicar la ignorancia de los egipcios en cuanto a la precesion de los equinoccios.

zodíaco hubiera sido formado, tal y como lo deseaban Bailly y Dupuis, de una sola vez, habría una cierta regularidad, sea en la extensión de los signos, sea en su posición relativa a la eclíptica. Ocurre todo lo contrario.

1°. Las constelaciones zodiacales están colocadas de la forma más irregular en relación a la eclíptica. Varias se apartan mucho, bien al norte, bien al medio día, al primer vistazo es evidente que se imaginó la eclíptica, y que se relacionaron con con este círculo mucho después de su formación, lo que debió ser sucesivo como en los otros asterismos.

2°. Su extension es extremadamente desigual. Unas ocupan en el cielo más de 40°, otras menos de 20°. Unas están separadas entre ellas por largos intervalos. Otras están tan cerca que se entrelazan y se confunden[36]. Debido a ello, a la seguridad de sus trazos, reconocemos por cierto que se formaron mucho antes de que se imaginase una división de la eclíptica en "dodecatemories[37]" (teniendo en cuenta la facilidad de componer de forma arbitraria unos grupos de estrellas), está claro que se habría dispuesto en doce constelaciones de una extensión similar, respondiendo a tantas partes iguales de la eclíptica, y ordenadas simétricamente a lo largo de este círculo.

Estas consideraciones están apoyadas, a pesar de la época tardía de la introducción de Libra, por un hecho histórico: y es que dos de las constelaciones actualmente zodiacales fueron inventadas en un época conocida.

Según Plinio, Théocrasto de Ténédos situó en el cielo a Aries y a Sagitario, hacia la 71ª Olimpiada[38].

---

[36] Letronne describe aquí, sin duda alguna el zodíaco en uso en Grecia, durante los primeros siglos, pero de ninguna forma el Planisferio de Dendera que, como es fácil ver en las reproducciones no está de forma alguna, concebido de forma "desigual".

[37] Esta palabra de origen latino significa: en doce partes iguales.

[38] Se trataba de un calendario griego lunar, calculado para períodos de cuatro años desde los primeros Juegos Olímpicos, el n.° 71 nos da el año 492 a.C. En cuanto a las aserciones de Letronne en referencia a la llegada tardía del Carnero, es muy fácil

Esta información que siempre dolió a los partisanos de la antigüedad del zodíaco, se explica perfectamente, si se admite que los astros incluidos en el tiempo de Eudoxo en la zona zodiacal no estuvieron primitivamente separados del resto de la esfera, por ello no es sorprendente ver a Aries y a Sagitario introducidos por Cleostrato en la uranografía[39] griega, o ver los cabritos inventados por él mismo, la pequeña osa tomada prestada por Thales a los fenicios, Canope y la cabellera de Bérenice introducida con los tolomeos, etc.

Debemos reconocer actualmente que en cualquier zodíaco donde estén Libra y Aries son unos signos equinocciales, siendo Cáncer y Capricornio unos signos solsticiales, derivan de la esfera de Hiparco.

Esto concuerda con otra observación que aún no se ha realizado, a pesar de ser importante para esta pregunta.

Las configuraciones de la esfera griega han tenido de forma sucesiva varias modificaciones, de las que es fácil asegurarse comparándo las descripciones que se han hecho de ello en diferentes épocas. Para limitarnos a las figuras zodiacales, podemos citar al efecto Capricornio y Sagitario.

El primero, como lo indica su nombre griego, significa "cuernos de cabra", y tal y como lo explican las antiguas descripciones, estaba representado bajo la forma humana, o un sátiro. Sagitario también era una figura humana de pie, teniendo un arco y dos pies de caballo. Fue más tarde cuando el primero se transformó en cabra, con cola de pez, figura que no aparece en ningún

---

equivocarse. En efecto, un grabado que forma parte de un fresco astronómico en la cripta suroeste del templo de Dendera, demuestra que Aries ya existía desde el cuarto milenio a.C. con su nombre de constelación, y siguiendo a la de Tauro.

[39] sustantivo femenino. Este vocabulario es de uso poco frecuente, se define a una especialidad que se trata acerca de la **descripción** o la reseña detallada de los astros o los cuerpos celestes del universo y todo que forma parte del **sistema** solar, también se conoce como la astronomía descriptiva.

monumento anterior al reino de Augusto, el segundo, un centauro, figura totalmente extranjera al arte como a la religión de los egipcios.

Sin embargo esta forma posterior es la que afecta a los dos signos, en casi todos los monumentos de la época romana, sin excluir los zodíacos egipcios, y ello es una nueva prueba de la introducción tardía del zodíaco en Egipto y de su origen griego.

De todas las nociones que he podido recoger, resulta que nuestro zodíaco era en los griegos una institución reciente, y que no pasó del dominio de la ciencia al círculo de las opiniones vulgares más que en una época tardía, que coincide con la época en la que la astrología oriental tomó su lugar entre las supersticiones de occidente.

Esta doctrina que en Egipto y en Caldea no había podido apoyarse más que en procedimientos muy imperfectos para medir la posición de los astros, y sobre una teoria incompleta de los movimientos planetarios, no tardó en beneficiarse de todas las mejoras de los métodos recibidos en la escuela de Alejandría.

Adoptando, pues, un carácter científico que no poseía anteriormente, se convirtió en la astrología griega. Los astrólogos caldeanos y egipcios fueron entonces obligados a adoptar las divisiones y las denominaciones de los signos del zodíaco griego, a los cuales la escuela de Hiparco relacionaba todos los movimientos celestes, y según ello fueron confeccionadas todas las tablas, uniendóles igualmente las predicciones de su ciencia engañosa.[40]

---

[40] Letronne está manifiestamente furioso con la astrologia, judicial o no, ello proliferó en su siglo tanto como hoy. En el tiempo de los egipcios la astronomía y sus Combinaciones Matemáticas Divinas, no eran efectivamente más que uno con lo que hoy se ha convertido en astrología, en tiempos de los babilónicos y de los caldeanos. Desde Tolomeo Almageste hasta los árabes, ella se mantuvo casi estacionaria. Es notable observar que en China ocurrió igualmente con el efecto de crédito que la astrología había adquirido bajo la dinastia de los Hans, no se observaban más que fenómenos, los astrónomos ponían mucho cuidado en buscar las relaciones entre el

Entonces el zodíaco adquirió una importancia proporcional a la de la astrología, también observamos en esta época que las representaciones zodiacales aparecen sobre una ingente cantidad de monumentos variados, mientras que anteriormente eran casi desconocidas. Tal es la convicción que tengo sobre las causas que provocaron su representación en los monumentos de arte -sólo después de haber constatado que en los trabajos anteriores no se había encontrado nada en Egipto-, que eran anteriores a la dominación romana, ahora adelanto que no se encontrán jamás.

Esta es en resumen la conexión de los hechos principales de mis investigaciones que me han llevado a separarme de las conexiones anteriores, en el hecho que el elemento histórico, ahora sustituye en la discusión al elemento matemático que se había aplicado casi en exclusividad.

Mis explicaciones destruyen radicalmente los principios sobre los que Dupuis había basado la suya sobre el zodíaco y las otras constelaciones como, más adelante, su sistema sobre el origen de todos los cultos y de las fábulas antiguas.

Además, anulan de antemano cualquier sistema que intentara dar un papel al zodíaco de doce signos en la interpretación de los monumentos que pertenecen a la alta antigüedad griega, mis investigaciones devuelven al campo de la historia positiva una multitud de hechos que se habían conseguido transportar a un tipo de mundo primitivo, donde los hombres de gran imaginación, la ciencia ligera y el juicio poco seguro o mal aplicado, pueden errar para siempre y disparar con toda tranquilidad a las nubes.

Al fin, mi trabajo sustituye, por un método que sólo admite deduciones naturales de los hechos claramente establecidos, a

---

cielo y las acciones de los hombres. Lo que hoy no es el caso, o bien, los astrólogos buscan beneficiarse de la ingenuidad de sus contemporáneos.

todas las interpretaciones arbitrarias, estas suposiciones gratuitas, este andamio de alegorías, de emblemas, de símbolos, de etimologías a las que recurrimos cuando lo necesitamos, y cuya elasticidad perfecta permite a la mano que las usa estrechar los tiempos o extenderlos a voluntad.

El conjunto de estas investigaciones, que llevan a la consecuencia de que las constelaciones de la esfera griega son de invención griega, excepto algunas tomadas prestadas, y que las del zodíaco tienen el mismo origen, ello me confirmó el pensamiento de que los griegos le deben mucho menos a Oriente que a Egipto tal y como se ha opinado de forma general en estos días.

Sin duda, las colonias asiáticas que llegaron en épocas tardías, se establecieron en Grecia aportando las primeras artes y algunas ideas o prácticas religiosas a unos pueblos que no estaban civilizados como ellos. Pero desde el inicio del estudio vemos que la nación helénica tomó un desarrollo independiente, debido a una serie de combinaciones que le eran propias constituyeron la sociedad sobre otras que nunca se habían conocido en Oriente, crearon una lengua admirable que contiene pocas huellas de los idiomas orientales y sólo demuestra toda su deuda al genio particular del pueblo que la inventó.

También se dijo que Grecia se lo debía todo a oriente, todo lo que poseía en conocimientos científicos, pero no hemos prestado atención que los griegos, antes de la escuela de Alejandría, se mantuvieron algo apartados de lo que nosotros llamamos las ciencias, las matemáticas y la astronomía estaban en su infancia aún en tiempos de Platón y de Eudoxo, y suponemos que ambos filósofos lo aprendieron todo en Egipto, nos vemos obligados que a juzgar por el conocimiento de los discípulos que los maestros debían ser muy inhábiles.

Debemos reconocer que las verdaderas ciencias sólo nacieron en la antigüedad, en la época de la escuela de Alejandría, cuando el espíritu positivo de las investigaciones y de las observaciones, sucediendo al espíritu poético de los tiempos antiguos, llevó a los griegos sobre unos nuevos senderos, volcándose en el estudio de las ciencias, desarrollando esta misma actividad intelectual, esta elegancia y el discernimiento perfecto que son el carácter distintivo en todos sus obras.

Al tiempo que extendían por doquier la influencia de sus artes, de su literatura, perfeccionaron los conocimientos matemáticos y astronómicos, fueron a enseñar en Caldea como en Egipto teorías que estas naciones jamás habían conocido, y les devolvieron una verdadera ciencia a cambio de nociones inciertas y dudosas que habían recibido antaño".

Sería muy difícil reprocharle a Letronne este texto prohelénico, que hoy más bien haría reír. Es interesante anotar que este sabio era un amigo incondicional de Champollion, y que éste asistía a la sesión de la Academia donde precisamente Letronne leyó ese texto trece años antes de su impresión.

Aquí vemos la reproducción de la escena grabada de la que hablé anteriormente:

EL ZODÍACO DE DENDERA

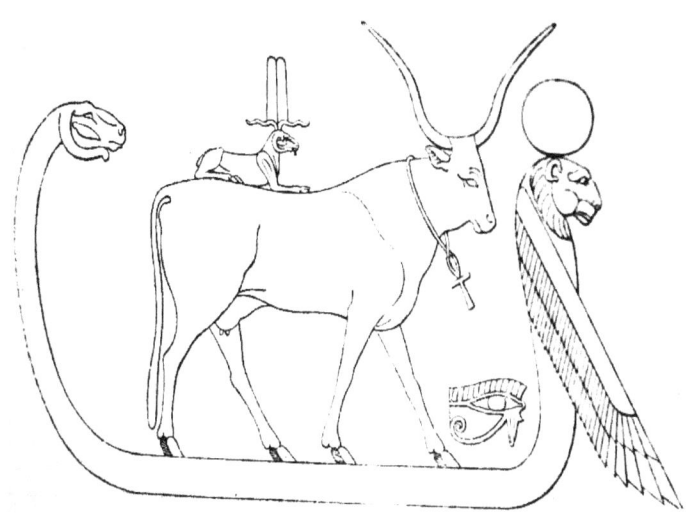

Esta magnífica reproducción astronómica Tentirita muestra el Nuevo Sol (sobre la cabeza del león) que conducirá los Rescatados de Ahâ-Men-Ptah de una nueva Generación a un Segundo Corazón, donde vivirán hasta que el sol llegue a la cabeza del Carnero, es decir 500 años a.C. en cálculo astronómico precesional.

Lo que vemos dibujado: El Sol en la constelación de Leo que lleva los rescatados a un país donde pudieron vover a vivir cuando el sol entró en la constelación de Tauro (llevando la cruz de la vida a su cuello). Sobre Tauro está sentado Aries, que es el símbolo de los usurpadores que adoraban el Sol, y que, superando a Osiris (el toro), ignoraron a Ptah (Dios) y precipitaron la nueva destrucción de Ath-Kâ-Ptah, bajo Aries. Este simbolismo remonta a la noche de los tiempos, era sagrado y se convirtió en astronómico desde 4244 a.c., en el momento de la toma del cetro por Menes, el primer faraón, a fin de que nadie lo olvidase jamás. Las Combinaciones Matemáticas Divinas se convirtieron en configuraciones astrológicas para miserables mercaderes babilónicos y caldeos, antes de ser definitivamente deformadas en nuestra época.

El egiptólogo francés, escéptico de su propio deseo en cuanto al modernismo del zodíaco, cuatro años más tarde, cuando Champollion se fue a Egipto debido a varias disputas y envidias por una promoción en el momento del descubrimiento y su significado jeroglífico, enfermó y amargó su percepción de la realidad. Refutando la tesis de Letronne que hacía de este grabado una belleza griega, dice textualmente en su carta, del 28 de noviembre, cuando habla de Dendera:

"Todas las esculturas de la sala del zodíaco son atroces y del peor gusto".

Lo que es una refutación de la tesis de Letronne que hacía de este grabado una belleza griega.

CAPÍTULO SÉPTIMO

OPINIÓN DE LENOIR SOBRE EL ZODÍACO

"A la llegada del zodíaco a París, testimonié mi deseo de verlo. Saulnier, hijo, cuyo amor por la ciencia no es equívoco, se aprestó a dar la orden de hacer abrir las puertas del depósito donde estaba provisionalmente, en espera de un local más adecuado. Esta gentileza que no olvidaré jamás, y de la que testimonio aquí mi reconocimiento, me ha dispuesto a compartir mis ideas sobre este curioso monumento".

Alexandre Lenoir,
Caballero de la orden Real de la Legión de Honor.
Caballero de la orden de "L'Eperon d'Or, de Roma.
Conservador del museo de los monumentos franceses.
Miembro de la Sociedad de los Anticuarios de Francia.
Profesor de antigüedades en el Ateneo de París.

El ensayo publicado en 1822 también por A. Lenoir, sabia personalidad del mundo francés de la época, y cuyos lectores habran admirado todos los títulos reproducidos en el frontis, es de otra factura, en el sentido que intenta conciliar la alta antigüedad del zodíaco circular de Dendera con la cronología sacada de Moisés, tal y como lo reconoce él mismo al final de su escrito, del que leemos amplios extractos a continuación.

"La llegada del zodíaco de Dendera a París es una conquista para la ciencia. Demos gracias al soberano de las letras y de las artes que se ha dignado hacer la adquisición. No olvidemos que Saulnier hijo y Le Lorrain bien son merecedores de la patria, por el éxito de tal atrevida y difícil empresa, nada les falta en su gran gloria, ya que ha sido consumada y coronada del agrado del rey.

Se ha hablado y escrito mucho sobre el zodíaco circular de Dendera, que hoy fija todas las miradas de los sabios de la capital que decora. Si me atrevo a escribir sobre esta materia, no es de forma alguna con la intención de hacerlo mejor que los que ya se han adelantado, sino únicamente con el propósito de relatar, sobre este venerable monumento, algunos puntos esenciales que se nos han escapado."

Para dar a conocer la posición de este planisferio, escuchemos lo que se dice en esta gran obra de la Comisión de Egipto:

«Saliendo del pórtico del templo de Dendera, y tomando a derechas para rodearlo, caminamos sobre unos montículos de escombros que, elevándose en una pendiente rápida, rodean este lado del pórtico hasta una altura considerable, al igual que rodea el templo en si hasta la parte inferior de sus frisos abundantemente decorados como vemos en todos los edificios egipcios. Una apertura, evidentemente forzada a través del cornisamento da acceso a la terraza del templo. Penetrando ahí, a derechas vemos un pequeño apartamento dividido en tres habitaciones. La primera en la que entramos está descubierta, sus muros estan decorados con esculturas perfectamente ejecutadas.

Tiene cuatro metros y cuarenta centímetros de ancho. La atravesamos para llegar a una segunda sala que está cubierta y que recibe el día por una puerta y dos ventanas casi cuadradas. Todos sus muros están decorados por esculturas cuyo trabajo es extremadamente cuidadoso, observamos una extraña profusión de pequeños jeroglíficos en relieve que han sido esculpidos con sorprendente precisión.

Es en el techo de esta sala donde se encontró el zodíaco circular, (actualmente en el museo del Rey). Esta habitación tiene la misma amplitud que la anterior, y tres metros cincuenta con tres centímetros de larga. La sala que abordamos después de esta y cuya dimensiones son casi similares, está en la más absoluta obsuridad, sus muros también estan cubiertos de esculturas, y su techo, sobre todo, ofrece unos temas que están muy bien elaborados, y que parecen tener relación con la astronomía.

La apertura forzada a través de la cornisa es el pasadizo que se ofrece naturalmente a los viajeros para llegar hasta las terrazas del templo, pero también se puede subir por una muy bella escalera que se situa en el punto de inicio, y a la cual se acede con dificultad, por ser abundantes los escombros del interior del edificio.[41]»

"El planisferio del templo de Dendera, como los otros monumentos del mismo género en Egipto, es un tipo de calendario sobre el cual se hubiera trazado al completo los signos del zodíaco, y algunas constelaciones extra zodiacales de la parte superior, subiendo hacia el polo. Estas figuras, que se han trazado por debajo de la línea del zodíaco, me parecen indicar el complemento del año rural, cuyo inicio se hacía bajo el signo de Tauro, y del que se suponía que debía ser Leo el precursor.

La situación de los dos está invertida a la que presentan sobre la línea zodiacal, estando sin embargo en perfecta relación con el movimiento del sol, que consiguiendo llegar a los signos inferiores, camina en un sentido opuesto al que se observó anteriormente[42].

Por fin, la última que contiene a las demás, representaría una pintura del año civil, es decir de las fiestas que los egipcios celebraban a lo largo del año para implorar la asistencia de los dioses, o para agradecerles los bienes que la tierra ofrecia.

---

[41] Este informe se encuentra incluido en el tomo III de "Antiquités et Descriptions de l'Egypte" p.489 Ed. Penckoucke.

[42] Es una pena ver que tal ilustre defensor de la remota antigüedad del planisferio no hubiera tenido más conocimientos de astronomía, y sobre la precesión de los equinoccios, para poder darse cuenta de que todo se encadenaba aún mejor, y se hacía aún más comprensible, a través de un cuadro cronológico precesional, a la vez histórico y religioso. [¡sic!]

Estas fiestas se hubieran celebrado en cuatro épocas del año sometido a la influencia de Aries, o Osiris-Amón que es dibujado encabezando cada división. Vemos los sacerdotes con el jeroglífico que llevaban en las funciones religiosas, y representando a Osiris bajo la figura de la constelación en la que se situaba el sol en la época de la fiesta que se celebraba. Estas constelaciones son expresadas por grupos de estrellas variadamente dibujadas. ¿Se hubieran esculpido únicamente las más brillantes, para evitar la confusión que necesariamente resultaba si las hubieran indicado todas?

Los primeros agricultores, para regular sus operaciones, no tuvieron más remedio que observar las estrellas cuyos amaneceres y atardeceres precedían por pocos días el inicio de cada estación, es lo que precisamente indica la última cinta del cuadro del que tratamos.

El calendario, para los egipcios, era considerado sagrado, y los reyes, a lo largo de sus entronizaciones, debían prestar juramento de fidelidad sobre el calendario a las leyes, a la religión y al pueblo.

Osiris considerado como el rey del cielo y de la tierra, es la imagen del sol. Así pues me permito suponer que el círculo del que tratamos ha sido dibujado para representar el amanecer del sol en el equinoccio de primavera, si tal es el caso, este amanecer hubiera tenido lugar bajo el signo de Aries. Los egipcios celebraban ese día una fiesta en honor a Amón, o al Sol de Aries.

Un disco semejante se representa por encima de Libra, pero en lugar de un ojo, vemos un niño sentado sobre el loto. Si tal y como dije anteriormente, esta figura jeroglífica dibujaba para los egipcios el amanecer del sol, también podría expresar que estando bajo ese signo después de haber salido de Virgo, degeneró y volvió a su primer estado, el de la infancia. He aquí pues, dos puntos esenciales que están fijados por el mismo emblema, el equinoccio de primavera y el de otoño. Según esto, los solsticios de verano y de invierno estarían necesariamente uno en Cáncer, y el otro en Capricornio.

Observamos que las representaciones de Tauro y de Leo están más desarrolladas y son más fuertes que las demás, Géminis y Virgo se alejan un poco de la línea zodiacal, y son de menor proporción. Esto puede tener relación con el año rural egipcio, cuya representación parece ser el principal objetivo del monumento. Para designar que la crecida del Nilo empezaba a manifestarse bajo el signo de Leo, se dibujó el rey de los animales sobre una serpiente, siendo la serpiente, según el rango de los jeroglíficos, la imagen de un río, o del Nilo.

Si seguimos la posición astronómica que propongo a mis lectores, vemos que por encima de Aries, en perpendicualar al ojo, y en el lado opuesto de Tauro, se presenta un grupo notable como demostración del hecho, se compone de un caballo y de un león, el león mira hacia occidente, y el caballo hacia oriente.

En efecto, cuando en su amanecer el sol dio algunos pasos en Aries, el Caballo Celeste se mostró a oriente, mientras que Leo se situó en occidente, y es este amanecer el que fue fijado por la presencia del gavilán simbólico que vemos por encima del grupo, y que, según Clemente de Alejandría, designaba el equinoccio de primavera.

Si posteriormente observamos las dos figuras siguiendo la misma dirección hacia el polo, sería para mí una segunda demostración. Pues, vemos un cerdo de pie, armado de un arpa, y el muslo de una bestia salvaje. Estas figuras son las de la Osa Mayor, llamada el Jabalí o el Perro de Tifón, el asesino de Osiris y de Adonis, y la pierna de Casiopea, denominada también Cierva. Estas constelaciones, situadas por encima de Aries, suben con él.

Por encima de Tauro, veo un hombre que tiene un instrumento de arado en la mano que podría designar la labranza, o la constelación del Cochero[43] representada sobre los planisferios más modernos que éste por un hombre llevando una cabra a sus espaldas, llamada también "Los Cabritos", o la "Buena Diosa". No vemos nada representado por encima de Géminis, de Cáncer y de Léo, efectivamente, nada hay en el cielo, por encima de estos tres signos, excepto la Osa Mayor.

Por encima de Virgo vemos el Bootès, o el Boyero[44], que tiene en su mano un bastón recurvado. Libra, como he dicho, está bajo un disco del sol, hacia la extremidad del astil de Libra. Por encima de la primera garra del Escorpión se dibuja una figura sentada cuya cabeza está cubierta por una máscara que representa un pájaro cuya cabeza está coronada por el disco solar, esta figura es la de Ofiuco.

En esta posición, el sol cubre efectivamente Escorpión y una parte de Libra: La serpiente[45] toca el primer signo. El pájaro, del que toma prestado la cabeza, es la constelación del Buitre[46], o de Chelys, que planea por encima de él. El disco solar está

---

[43] El cochero es una de las 48 constelaciones enumeradas originalmente por Ptolomeo en su Almageste. Esta constelación se representa tradicionalmente como un carro con su conductor, de vez en cuando lleva a la espalda una cabra, seguida de dos o tres niños. Es posible que su nombre se remonte a los babilonios que lo llamaron Rubiki (el carro). El astrónomo griego Eratóstenes lo comparó con Erichthonios, héroe ateniense, hijo de Atenea, que habría sido el primero en usar la cuadriga o el carro con cuatro caballos.

[44] Bootes o el Boyero es una de las 88 constelaciones modernas y era una de las 48 constelaciones listadas por Ptolomeo. Bootes parece ser una figura humana grande, mirando hacia la Osa Mayor.

[45] La Serpiente es una constelación del zodiaco que no aparece en la astrología tradicional. Su nombre varía según si uno se refiere a la mitología griega (Ophiucus) o la mitología romana (Serpentaire). El Sol cruza esta constelación entre el 29 de noviembre y el 17 de diciembre. Esta decimotercera constelación se encuentra entre las de Escorpio y Sagitario.

[46] La Lira es una constelación antigua. Las civilizaciones antiguas en el Medio Oriente y la India lo vieron como un buitre. Los astrónomos griegos lo vieron como una lira (o más bien como una "kithara") y las cartas más antiguas del cielo generalmente lo representan en las garras de un buitre. Lyra fue una de las 48 constelaciones identificadas por Ptolomeo.

agrupado con la serpiente Agathodoemon, y el personaje tiene en la mano el tau misterioso, más conocido con el nombre de llave del Nilo.

Esto indicaría pues que el Nilo entró en su lecho, y que el dios Osiris, sustituido por esta figura simbólica, mantiene las aguas. Detrás de él, un poco por encima de Sagitario, vemos un hombre de pie con una regla en la mano, podría ser una repetición del mismo dios, que supuestamente está midiendo las aguas del río, y sobre cuya cabeza los egipcios situaban una vasija.

El pájaro, que se dibuja por encima de Sagitario, es la constelación del Águila: el mismo Osiris con cabeza de gavilán vuelve a aparecer por encima de Capricornio, está acompañado de dos pájaros. Es de hecho la constelación del Cisne totalmente desplegada, por encima y por debajo de Capricornio vemos una porción de la del Águila.

Tal y como observamos, este conjunto de asterismos de tal forma reunidos en el zodíaco circular de Dendera, opta a fijar el paso del punto del solsticio de invierno por el meridiano superior, tal y como lo observó Dupuis hablando de los dos sofitos[47] del pórtico. Sagitario tiene eso de particular, tiene alas, lo que no se ve en ningún otro lugar.

Acuario está representado por un hombre de pie, sujetando dos tipos de ánforas, de las que cae agua abundantemente, observamos sobre la esfera, el pez meridional, o Dagon, el dios de los sirios. Por encima vemos una porción del caballo designado por el nombre de caballo sagrado de Pegaso. Aquí se ha representado sin cabeza, mientras que en otras esferas está sin grupa. Detrás, entre Acuario y el signo de los Peces, se ha pintado también un hombre de pie con dos cabezas. Este Janus egipcio es la imagen emblemática de la juventud y de la

---

[47] Sofito (del sofito italiano, techo) es generalmente la parte inferior de un trabajo suspendido colocado en la proyección, a menudo bajo una cornisa, un arquitrabe o un goteo.

vejez del tiempo, indicaba el final de la revolución de un soslticio a otro.

Los Peces, perfectamente dibujados sobre nuestro zodíaco, están acompañados por un largo marco cuadrado, en el cual el agua se ve caracterizada por tres líneas quebradas o en zigzag[48].

Encima vemos a un hombre que sujeta una cierva, este grupo podría ser Céphée o Régulus, que se agrupa con Casiopea representada bajo forma de cierva, por tanto el uno como el otro suben hacia el oriente con Piscis y por estar situados por encima.

Las constelaciones extra zodiacales que se levantan o se ponen cuando el sol, por su posición fija su entrada en uno de los signo que inicia cada una de las épocas de la que se trata, están figurados sobre el monumento por debajo del primer cuadro, uno debajo de Cáncer, y el otro debajo de Libra, como se puede ver perfectamente.

La primera época del año rural está designada aquí por Leo, cuyas patas delanteras están sobre un marco cuadrado en el que se ha representado el agua al modo en que lo hacían los egipcios, significando pues, el desbordamiento del que se tuvo la intención de figurar.

El inicio del segundo período, en el cual la labranza tenía lugar bajo Tauro, y la entrada del sol en este signo se ve con los trazos de un hombre sujetando en la mano el arma que usa para activar la marcha del toro. Se le daba el nombre de "Arator" a este personaje, director de la labranza, ello me autoriza a decir que es Osiris mismo que enseñó la agricultura a los egipcios y al que

---

[48] Recordemos que las tres líneas quebradas significan una fuerte tormenta, inundación grave, o incluso diluvio. Situado tal y como está este jeroglífico significa que en el año 2016 de nuestra era puede haber una posibilidad de diluvio en el momento del paso del sol en Piscis a la constelación de Acuario, (Verse-Eau) el que Vierte Agua.

se le retrató en esa posición. También se le representa con un látigo.

El Nilo ha vuelto a su cauce y el año rural se inicia al amanecer, es lo que se ha expresado por el gavilán mitrado, tal como es Osiris cuando está sustituido por los sacerdotes. La crecida y la bajada de las aguas están expresadas por la flor y el tallo del loto donde se posa.

Tauro y Leo están dibujados aquí en sentido inverso a la posición que tienen en el zodíaco, sin duda para expresar el movimiento retrógrado que hizo el sol después de haber franqueado la barrera del equinoccio de otoño.

El tercer período, o el de las cosechas, estaba fijado bajo el signo de Virgo o de la Cosechadora por la llegada del sol cuatro meses después de que la tierra hubiera sido sembrada. La estrella, que se ponían por entonces por encima de la denominada igualmente por el nombre de Bootes, se dibujaba también con la figura de un labrador, y se observó que el autor del zodíaco de Dendera tuvo la intención de distinguirla de las demás, situándole una estrella sobre la cabeza.

El pájaro dibujado a los pies de la Virgen, tal y como está figurado en la esfera, este pájaro es el Cuervo de Apolo, que se levanta y se pone con ella. la figura de mujer tensando el arco podría muy bien ser Isis, bajo los rasgos y la acción de Diana, cuyo hogar se había fijado en Sagitario. La estrella que observamos sobre la cabeza del toro, en medio de sus cuernos, es Venus, la más bella estrella del cielo que era conocida en Egipto con el nombre del astro de Isis.

El reposo que tenía lugar después de los trabajos en el campo se ve bien expresado aquí, ya que a partir de Tauro, siguiendo la misma línea, hasta Leo, el espacio está vacío y no se ha dibujado ni figura, ni constelación alguna.

La cabeza en la extremidad del año rural está indicada sobre el monumento por un pequeño grupo de jeroglíficos, situados a derecha y a izquierda de la cinta exterior, es decir, en el campo que hay entre los brazos de las cuatro figuras de mujer, y las de los hombres con cabeza de gavilán arrodillados, que soportan el planisferio. Algunos sabios han pensado que podría ser la indicación de los puntos equinocciales o solsticiales.

Observaremos que estos pequeños grupos se componen de plantas acuáticas, de un fruto del loto del que se sacaba pan, y de una hoja de palma que simboliza la crecida del Nilo, al igual que la abuncancia resultante cuando el río sube a la altura deseada por los egipcios. El que vemos a izquierdas del monumento, y a la derecha del espectador, se sitúa en línea con el gran agricultor, Osiris mismo, que se pone en marcha, indicando el inicio de los trabajos por el movimiento de su cetro que lleva frente a él y el arado de una carreta bajo su brazo.

Esta figura notable precede el buey Apis bajo la influencia del que inicia el año rural.[49] Precisamente por debajo de la última cinta, vemos una serpiente con mitra posada sobre un altar, es una de las figuras simbólicas del Nilo.

---

[49] La potencia de Osiris era en realidad la de Apis, o Hapy en jeroglífico, el Toro Celeste, cuyo simbolismo fue ampliamente descrito en el libro "Los Supervivientes de la Atlántida y en el Gran Cataclismo".

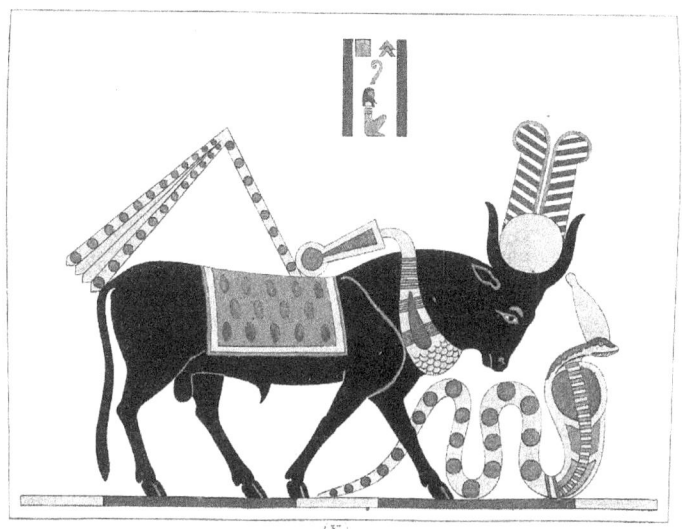

El toro Apis es, pues, Osiris que pudo resucitar gracias a la piel en la que estaba encarcelado. Este fresco, semejante al descrito por el eminente autor, proviene de una cripta subterránea. Podemos ver el Toro vestido con los atributos del Saber, llevando la multitud figurada por la cobra mitrada a su nueva Tierra prometida. El Toro lleva el nuevo Sol entre sus cuernos y lo conservará hasta el tiempo previsto para el advenimiento, en 4.244 a.C.

El pequeño grupo semejante a este, que le es opuesto, corresponde al inicio de Escorpión, signo bajo el cual el Nilo retrocedía dejando las tierras libres. Por debajo, se ve un busto radiado de Aries que está sentado sobre un altar. Aries anunciaba a los egipcios el fin del día, cuando se ponía Tauro.

Lo que es aún más notable, es que si trazamos una línea desde Aries equinoccial hasta Libra, otro punto equinoccial, y desde Cáncer a Capricornio, donde se sitúan los solticios, y si trazamos otra desde los dos pequeños grupos jeroglíficos que tratamos, se reunirán en el punto central, en el centro de las otras dos líneas, es decir en el meridiano superior.

Y si examinamos este punto, y elevamos nuestros ojos al cielo, veremos en el zodíaco circular de Dendera, de un lado la Osa Mayor con el Zorro y del otro lado, Bootes teniendo un bastón en una mano y una hoz en la otra.

Siguiendo esta segunda prueba, pienso que queda demostrado que el zodíaco de Dendera nos presenta los equinoccios hacia el medio de Aries y de Libra, y los dos solticios, en medio de Cáncer y Capricornio.

En fin, tal y como vemos sobre el monumento, los trabajos en el campo se hubieran iniciado en Egipto bajo el signo de Tauro, inmediatamente después de la inundación cuyos primeros movimientos se manifestaban bajo Leo. Y aún para mejorar el momento del inicio de los trabajos, se pintó a continuación de Leo y cerca de la Virgen, un hombre con cabeza de buey y teniendo en sus manos una carreta.

Más adelante vemos a Isis, o la Cosechadora, sentada, teniendo sobre sus rodillas un niño que está de pie, también se representaba en brazos de Isis que le ofrece el pezón sonriéndole. Este admirable grupo fija el solsticio de invierno, cuya fiesta se celebraba en Egipto en diciembre, con el nombre de "Nacimiento de Horus" o bien "Couches de Isis".[50]

Alrededor del conjunto general del zodíaco, vemos una especie de banda circular ornada de caracteres jeroglíficos que considero son una repetición en diminutivo o como abreviación de los otros símbolos. Entre otros emblemas, vemos el agua, el ojo, el carro, la serpiente, el buitre, el gavilán que son los atributos ordinarios de Isis y de Osiris.

Esta banda se ve interrumpida, de tramo en tramo, por cuatro mujeres o sacerdotisas que representan a Isis, y por ocho genios machos con cabeza de gavilán apoyando una rodilla y llevando en sus manos la totalidad del zodíaco. Estas figuras colosales bien podrían ser el emblema de los genios protectores de cada mes del año, unos estarían bajo el poder de Osiris, y los otros

---

[50] "Isis ofreciendo su pezón sonriendo a su hijo" observado como grupo admirable por el autor. Aquí un aire de respeto ciego cristiano no le permite hacerle comprender una verdad: es Isis, la Madre Original que presenta su pecho a su hijo Horus que será el guía y el salvador de la nueva multitud. Isis, Osiris y Horus formaban la "Triada Divina" lo que ningún egiptólogo contesta hoy.

bajo el de Isis, que se suponía debía regir el universo en ausencia de su esposo.

Sabemos que el hombre con cabeza de águila o de gavilán es una imagen del rey del cielo y el emblema de las salidas del sol. Recordaremos que los griegos, imitando a los egipcios, supusieron que Atlas, al que dieron forma y todos los caracteres de un Hércules, llevaba el cielo sobre sus hombros, y mantenía el eje del mundo con sus manos y cabeza.

De esta fábula, los mitólogos griegos no tuvieron más intención que la de pintar el sol fijado en una constelación cercana al polo, y el Booves, que se agrupa con la constelación caracterizada por el nombre de Hércules, estaba por entonces poco alejada.

Según las apariencias, el techo en el que el zodíaco circular se situaba encuadrado y revestido de pinturas como lo estaban los dos sofites del pórtico, sobre los cuales aún vemos las huellas, pero el humo de las antorchas lo hizo desaparecer: el fondo del cielo estaría pintado de azul cielo, las estrellas en blanco, los planetas en amarillo, las figuras en color carne, y sus vestimentas en rojo y en blanco. El techo, en su conjunto, estaba compuesto por tres partes muy distintas.

Uno de los laterales estaba ocupado por el zodíaco, el otro por una escena astronómica de igual dimensión, y el centro por una representación de Isis que se extiendía en toda la longitud del techo, dividiéndolo en dos partes iguales, su cabeza está girada hacia la extremidad de la sala: Es un ejemplo de los más bellos en escultura egipcia que hemos encontrado, dicen Jollois y Devillers, encargados de la redacción de esta parte del viaje en la Comisión Científica de Egipto.

En la tercera, la diosa está representada tres veces en la misma postura, y en la última superficie del cuadro, que quedaba libre, era para expresar que el río bienhechor volvió a su cauce, se pintó tres figuras de hombres, llevando cada uno una barca que elevan por encima de sus cabezas, en la parte de abajo de las manos de la mayor, se ve una pequeña figura de hombre con cabeza de gavilán sustituyendo la constelación del Águila, que el sol cubrió por entonces saliendo de Ofiuco, el Separis egipcio, para llegar a Sagitario, era la época en la que se iniciaba la labranza.

Por fin, el cuarto cuadro es el complemento de los que decoran esta sala, se situa a continuación del gran zodíaco circular, aquí el imperio que la diosa ejerce sobre toda la naturaleza está expresado de forma extraña: se ve invertida como los demás, pero en el vacio que produce el contorno de su cuerpo, la vemos reaparecer con los rasgos de otra mujer, recostada en el suelo, con las piernas recogidas por encima de su cabeza, como para realizar un esfuerzo, sus dos brazos extendidos siguen la misma línea y forman la base del cuadro, en cada mano, mantiene un disco que contiene una figura, una con cabeza de hombre, y la otra con la de gavilán. Estas dos figuras simbólicas me parecen indicar el amanecer en los equinoccios de primavera y de otoño tal y como hemos dicho a propósito del zodíaco circular.

Del centro de su cuerpo, salen una gran cantidad de radios cuyos intervalos estan rellenos de jeroglíficos. Esta pintura expresa bastante la opinión de los egipcios con su diosa Isis, las funciones que le suponían, y los atributos que le acordaban. De ello sería bueno hablar más detenidamente.

Añadiré que el zodíaco circular está rodeado de una moldura formada por unas líneas en zigzag, para pintar sin duda el fluido que, según ellos, estaba suspendido en el aire, y se situaba entre el cielo y la tierra.

El agua, dice Isidoro en su libro "des Origenes", regula la naturaleza del cielo, fertiliza la tierra, la impregna de rocío y de vapor, el agua sube hacia el cielo y vuelve a la tierra donde hace crecer la vegetación y las plantas, los árboles y las cosechas. Es esta circulación del agua que se suspende sobre nuestras cabezas bajo forma de nubes la que condensándose o rarificándose, mantiene el frescor del aire saludable que después se vuelve a unir a la lluvia. La adoración de los elementos y principalmente la del agua, era la base del culto egipcio.

De forma que el conjunto de los tejados que decoran el gran templo de Venus en Dendera puede considerarse un calendario completo, sobre el que se hubiera trazado el estado del cielo, tal y como se presentó a los egipcios en la época de la inundación, en la de las labranzas y de las cosechas, de tal modo que las figuras de las constelaciones, bajo la influencia de los misterios sagrados y las ceremonias religiosas hubieran sido realizadas para dar las gracias a los dioses. Estas fiestas hubieran tenido por objetivo enseñar a los hombres a subsistir, a regular su trabajo, a vivir en paz y a esperar un mejor provenir honrando los dioses.

Ahora, intentaré fijar la antigüedad del zodíaco circular, que ya ha dado lugar a grandes discusiones.

1°. El zodíaco de Dendera es de la más remota antigüedad, todo el mundo está de acuerdo sobre este punto, pero la mayor dificultad es justamente de fijar la época de su ejecución: el monumento que tenemos bajo los ojos debe ayudarnos a determinarlo.

La presencia de Libra, situada como uno más de los signos, fue el principal motivo de la dificultad que se presentaba. Se ha dicho que la representación de una balanza, en el zodíaco, sólo data del inicio de nuestra era, es decir hacia los reinados de Augusto o de Tiberio.

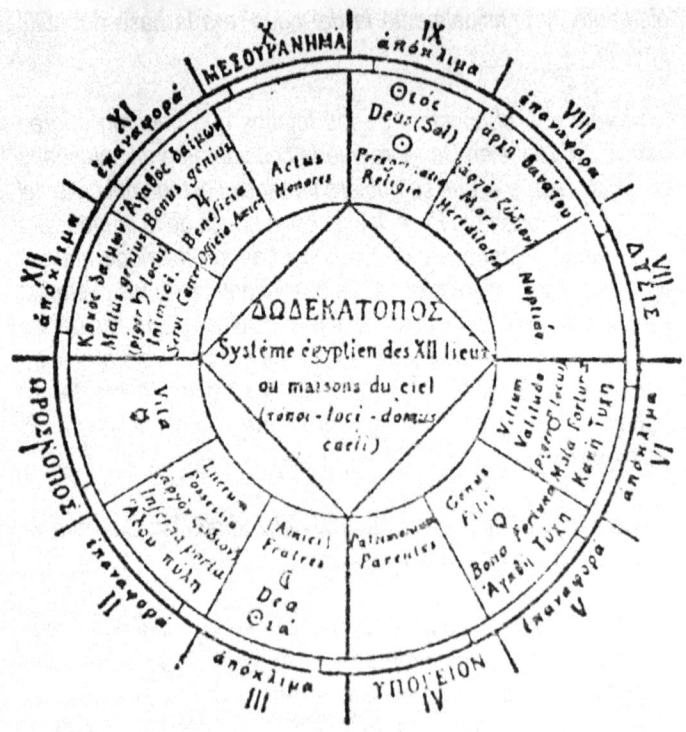

Otros mantenían lo opuesto a los discípulos de Zoroastro, cuya doctrina remonta a la más remota antigüedad, hablan de Libra como un signo bajo el cual el mal se introducía en el universo. Fírmico, que nos conservó el depósito de la astrologia, y que luego escribió siguiendo las antiguas obras egipcias atribuídas a Petosiris, hablando del zodíaco se refiere a Libra.

Sea como sea, sería posible que los techos del templo de Dendera sólo dataran de los primeros tiempos de nuestra era, como ya se ha dicho. Pero esta suposición, basada únicamente sobre la figura o la forma de un signo cuya antigüedad se ve debatida, no es suficiente, y ni siquiera se puede admitir desde el momento en que nuestros ojos han visto el monumento.

EL ZODÍACO DE DENDERA

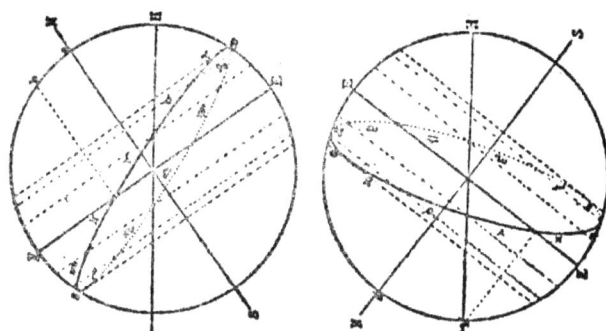

Lever et coucher du Soleil dans le Bélier.

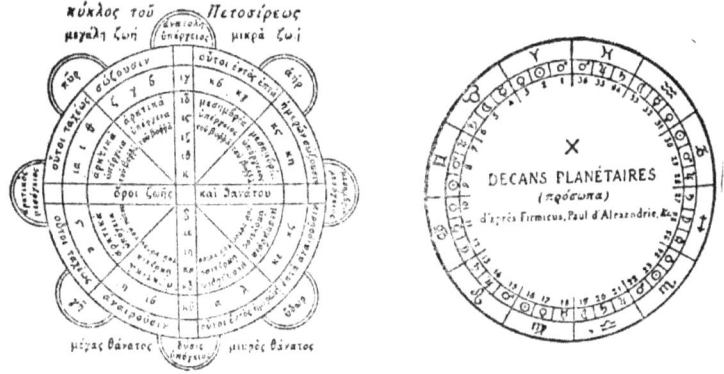

Système de Pétosiris   Système de Firmicus
dont parle l'auteur.

Tenemos pues dos preguntas por aclarar, la primera consiste en saber si la figura de la que se trata no existe en Egipto excepto sobre los monumentos que se suponen fueron realizados por los griegos. La segunda es saber si la presencia de esta representación sería motivo suficiente para afirmar que la ejecución del zodíaco de Dendera sólo dataría desde el reinado de Augusto.

A la primera pregunta se le podrían oponer una gran cantidad de monumentos egipcios sobre los cuales Libra está esculpida, pintada o dibujada y que figura varias veces en la tumba de los reyes, en Tebas, sea esculpida o pintada. Aparece en varios papiros sacados de los cofres de las momias que descansaban en su propia sepultura, los he tenido en mis manos y los he vuelto a copiar. Denon grabó uno en su gran obra, el que descubrió en el mismo lugar sobre el cuerpo de una mujer, y Libra está perfectamente dibujada, como en todos los demás.

En la colección de Dethma, hijo del viceconsul de Alejandría, vemos más de veinte cuadros de piedra caliza, esculpidos en relieve o grabados en hueco, en los cuales Libra se hace notar. Pero se dirá: si la cuestión aquí es sólo la de poner Libra en su número de los signos del zodíaco, yo contestaría que da igual, ya que esta figura, considerada jeroglíficamente, designa el equinoccio de otoño en todos los monumentos donde la he visto, y no indica el comercio tal y como se pudo suponer.

En cuanto a la segunda pregunta, el dibujo y el estilo seguidos en la ubicación de los signos, en la composición de las representaciones, sólo pueden determinar la época, incluso admitiendo que la antigüedad del zodíaco de Dendera no se remontara más allá del tiempo que le asignan los escritores que se oponen a Dupuis. Yo no veo que esto destruya la antigüedad del uso de Libra para designar el equinoccio de otoño, ya que los monumentos así lo testimonian.

De igual forma, podemos rechazar reconocer su número de divisiones zodiacales, la "Casilla" o "Casa del sol", donde se situa Libra[51]. Incluso suponiendo que esta figura sea moderna, y no dudo que los más encarnizados en sus sistemas no deseen ver que esta casilla no pudo ser rellenada en tiempos anteriores

---

[51] Aquí, efectivamente, se aborda un punto cronológico importante que nuestro autor de forma intuitiva aborda, y es él el único en haberlo hecho.

Antes, Libra por supuesto que estaba en su casa. Ella estaba ocupada por el signo astrónomico ➤ que representaba el jeroglífico del cielo antes de su vuelco por el Gran Cataclismo, soportando el globo terráqueo en equilibrio muy frágil. No fue más que bajo Athothis II que Libra fue sustituída en el cielo que ya no existía más, el nuevo jeroglífico del cielo, que simbolizado por Isis ⊓, se convirtió en ▬, como veremos ampliamente en el desarrollo del último tomo de la triología Atlante que se publicará proximamente.

por otra figura más que ésta misma, que hubiera expresado lo mismo, tal y como tenemos en algunos ejemplares en ciertos planisferios egipcios sobre los que se ha pintado un hombre de pie, teniendo un asta o una regla en la mano, y el modius[52] sobre la cabeza, este hombre es el mismo Osiris, bajo los rasgos de Serapis. Él está ahí para pintar el paso del sol en los signos inferiores, la igualdad de los días y de las noches, así como la bajada de las aguas del Nilo, expresado por la regla y la vasija que se la dan como atributos, esto también es lo que Libra significa.

2°. Las esculturas del templo de Dendera no datan en absoluto del inicio de la era cristiana, como se ha dicho, no son obra de un griego. El estilo, el dibujo y la ejecución demuestran evidentemente el segundo estilo del arte egipcio.

Divido el arte egipcio en tres estilos: el primero consiste en figuras compuestas de simples trazos, o rectos, sin movimiento en las actitudes y los miembros están pegados al cuerpo, los ojos aplanados, formados en almendra y dibujados de cara junto al rostro de perfil, lo que hizo suponer que estaban cerrados, otros, para expresar esta deformidad utilizaron la palabra latina "nictare",o "guiñar". Pero conviene observar con toda la serenidad posible, tales vestigios de un pasado tan remoto, incluso si se situan en un monumento más reciente.

Si el inventor Dédalo viajó de Grecia a Egipto, tal como la historia nos los dice, para trabajar en el laberinto y en el templo que Menes elevó a Vulcano, cuya estatua se realizó cerca del año 1816[53] a.C., podemos considerarlo como el primero que hubiera enseñado a los egipcios a aprender los hermosos contenidos del país, estatuas con brazos y piernas, arte que había por supuesto

---

[52] Tipo de tocado cilíndrico.

[53] Desde el día en que Lenoir y sus colegas escribieron sus Memorias, la historia de Egipto ha vuelto a tener una cronologia menos fantástica. Actualmente dos escuelas se enfrentan, para situar el reino de Menes, el primer rey de la primera dinastia en 2780 (cronologia corta) y 4240 (cronologia larga). Champollion lo situó en 5165. Estamos lejos del año 1816 del autor que se basaba, según él, en la cronologia bíblica.

aprendido en Grecia. Porque antes de él, los ídolos de los dioses se componían de una única mole cuadrada en piedra, revestida de arcilla o de madera y nada más, en su parte superior tenía una cabeza con el dibujo del sexo en su centro.

Baco era venerado bajo la forma de una columna, el Amor y las Gracias no estaban representadas más que por piedras. Los egipcios serían los poseedores del primer estilo en Dédalo, ya que antes de ello no había arte alguno.

El zodíaco de Dendera es un modelo pefecto del segundo estilo egipcio. Las figuras de mujeres que vemos ahí, demuestran un adelanto sensible en el arte de esculpir los bajorelieves. Los conjuntos son buenos, el trazo es firme y profundo, los salientes son suficientes para el efecto que se deseaba conseguir. Observamos generalmente en el dibujo y tipo de delicadeza ingenua que tendría alguna relación con las pinturas indias, en una palabra, este monumento nos presenta un estilo de hacer las cosas y un carácter nacional que nunca han sido imitados.

Es en vano que deseamos suponer que el segundo estilo hubiera sido introducido en Egipto por una fluidez de las comunicaciones comerciales entre los griegos y los egipcios, ya que antes del reino de Psamético, uno de sus últimos reyes, el acceso a Egipto estaba prohibido a los extranjeros, y sólo después de la conquista de este reino por los persas, los filósofos griegos lo visitaron para hacerse iniciar en los misterios sagrados y conocer las ciencias que se enseñaban. Tal y como vemos, fijando la ejecución del zodíaco de Dendera en el reinado de Bochoris, tal y como lo he hecho, los egipcios se habrían perfecionados ellos mismos en el arte del dibujo, y la perfección del segundo estilo sería su obra.

No es fácil fijar la época en la que se inició el segundo estilo, pero es al menos cierto que la arquitectura ya estaba perfeccionada. Admiramos los planos, la altura y los movimientos pintorescos del templo de Dendera, así como los diferentes zodíacos que se encuentran, y no son las únicas esculturas que decoran el lugar. Me siento autorizado pues a decir que el segundo estilo ya fue introducido y sería temerario fijar la fecha con precisión alguna.

Siguiendo todo lo que acabo de decir, vemos que el zodíaco de Dendera no es en modo alguno anterior a nuestras Sagradas Escrituras como se dice y se repite sin contrastar, ya que Moisés vivió ochocientos años antes de su realización."

De esta forma acaba este interesante trabajo de Lenoir que aporta, a falta de claridad, una metodología y una lógica de la absurdidad inherente a su tiempo. Las diversas observaciones que no he podido dejar de escribir a lo largo de su exposición, son suficientes por el momento para clarificar los puntos más oscuros.

CAPÍTULO OCTAVO

OPINIÓN DE SAINT-MARTIN SOBRE EL ZODÍACO

> "No nos extraña encontrar en este zodíaco estas formas gráciles, este acabado perfecto, estos contornos sentidos, estas articulaciones hábilmente expresadas que observamos en los dibujos de la Comisión de Egipto y que habían hecho creer a varias personas que este planisferio podría ser una reproducción de arte griego.
> ¡Es imposible mantener tal opinión frente al original, que es tan egipcio como se pueda desear!"
>
> J. Saint-Martin, Miembro del Instituto.
> Miembro de la Academia de las Inscripciones y Bellas Letras.

He aquí la "*Notice sur le Zodiaque de Dendérah*" de Saint-Martin, otra eminente personalidad del sabio mundo francés de 1822. A pesar de sus refutaciones contra las demás memorias, él aporta en este texto algunas nociones personales muy interesantes. Esto es lo esencial de su contenido:

> "Entre los restos los más preciados de la antigüedad, a los que debemos su conocimiento a través de la experiencia de los franceses y a los viajes acometidos después de ellos al mismo país, nada adquiridó tan gran celebridad como el planisferio circular del templo de Isis en Dendera, y la merece bajo todos los puntos de vista. Sería imposible que uno de los monumentos más completos de la ciencia astronómica, de un pueblo por siempre famoso y ahora aniquilado, no provocase por si mismo un alto interés.

Considerando lo que nos queda de los egipcios, nos vemos afectados por la tristeza reflexionando sobre este pueblo, porque tomó muchas precauciones para someter la posteridad a través del recuerdo de su religión, de sus ciencias y de su historia, sólo nos deja monumentos mudos cubiertos de inscripciones, aún ininteligibles pareciendo destinadas a serlo para mucho tiempo, y la desesperación de los sabios, al menos que por cualquier azar, más deseado que esperado, nos entregue de golpe la suerte de una fuente de luz para que pudiésemos caminar con paso seguro sobre estos senderos hasta ahora desconocidos.

Pero parece de primeras que esto no ocurrirá con el zodíaco circular de Dendera, ya que ofrece la representación de la bóveda celeste cuyo espectáculo alcanza todos los días nuestros ojos, mientras que la ciencia la describe y la mide con exactitud, pero no pensemos que la astronomía por si sola bastará para dar su explicación.

De hecho no se tiene en cuenta para nada los signos jeroglíficos que lo acompañan como a otros monumentos egipcios. Si acaso se consiguiera conocerlos, pudieran contradecir o quizás al menos modificar de forma singular los resultados que hemos creido obtener. Quizás estos puntos de contacto nunca faltaron a pesar de nuestra inteligencia. Juzgaremos que bastaría para conseguirlo encontar algunas semejanzas entre las imágenes representadas sobre el monumento de Dendera y las que se ven sobre nuestras esferas.

Los símbolos destinados a representar los signos del zodíaco egipcio difieren algo de las figuras que sirven para su mismo uso actualmente. Las constelaciones extra zodíacales no se pueden reconocer fácilmente, sin embargo, algunas de ellas, son más fáciles por indicar la exacta correspondencia, podemos vanagloriarnos, con la esperanza del éxito y conseguir una explicación satisfactoria de este reto interesante de la ciencia astronómica de un pueblo tan célebre y aún tan desconocido.

Este monumento apenas era conocido en Europa, aún no poseíamos ninguna copia válida cuando ya era objeto de estudio e investigaciones, al igual que se convirtió en tema de discusiones apasionado entre los sabios. Las consecuencias que estas personas creyeron poder deducir de la posición relativa de las diversas representaciones astronómicas y que están representadas aquí han sido causa en esta interesante pregunta a la que se añadieron algunas más de gran importancia, a pesar de ser bien distintas.

La explicación pura y simple del monumento fue desde entonces el menor objeto de estudio. No se buscó más que pruebas, buenas o malas, y siempre muy contestables, de la opinión que cada uno deseaba mantener.

El sistema que deseaba dar una mayor antigüedad al zodíaco aún no había sido expuesto con todos sus argumentos convenientes, no siendo aún más que una aserción bastante vaga y un gran número de sabios se dedicaban a combatirlo. El Abad Testa, en Roma, y nuestro erudito colega Visconti se pronunciaron abiertamente en contra de esta remota antigüedad. A pesar de sus objeciones, los partisanos del estudio del sistema persistieron modificándolo. Ya no se trata de demostrar la verdad de los sueños de Dupuis, y nos limitamos a situar en el siglo XXV antes de nuestra era, el origen del planisferio de Dendera.

Los trabajos realizados para explicar el monumento astronómico ya estaban expuestos a otro tipo de objeciones bastantes graves. A pesar del gran aprecio que se debió conceder en general a los trabajos de los miembros de la Comisión Científica de Egipto, algunas dudas se habían mantenido sobre la exactitud de los dibujos publicados. Un modelo ejecutado en cera por el escultor Castex, y expuesto en el Salón de 1819, indicaba unas diferencias bastantes notables que inspiró mucho la desconfianza sobre los resultados de las investigaciones acometidas sobre tal monumento, que parecía ser perfectamente desconocido.

Se sintió desde entonces que era necesario, para acabar con las discusiones, poseer al menos otra copia que reflejara la

EL ZODÍACO DE DENDERA

exactitud de la primera, a defecto del original, que jámas se esperó llegara a Europa.

Sabemos cual fue la gloria de Saulnier hijo y la de Lelorrain cuando trajeron a Francia este precioso vestigio. Pero el humo de sus antorchas le había dado una representación muy diferente. Su color oscuro y bastante uniforme le había dado el aspecto de un bello bronce antiguo, recubierto por una ligera pátina. No nos sorprendimos pues de no encontrar en el planisferio original esas formas generosas, ese acabado perfecto, esos contornos sutiles, esas articulaciones hábilmente expresadas tal y como se observa en el dibujo publicado por la Comisión y que había hecho creer a varias personas que este planisferio podría haber sido una producción del arte griego o al menos que había sido realizado por un artista egipcio discípulo de los griegos.

Pero, ¡Es imposible conservar tal opinión en presencia del original! Es tan egipcio como se puede desear. Las figuras tienen toda la rectitud, la pureza, la rigidez e incorrección del dibujo que distingue las obras de este pueblo. Estos defectos son incluso aún más sensibles en este monumento que en ningún otro, y era imposible obligar a unos artistas tán hábiles como los encargados de reproducirlos, éstos no pudieron limitarse a ser más que fieles copistas. ¡Cuando uno está acostumbrado a hacer las cosas bien, es difícil hacerlas tan mal!

No ocurre lo mismos para las representaciones de animales, en este aspecto los egipcios tenían una superioridad notable que volvemos a encontrar aquí, y la copia no consiguió expresar esta osadía en la pose, este giro tan expresivo, este aspecto tan natural, que se observa en la mayoría de los monumentos de Egipto.

Después de haber examinado los restos preciosos de esta antigüedad, comprendo que sin duda se seguirán manteniendo muchas discusiones entre los sabios, por ello, deseo se me permita dar a conocer nuestra opinión particular exponiendo nuestra conjetura sobre la época a la que debemos remontar para dar un origen a este planisferio. Sin entrar en largos detalles sobre las diferentes figuras que son contenidas, haremos constatar las relaciones y las diferencias que representan con las imágenes que vemos sobre las demás esferas griegas, buscaremos su origen y reconoceremos las escenas que han podido llevar a los pueblos de las antigüedad a adoptar tales emblemas.

Pluche y Dupuis, ya parecen haber agotado todo su contenido, pero no nos costó mucho desarrollar después de ellos todos los tesoros de tan fácil erudición. Podríamos entregarnos a realizar acercamientos que serían muy ingeniosos, pero que ciertamente no aportarían nada nuevo o de concluyente, por lo que pasaremos en seguida a la pregunta esencial que es la de la antigüedad del monumento. Todas las personas que se han propuesto determinar la antigüedad del zodíaco de Dendera se han basado sobre un punto que todos observan y que, yo no sé por qué, supusieron como perfectamente demostrado.

Estas personas pensaron que la disposición de los signos indicaba que el zodíaco se remontaba a la época en la cual el sol estuvo en Leo en el momento del solsticio de verano, lo que conllevaría necesariamente una antigüedad del monumento de más de 2.252 años antes de nuestra era.

Su principal razón fue que la espiral formada por los doce signos empezaba por el león, que llevaba a su cola todos los demás. Al igual, que sobre el gran zodíaco situado sobre el pórtico del mismo templo, donde vemos los signos dispuestos en dos bandas rectangulares, y el león a su cabeza los conduce trás de él.

Estas observaciones combinadas con diferentes pasajes antiguos, de los cuales resultaba que para los egipcios, el león era el emblema de calor extremo, les llevó a pensar que la representación de este animal debía ser un símbolo solsticial.

El parecido que observamos entre los dos zodíacos de Dendera dió a pensar en primer lugar que eran más o menos de la misma época, y que eran más recientes que otros zodíacos egipcios que, por tener una disposición diferente de los signos, indicaban una época más remota aún. De ahí la idea de que los egipcios, al esculpir los zodíacos sobre los techos de sus templos, hubieran deseado indicar la fecha de su fundación, sólo había un paso por dar y se dió. Se dictó que ello era prueba suficiente, sin abarcar las consecuencias inverosímiles que resultarían como resultado de tal opinión.

Dupuis se basó sobre unas razones y unas relaciones poco concluyentes por ellas mismas, él había pensado que se debía hacer remontar el origen de la división actual del zodíaco al tiempo en el que el signo de Libra marcaba el inicio de primavera. Como en el siglo de Hiparco, Libra estaba alejada de seis signos, era evidente según él que debía reflejar más de trece mil años. Habría tenido algunas dificultades en defender este número.

Se debería saber si las relaciones que creemos que existen entre la forma de tal signo y la estación que le asignamos en una época tan remota, son tan evidentes como se piensa. El caso es que nos parece que sería muy fácil demostrarlo. Dupuis, que veía este zodíaco como invención de origen egipcio, hecho lejos de ser demostrado, y que incluso no es muy probable. Hay entre los sabios tantos en contra de esta hipótesis con tanta autoridad como los hay a su favor.

Si por azar la solución que cree ver Dupuis, entre las formas atribuidas a los signos en tal o tal otra estación, se relacionaría con otros países, podría ser también que se refiriesen a otra época, por ejemplo, a la que está señalada en el orden que nosotros le damos aún hoy a estos signos, y cuyo origen no puede remontarse más allá del año 2252 antes de nuestra era.

En efecto, admitiendo las relaciones más evidentes, como por ejemplo que el Cangrejo indicara la retrogradación del sol en el momento del solsticio, y que en Libra, donde debemos reconocer la igualdad de los días y de las noche, estuviera en el equinoccio, ¿por qué estas relaciones serían más relativas al tal *o solsticio o tal otro equinoccio?, y ¿por qué complicar de tal modo una pregunta?* ¡Añadiéndole, de forma deliberada, a estos cálculos, una suma de miles de años con los que nos sentimos muy incómodos a la hora de hacerlos concordar con la historia del género humano!

El uso de Libra en el zodíaco como símbolo equinoccial, conviene tanto al otoño como a la primavera. Una vez admitido esto, no es presumible que se haya adoptado el uso de tal denominación en el momento del equinoccio de otoño, cuando entraba en el grado treinta de este signo, en el año 2252 antes de nuestra era, y cuando esta denominación simbólica sólo se hubiera relacionado con el último punto de su duración.

¿No hubiera sido tampoco, mucho mejor, establecerlo en el momento equinoccial, cuando el sol entraba en el primer grado del signo, es decir, en el año 164 de nuestra era?[54]*. Así, es más probable suponer que el empleo de esta denominación no se remonta mucho más allá del tiempo en el que el 15º grado del signo marcaba el punto equinoccial, las desigualdades del día y de la noche, antes y después, son poco sensibles como para que no se tengan en cuenta o casi nada en su uso.*

El origen del nombre de Libra, cuya antigüedad ha sido objeto de muchas discusiones, no remontaría, según nosotros, más allá del año 1172 antes de nuestra era, y por necesidad designaría una época más moderna a todos los monumentos de Egipto que ofrecen su representación. No se debería sin embargo concluir, por lo que acabo de decir, que la división actual del zodíaco no tuviera por ello un origen aún más remoto, sea lo que sea, este último punto no es relevante para nosotros

---

[54] El fenómeno de la precesión de los equinoccios que hace "retroceder" o "retrogradar" término astronómico, el Sol a lo largo del ecuador celeste y a las constelaciones zodiacales es un grado cada 72 años. En consecuencia, es para los 30º de una constelación, tal como lo concibe esta autor, y también Dupuis, 30 por 72, nos da 2160 años. Vemos una aproximación relativa entre 2252 y 164, calculamos 2088 años, lo que en tiempos de Saint-Martin, autor de esta escrito, no era muy importante.

en la pregunta, ya que estamos muy convencidos de que el planisferio de Dendera es posterior al siglo XII a.C.

Sentimos pronto que la historia de Egipto no podía en ningún modo justificar la tan remota antigüedad que se le atribuía a las denominaciones dadas a los signos del zodíaco, antigüedad que además se enfrentaba demasiado abiertamente a todas la ideas recibidas. Por ello, pensamos pues que las constelaciones zodiacales, en lugar de haber sido nombradas después de su amanecer helíaco, lo hubieran sido según su amanecer nocturno. De esta forma, las relaciones imaginadas por Dupuis se conservarían, el origen del zodíaco no remontaría más que a 2500 años más o menos antes de nuestra era, y Libra hubiera marcado poco después el equinoccio de primavera.

Debemos reconocer que no comprendemos cómo se ha hecho coordinar esta nueva hipótesis con el sistema que sitúa la fundación del templo de Dendera en el tiempo en el que el solsticio de verano estaba en el signo de Leo, ya que entonces, en esta hipótesis, este signo estaría en el solsticio de invierno y no en el del verano.

Tampoco comprendemos cómo 2500 años antes de nuestra era, los signos del zodíaco hubieran recibido los nombres y las formas en relación con las estaciones correspondientes a sus amaneceres nocturnos, y cómo en la misma época, se hubiera tenido tan poco cuenta estas relaciones para translador enseguida estos nombres a unas estaciones que corresponden a los amaneceres matinales de estas mismas constelaciones. No valía demasiado la pena establecer unos valores para aplicarlos tan mal. Parece más bien que el nuevo sistema sea otro más que una concesión hecha para no herir las ideas admitidas y que daría la ventaja de poder servirse alternativamente de los dos métodos según la necesidad. De ambos modos, sólo vemos incertidumbres.

Todos los sabios al igual que nosotros sacan su mayor o incluso su único argumento de la presencia de Libra entre los signos del zodíaco. Nosotros pensamos que ello es uno de los motivos para *creer que la antigüedad del zodíaco no puede remontar más allá del siglo XII antes de nuestra era. El signo de Libra, anteriormente estaba sustituido por las pinzas del Escorpión, así pues, si el monumento era más antiguo, encontraríamos la representación primitiva, y no un signo de origen más moderno.*

Por más especial que parezca este motivo, es incorrecto, para apartarlo basta una distinción, es en el zodíaco griego donde vemos las pinzas ocupar el lugar de Libra. ¿Porqué no se vería otra forma semejante sobre un monumento egipcio, si realmente es egipcio?

A esta pregunta contestan el abad Testa y Visconti. Estos sabios creían que el planisferio de Dendera tenía un origen griego, pero ¿en qué motivos se basaban? El de más peso que se hubiera podido alegar era la presencia del signo cuya antigüedad, justamente, se ve contestada. De cualquier forma que razonemos, pues, sólo damos vueltas en círculos viciosos y llegamos a un resultado que sólo basa su análisis en la única base que ya nos habíamos hecho de antemano según adoptemos una u otra opinión.

Si el empleo de Libra para designar la constelación que actualmente lleva ese nombre no se remontase más que al reinado de Augusto, deberíamos estar de acuerdo con que los astrónomos, autores de esta inovación, hubieran tenido grandes males en realizarlo en una época en el que el punto equinoccial ya había abandonado esta constelación.

La presencia de Libra en el planisferio de Dendera, a nuestro parecer, no puede ser un sólido argumento contra la antigüedad, sea la que sea, de este monumento, ni en contra de su origen puramente egipcio, si se puede probar que esta forma de indicar el signo, que correspondía a las garras del Escorpión en los griegos, era particular para los egipcios, y sin embargo es lo que formalmente certifica Achille Tatius. En vano, podríamos objetar que este autor sea suficientemente moderno, la distinción que él estableció es muy clara.

EL ZODÍACO DE DENDERA

No se trata en su texto[55] de un cambio de forma, ya que este escritor nombra las representaciones particulares, cada una de diferentes pueblos, es, pues, un error creer que el empleo de Libra no fuese conocido por los griegos y por los romanos antes del reinado de Augusto.

Ciceron ya habló de ella en su segundo libro de su "Divination", que escribió antes de la reforma de Julio César, "in jugo cum esset luna".

Varron también la nombra en su Tratado de lengua latina, compuesto al mismo tiempo. Geminus, que escribió antes que ellos, habló también de Libra[56].

Podríamos remontar sin duda aún más en el tiempo, si la autenticidad del comentario sobre Aratus, atribuido a Hiparco o a Erastoteono, estuviera mejor demostrado.[57]

Sea lo que sea, ya es suficiente para este punto y pensamos que el empleo del nombre de Libra, establecido en lugar de la Pinzas del Escorpión, ya era conocido mucho antes de Augusto. El mismo signo se vuelve a mencionar en el horóscopo de Roma, eregido bajo el ruego de Varron, por Tarratius de Fermo[58]. Y como este astrólogo, usa los meses egipcios sometidos a las leyes del período sotíaco, en este horóscopo y en el de Romulus que Plutarco conservó para nosotros, es evidente que en este punto como en los demás, Tarratius se ajustaba al método de los egipcios. La forma de Libra dada a la constelación cercana al equinoccio de autoño, era muy particular para los egipcios.

---

[55] "Ivagoge ad Aratius in uranologie", p. 96. trad. Petau.

[56] *Elementos de Astronomía*, cap. I, p. 5, trad. Pétau.

[57] Frase del autor debida sin duda a la lectura del libro de P. Pétau, sobre los Comentarios de Erastótenes o de Hiparco sobre Arastus.

[58] Es Cicerón quien cita esto en el "*De Divinat*", T. III. p.81.

Actualmente, nos parece muy fácil concebir cómo su uso se hizo universal en el tiempo de Augusto. Esto fue una consecuencia de la reforma del calendario romano y del establecimiento del año juliano.

No ignoramos que esta reforma tuvo un triple objetivo. Ella no se limitó al año solar, como se cree en general, sino que también tuvo el propósito de regular el año lunar y el año "paradigmático", este último regulado por los signos del zodíaco. Fue un auténtico trabajo astronómico, lo que César no estaba preparado para realizar él sólo. Fue en Alejandría donde este gran hombre concibió el proyecto de esta bella innovación. Fue propiamente obra del astrónomo Sosígenes de Alejandría, César sólo puso su rúbrica[59].

Fue de esta forma como se introdujo el uso de esta nueva denominación que se encuentra en el calendario de César. No es de sorprender que un trabajo nacido en Egipto lleve las huellas de su origen egipcio, es la marcha normal de las cosas.

Ahora bien, si no se encuentra Libra en la esfera de Eudoxo, ni tampoco sobre los demás antiguos monumentos astronómicos griegos, por lo que sabemos, no hay ninguna sorpresa. Tenemos, un punto adoptado e incontestable que es de una suficiente remota antigüedad, ya que los puntos equinocciales y solsticiales están situados en el decimoquinto grado de los signos. Si no encontramos a Libra en esos zodíacos es que no son egipcios de origen, o bien que su disposición remontase a una época aún más remota que el establecimiento de esta denominación en Egipto. Lo que como ya lo dijimos, sería hacia el siglo XII a.C.

---

[59] Esto es rigurosamente exacto. Lo que conviene añadir es que este mismo Julio César hizo quemar por completo la Biblioteca de Alejandría, lugar mismo donde el astrónomo Sosígenes había realizado su reforma del calendario extrayendo de ella todas sus fuentes. El último capítulo de este libro dará todas las pruebas de una superior antigüedad de Libra.

Si fue efectivamente así, es difícil para nosotros admitir un nuevo sistema al que sólo se recurre únicamente cuando es imposible demostrar la remota antigüedad que se deseaba asignar en primer lugar al planisferio de Dendera. Nos gustaría establecer, pues, que este monumento perteneciente a sea cual sea su época, no es más que una copia de otro más antiguo, y que se remontaría a más de dos mil años antes de nuestra era.

Esto no sería posible si la forma de Libra no se hubiese admitido en el zodíaco egipcio más que hacia el siglo XII antes de nuestra era[60]. A nosotros nos parece imposible ir contra el siguiente hecho que parece certero: "fue hacia el año 1200 a.C. cuando se hizo en Egipto el cambio que puso a Libra en el lugar que las garras del escorpión tenían anteriormente entre los signos del zodíaco".[61]

Es fácil comprobar ahora que todos los motivos sobre los que se basan para dar una alta antigüedad a los zodíacos de Dendera, o para hacerlos llegar hasta una época comparativamente moderna, ninguno presenta nada concluyente, y dejan aún un amplio campo a las investigaciones o, mejor dicho a las conjeturas. Quizá algún día nos veamos obligados a reconocer que hemos buscado en el planisferio cosas que los egipcios jamás quisieron introducir.

Si además consideramos este planisferio, bajo otro punto de vista, simplemente como un momumento científico que contenía la descripción del cielo, sea cual sea su perfección en estudio, nosotros dudamos mucho que se pueda utilizar con éxito para determinar no sólo su época precisa, sino también una época astronómica cualquiera. Ya que en primer lugar deberíamos

---

[60] Es evidente que el autor no conocia el jeroglífico del cielo invertido original sobre el cual la Tierra estaba en equilibrio y del cual hablamos en una nota en el capítulo anterior, signo que representa la Justicia y el Equilibrio.

[61] Por este mismo motivo, el autor finge no creer en un zodíaco de once signos, porque de este modo, se situaría en concordancia con las leyes mosaícas, las que fueron establecidas por Moisés.

saber si el monumento que lo contiene está orientado para poder indicar las colures.

Yo veo a los profesionales diferir considerablemente sobre este punto, ya que los que dicen depende, otra vez, considerablemente de lo que con anterioridad hayan podido opinar sobre el monumento. Y también veo que ocurre lo mismo en cuanto se trata de determinar la proyección del mismo.

¿En el planisferio, es su polo el de la eclíptica, o el del ecuador? ¿La relación de las constelaciones entre ellas es tan exacta que se pudiese, sólo por la posición, buscar en nuestros planisferios las Sinonimias?

La situación del Cangrejo por encima del León, el estrechamiento extremo de los Gemelos, no son favorables a esta suposición.[62] *También sería bueno investigar si las tres figuras que se sitúan en el campo del planisferio, rodeadas por un círculo que las distingue de todas las demás reproducciones, ¿no serían por casualidad los planetas?* [63] *Si así fuese, este zodíaco podría muy bien ser un tema astrológico, tal y como los egipcios tenían la costumbre de hacer, y como una multitud de autoridades lo han confirmado.*

Es conveniente observar que estas tres figuras están encerradas en el círculo zodiacal. Una está por encima de Libra, la otra debajo de Piscis, y la tercera justo por encima de la misma constelación. Esta representa sólo un ojo: el de Osiris, tan

---

[62] Tal y como se ha dicho en libros anteriores, la eclíptica celeste está dividida en 12 partes desiguales, Cáncer y Géminis eran las más estrechas con únicamente 1.872 años en lugar de 2.160 años.

[63] Estas tres figuras simbolizan los tres hechos relevantes de la carta del cielo de Dendera, representando el Gran Cataclismo y su fecha precisa. No son, pues, los planetas.

común en los monumentos egipcios⁶⁴, ¿Es este Júpiter, al que los egipcios llamaban el astro de Osiris? ⁶⁵

Podríamos plantear muchas más preguntas del mismo estilo que no podríamos resolver, y quizás no será posible dar explicación alguna. Y aunque las resolvamos no nos dirán nada más sobre la antigüedad del monumento. Pero con el espíritu del saber, de los grandes conocimientos de las ciencias exactas, podemos decir muchas cosas interesantes que creemos sin dudar aunque sea difícil llegar a una demostración de forma que los resultados de dichas investigaciones puedan ser de comprensión común.

Leeremos explicaciones ingeniosas, que comprenderemos con placer, pero ya nos guardaríamos de adoptarlas. Sin embargo, no pretendemos demostrar en absoluto que no se conseguirá descubrir en este monumento los verdaderos indicios de las estaciones, si es que, efectivamente, sus autores las situaron. Pero nosotros esperaremos a que nos lo demuestren con pruebas correctas, sin que se nos hable de nuevo de los dispersos motivos y de puras conveniencias que se están utilizando en demasía cuando se trata de hablar de antigüedades egipcias.

En cuanto a la circunstancia que se ha creido importante de observar el León, teniendo en cuenta la marcha de la espiral formada por los doce signos y pudiendo marcar por su mera posición el punto solsticial, nosotros no vemos en absoluto, esta necesidad y nos parece incluso que es bastante fácil informar

---

[64] El ojo está representado en un círculo, el de Isis, y no el de Osiris. Fue gracias a las lágrimas que salieron que Osiris resucitó, permitiendo así con el nacimiento de Horus, una nueva generación para repoblar la Creación. Es pues un símbolo "el Ojo Creador" en la jeroglífica, en consecuencia las siete partes que representas a los 7 días de la Creación Bíblica. Esto se explica en el cápitulo tercero del *Gran Cataclismo*, totalmente dedicado a este acontecimiento.

[65] Osiris, el primogénito de Dios, se convirtió con los griegos en el Rey de los dioses: Júpiter. Por la realidad astronómica de los cuadros de las Errantes en jeroglífica, es para Júpiter o Hor-Sheta, es decir "el Renacimiento por Horus"

sobre esta circunstancia sin necesidad de recurrir a una suposición sin fundamentos. Nada en todo lo que los antiguos nos han transmitido sobre los egipcios nos puede hacer presuponer que este pueblo haya tenido alguna estima en cuanto a la posición de los solsticios y de los equinoccios en la redacción de sus calendarios civiles, religiosos y administrativos.

El único objeto importante para ellos era la inundación del Nilo, como esta inundación siempre coincidía en alguna porción de su duración con la época de las mayores calores, que es de tres meses aproximadamente, y con el tiempo en el que la constelación de Leo se levanta por la mañana con el Sol. Es tan simple que, por ello, el León Celeste se haya convertido, en Egipto, en doble emblema de la inundación y del gran calor tal como Plutarco, Ellien y Horapolion lo dicen formalmente[66].

Debido a esta idea, la constelación entera fue consagrada al Sol, y por ello el León se convirtió en el primero de los signos, lo que está atestado por Porfirio. Si encontramos, pues, a Leo abriendo la espiral de los signos, no es porque indique el solsticio, sino porque es el primero de todos.

Así que nos parece que está fuera de toda duda, dice Saint-Martin, que el planisferio de Dendera sí es una reproducción del arte y de la ciencia egipcia. Pero eso sólo no le puede otorgar una remota antigüedad ya que nada se opone a que estos monumentos de arte egipcio fuesen ejecutados bajo los Tolomeos y más adelante por los romanos. El hecho me parece constante, y sería incluso extraordinario que hubiese sido de otra forma.

Los propios monumentos deben presentarnos alguna circunstancia particular deben darnos los medios de determinar las épocas más remotas, pero en vano, sólo se alega que están cubiertos de jeroglíficos y que jamás los griegos y los romanos

---

[66] Plutarco, Ellien, y Horapolo sólo se limitaron en recompilar ya que no viajaron nunca a Egipto. Sin embargo, Porfirio sí la visitó y habló de lo que había visto. Sin embargo, el emblema de los dos leones cuya imagen se reproduce a continuación, se encuentra por doquier ya que se copiaba del capítulo XVII del "*Libro del Más Allá de la Vida*".

EL ZODÍACO DE DENDERA

hicieron inscripciones alguna de este estilo, pero esta respuesta sería comprender mal la pregunta, ya que no se trata de monumentos griegos o romanos, sino de monumentos ejecutados en Egipto, por antiguos egipcios en el tiempo de los griegos y de los romanos, lo que es muy diferente y ahora la dificultad no reside ahí.

En efecto, ¿cómo imaginar que un pueblo numeroso haya mantenido su lengua, su cultura, sus usos y costumbres e incluso una parte de sus instituciones políticas bajo una dominación extranjera? Y ¿por qué no hubieran conservado su escritura que se unía a todo lo que les era más querido?

¿El persa Cambises habría exterminado a los sacerdotes hasta el último? Y además de estos, ¿no habría alguien más que pudiese comprender los caracteres jeroglíficos que parecen, sin embargo, haber sido de gran uso común?

¿Los reyes egipcios que vivieron entre Cambises y Alejandro, al igual que los sacerdotes contemporáneos suyos que fueron visitados por Herodoto, Platón, Euxodio y tantos otros, no sabrían leer?

Esto es uno de los ideogramas, fundamentales, de los más antiguos. La jeroglífica nos muestra bien el antiguo signo de la Balanza (el cielo con la Tierra en equilibrio, como entre las "garras del escorpión") con el "Tau" o Cruz-de-Vida, que está suspendida, en espera de la decisión Divina referente a la nueva multitud después del gran cataclismo que hizo "girar" la tierra durante el paso del Sol en la constelación del León. Y tal y como lo asegura Herodoto en su "Historia de Egipto", el sol que se levantaba anteriormente en el oeste para ponerse al este, hizo lo contrario a partir de este día. Así que el León hizo lo mismo y una nueva creación tuvo lugar en Leo.

Debemos discernir bien los hechos relativos a Egipto y no encontraremos en ninguno de ellos, causa suficientemente fuerte para traer a este país la extinción de la escritura jeroglífica. Sólo la introducción de la religión cristiana puede explicar este gran acontecimiento. Destruyendo la antigua creencia del país, proscribiendo la escritura nacional como siendo idolatria. Una multitud de pasajes de los autores antiguos demuestran que la inteligencia de los caracteres jeroglíficos se conservó en Egipto hasta el tiempo de Teodosio. No conocemos a nadie en favor de la opinión contraria.

Si la presencia de signos jeroglíficos en los monumentos egipcios no es prueba suficiente de antigüedad, sentimos que no será más que en la inteligencia de esta escritura que podremos extraer motivos realmente demostrativos.

Desgraciadamente, los pocos progresos que se han hecho hasta ahora en esta parte difícil de las antigüedades egipcias, no permite medio alguno como elemento de crítica.[67] *No vamos a entrar en detalles sobre el origen, la naturaleza y el uso de los*

---

[67] Recordemos que el "*Précis* hiéroglyphique" de Champollion aún no se ha publicado, y que, aún a pesar de ser muy conocido, demasiados detractores lo ponen en duda, lo que ya se ha dicho por Saint-Martin. He debido, personalmente, rehacer toda la traducción sagrada de la jeroglífica para conseguir comprender esta lectura santa, de lo que hablaré más adelante.

caracteres simbólicos egipcios, nos limitaremos a dos o tres observaciones suficientes para el objeto que nos ocupa.

Hemos aprendido por la triple inscripción de la piedra de Roseta que para los egipcios era constumbre distinguir sobre sus monumentos los nombres de sus reyes y de sus principales apodos, por una línea circular terminando en la extremidad por una línea recta, normalmente atada a la línea circular. Los nombres de Egipto, gracias a esta precaución son muy fáciles de distinguir en medio de las otras inscripciones.

El nombre de Tolomeo se ve varias veces en la piedra de Roseta, algunas veces sólo, otras con los apodos de "Eterno" y "Bien Amado de Ptah", se encuentran en griego y en egipcio cursivo. Ello es suficiente para creer que todas las veces que tenemos este cartucho sobre los monumentos egipcios contiene el nombre de un rey.

Las siguientes consideraciones van a demostrar aún mejor lo que decimos, en griego y en cursiva, la calificación de rey precede en general el nombre de Tolomeo. En el texto jeroglífico, observamos delante del cartucho real una abeja. Cuando el título del rey viene a faltar en griego y en cursiva, la abeja falta en los jeroglíficos.

Esta consideración, junto a la comparación de los tres textos y a la posición es suficiente a nuestro parecer, para no dejar duda alguna sobre el sentido de este signo que se encuentra en gran número de inscripciones egipcias delante de cartuchos idénticos. Está claro que eso era el equivalente a la palabra "rey".

Sin embargo, si hemos descrito bien el planisferio de Dendera, que no contiene ninguno de esos cartuchos, no ocurre lo mismo con la gran figura de Isis que ocupa toda la longitud en el septentrion.[68] *Y por ambos lados tiene una cinta de caracteres*

---

[68] El norte o *septentrión* (también llamado boreal) es el punto cardinal que indica, sobre un meridiano, la dirección al Polo Norte geográfico.

jeroglíficos que se ve esculpida, presentando cada una un cartucho semejante a los que acabamos de describir. Es pues probable que tengamos ahí el nombre el rey bajo el que se realizó el techo de esta habitación, y también el nombre de su padre.

El nombre de este rey está compuesto por dos caracteres: el primero es un amplio rectángulo abierto por la parte de abajo y el segundo es una vasija con forma alargada. Es evidente que si el monarca bajo cuyo reinado se hizo el planisferio circular de Dendera era el hijo de un rey egipcio, y si no se puede demostrar que era un tolomeo, no debemos buscarlo entre los emperadores romanos, ya que no hubo ninguno en tal circunstancia.

Por necesidad, debemos buscar y remontar a una época anterior a la de los tolomeos. No es probable que ese nombre sea el de uno de los príncipes efímeros que intentaron liberar Egipto del yugo de los persas, su poder era demasiado débil para que dejaran muchas huellas de su existencia.

Durante un espacio de tiempo muy corto, unos príncipes de tres o cuatro familias se sucedieron en el trono en medio de revueltas constantes. Debemos pues remontarnos aún más lejos, hasta los tiempos de la conquista de Cambises, y de Psamético, último rey egipcio, que no hizo más que pasar por el trono, ya que fue despojado de la corona después de seis meses de reinado, por lo que llegamos a su padre, Amosis.

Pero no fue tampoco bajo su reinado cuando se hizo el planisferio de Dendera, a pesar de que su nombre en egipcio: "Bien Amado de Isis", permitirá tener los medios para comprender los caracteres de uno de los cartuchos cerca de la gran figura de esta divinidad.

Ya hemos llegado, por la vía de la exclusión hasta el año 569 a.C., época en la que reinaba Amosis y no podemos remontar más allá. Con lo que hemos dicho, es suficiente para poder situar en unos límites razonables y muy verosímiles, la época del origen del planisferio, entre 569 y 900 a.c.⁶⁹ Para un tema tan difícil y oscuro, nos parece haber llegado a toda la precisión que se puede desear. Además, esta opinión concuerda muy bien con el estado de frescor del templo de Dendera comparándolo a los demás edificios egipcios. Este aire de juventud es tan obvio, se dice, que ha sido anotado por todos los que lo han visitado. Y es tal que no han dudado en ver este templo como una fundación de los últimos tiempos del imperio egipcio. En fin, para poder resumirlo en dos palabras, el planisferio que decoraba antaño una de las salas superiores del gran templo de Isis en Dendera, es un monumento cuyo origen no puede remontar a más de 2.700 años, pero que no tiene menos de 2.400 años de antigüedad."

De esta forma se acaba el trabajo serio para aquel tiempo de Saint-Martin, que no podía saber todo lo que la egiptología descubrió más adelante. Entre otras cosas, que la sexta reconstrucción sobre los mismos cimientos se remontaba ya al IV siglo antes de nuestra era, bajo un tolomeo: Evergetes Segundo.

Pero este planisferio ya fue recopiado bajo el gran Keops por tercera vez, en una tercera reconstrucción que él había ordenado siguiendo los planos *"realizados sobre las pieles de gacela cuidadosamente guardados en sus archivos y que povenían de los Seguidores de Horus"*. Ellos eran los reyes predinásticos, que habrían reinado durante el quinto milenio antes de Cristo.

---

[69] Bella investigación histórica de Saint-Martin, en cuanto a la identidad del rey inscrita en el cartucho bajo de la estatua de Isis, cerca del planisferio, desencadenó varios meses más tarde una imnensa carcajada. Letronne, autor del memorial anterior, escribió otro para demostrar que el nombre escrito, no lo había sido más que por las manos del dibujante. En realidad, los dos cartuchos estaban vacíos en Dendera. El motivo era que estos cartuchos estaban destinados a la Divinidad cuyo nombre no se escribía, pero que sí se saludaba.

CAPÍTULO NOVENO

OPINIÓN DE J.B. BIOT SOBRE EL ZODÍACO

> *"En vano, en mis dos anteriores "Memorias" que leí sobre este tema en la Academia de Ciencias, hubiera debido evitar de rozar, de tocar las opiniones anteriores emitidas. Ya que no había acabado de leer mis investigaciones que ya estaban siendo objeto de públicas refutaciones y de críticas impresas".*
> J.B. Biot. De la Academia de Ciencias, Astrónomo en la Oficina de las Longitudes, Profesor de Matemáticas experimental en el Collège de France, Profesor de Física Matemática en la Facultad de Ciencias.

Jean-Baptiste Biot fue el promotor de una teoría que daba al planisferio una antigüedad, primero importante, luego más limitada, antes de escribir un libro de 310 páginas, un trabajo más matemático y geométrico que identificó mucho mejor la realidad del monumento. Lo que no impidió, desde el inicio de esta nueva lectura, una tercera y nueva avalancha de críticas a la Academia de Ciencias, la de Jomard, miembro del Instituto será objeto del siguiente capítulo.

La siguiente representación está extraída de la iconografía referente al capítulo 17 del libro del *"Más Allá de la Vida Terrestre"*[70]. Reconocemos fácilmente los dos leones con el simbolo "Cielo y Tierra", que he inscrito en un círculo para hacerlos más visibles. Es una de las piedras angulares de la comprensión de la "Teología Tentírita", sin la cual no sería posible comprensión alguna del planisferio.

---

[70] "'Au-Delà de la Vie terrrestre", título en francés. *(Más Allá de la Vida Terrestre).*

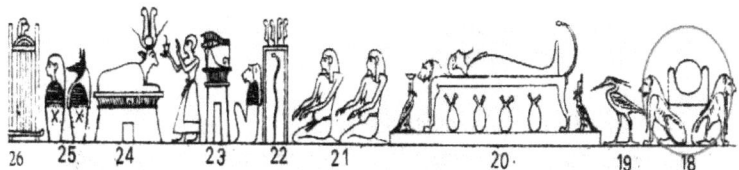

Para ahorrar al lector la mayoría de los datos técnicos del libro de Biot, he realizado un concentrado de las explicaciones astronómicas y de las ideas personales inspiradas a este sabio por el planisferio de Dendera. No debemos perder de vista que esta tercera intervención data de 1823, y que fue realizada en la "Academia de Ciencias". Sabemos que poco tiempo antes, una docta Comisión, elegida entre varias Academias, había fijado el precio de la compra de este monumento en ciento cincuenta mil francos de la época. El Rey sacó de su fortuna personal la mitad de esta considerable suma y el resto lo entregó a través del presupuesto del ministerio del Interior.

He aquí lo esencial del Memoria de Biot:

> *"En un momento en el que los monumentos astronómicos del antiguo Egipto adquieren para nosotros un nuevo interés a través de la atrevida acometida de dos franceses que arrancaron a la destrucción una de estas viejas páginas de la historia de las ciencias, para ponerla bajo nuestro ojos en en el mismo París, la liberalidad del Rey la conservó para Francia*[71] *y el deseo general pudo satisfacerse, donde los menos sabios contemplan en él con sorpresa las mismas figuras que las constelaciones zodiacales de hoy en uso.*
>
> *He estudiado este zodíaco para comparar sus diversas partes con medidas precisas. Esta circunstancia podrá devolverme la "gracia" frente a la Academia, por ello, la particular naturaleza de este ensayo que aquí me atrevo a presentarles. En efecto, este ensayo no es una conjetura arbitraria sobre el monumento*

---

[71] El gobierno británico había ofrecido 200.000 a Saulnier, éste sin embargo dió la preferencia al Rey de Francia.

de Dendera, ni una nueva apreciación de su antigüedad fundada sobre la interpretación más o menos libre de los emblemas, o de los signos astronómicos móviles que ofrece.

Es la tentativa de una restitución rigurosa del significado, basado en unas medidas geométricas tomadas sobre el monumento mismo, en virtud de la que cada estrella se ubica en su lugar en el emblema que la contiene. La del León en Leo, la del Toro en Tauro, Orión en Orión y así todas las demás, no solo en dirección relativa, sino en posición absoluta y en distancia en los numerosos casos en las que las posiciones y las distancias son especialmente notables.

Esta restitución que se realiza por un procedimiento geométrico riguroso, uniforme, que se extrae del monumento mismo, que ha sido seguido en su construcción, y cuya aplicación no exigió entonces geometría sutil alguna, ningún conocimiento de trigonometria esférica, únicamente el uso de un globo celeste, es decir el más simple de los instrumentos astronómicos, el más fácil de construir, el que según las tradiciones literarias Egipto y Grecia poseyeron desde antaño.

Este modo de construcción estando establecido, permite convertir la longitud medida en coordenadas astronómicas sobre el monumento. Del que podemos deducir trigonométricamente la posición del centro sobre la esfera celeste, y por ello, su longitud y su latitud relativa a una eclíptica y a un equinoccio fijo.

Entonces, comparando estos elementos a las fórmulas de variaciones seculares dadas en la mecánica celeste, reconocemos que el centro del monumento ha sido el polo del ecuador terreste en una cierta época, para la cual, construyendo el estado del cielo y aplicándolo al zodíaco mismo, reconocemos una coincidencia general, cuyos errores son del mismo orden que los de los catálogos de Hiparco y de Tolomeo Almagesto.

Esta nos da el significado propio y conocido de diversos emblemas de fenómenos móviles que este monumento representa y de los que no se habían hecho uso en los primeros *cálculos. De ahí, derivan tantas consecuencias necesarias, el objeto astronómico del zodíaco, su uso, el motivo de su posición, la dirección que le fue dada en el edificio que lo contenía, en fin, la desviación misma y la cantidad de desviación dada a este edificio relativamente a la línea del meridiano, todo ello son cosas absolutas, independientes las unas de las otras, y que, bien de forma aislada, bien en su conjunto, se refieren a un sólo estado del cielo: el que los otros elementos del monumento nos indican en una única latitud, bajo la cual estaba situado el zodíaco.*

Pero esta comparación con el cielo es el último término de mis recientes investigaciones. La primera observación al igual que la última, debe consistir en reconocer si las investigaciones mismas son posibles, es decir, si se puede con veracidad establecer un carácter realmente astronómico al monumento, y buscar una representación del cielo metódicamente situada, o si sólamente debemos ver un cuadro astrológico y religioso, realizado a plena vista, sin búsqueda alguna de proposiciones geométricas tal y como algunas personas lo presumen.

Ya que la alternativa no se puede resolver, más que por la completa restitución astronómica del monumento, es decir, volviendo a encontrar y a aplicar los astros en posición relativa rigurosa, se podría establecer desde su inicio unas probabilidades en uno u otro sentido para poder dirigir la discusión. Si el destino del monumento fue astronómico, es lo que se debe inferir, a mi parecer, del emplazamiento propio que ocupaba, y de los accesorios del que se rodeaba.

En primer lugar, se encontraba en un templo dedicado a Isis o a la Venus nocturna, tal y como Letronne piensa haber demostrado, estaba ubicado en una sala superior situada sobre la misma terraza del templo, una escalera interior daba acceso, lo que prueba bien un destino frecuente y especial. Tenía junto a él, sobre la misma terraza, otra sala con la misma forma, igualmente decorada con emblemas astronómicos, pero que por una circunstancia única, no tenía techo, estaba descubierta y por ello dispuesta de la forma más conveniente para localizar y verificar en el cielo de la noche, las indicaciones esculpidas en el techo de la sala vecina.

¿Se puede imaginar algo mejor que sirviese de observatorio, con una carta celeste esculpida justo al lado? ¿Y cual hubiese sido el objetivo de estas observaciones, incluso suponiendo que tuviesen como meta unas construcciones astrológicas o unas determinaciones de épocas religiosas, mejor que el estudio mismo de la astronomía como ciencia?

De cualquier forma, estas aplicaciones fundadas sobre el conocimiento actual del lugar de los astros, y deduciéndose por ciertas reglas, siempre deberian ser que el cuadro esculpido indicase con suficiente fidelidad las relaciones de posición simultánea de los diferentes astros a los que se podía unir, bien con la ayuda de figuras emblemáticas, bien por el empleo de caracteres de los que no sabemos leer la explicación de las consecuencias astrológicas, civiles o religiosas que se debían deducir.

Estas reflexiones, al tiempo que nos confirman de forma general la naturaleza astronómica del monumento, nos hacen ver que, para poder interpretarlo en lo que tiene de realmente científico, deberíamos primero discernir, entre las figuras que lo cubren, las que puedan ser realmente consideradas como situadas en posición real, y las que no son más que signos emblemáticos de uso, o de fenómenos propios a ciertas épocas del período anual, ya que parecen relacionarse desde el primer vistazo con los doce signos del zodíaco.

A pesar de que esta distinción sólo se puede hacer de forma general y con completa certeza únicamente después de la completa reconstrucción del monumento, se puede sin embargo establecer de forma inmediata para algunos casos en particular en los que la disposición relativa de las figuras es compatible, o incompatible con el cielo. Por ejemplo, lo primero que nos llama la atención en este monumento, es la continuación completa de los doce signos del zodíaco distribuidos casi de forma continua sobre el contorno de una curva, por encima del León.

Es evidente que esta disposición nunca fue astronómicamente posible: de forma que este Cáncer excéntrico es por necesidad un emblema del que deberemos descubrir el significado más adelante, pero en el que no debemos en absoluto buscar realmente en situar las estrellas de la constelación de Cáncer.[72]

Cuando descubrimos el secreto del monumento, también vemos otras figuras situadas así, con la mera intención emblemática. Pero me limito a la anterior por su evidencia sensible, debemos por el momento realizar su abstracción y pensar que habra sido sacada de su verdadero lugar para indicar una circunstancia importante, señalando quizás la figura de la que se trata de forma especial, ya que está superpuesta con un símbolo jeroglífico particular que la señala, y cuya composición comparada a las inscripciones bilingües que se ofrecen, es por naturaleza la forma de expresar un nombre propio o una frase nominativa.

Por esta transposición que Visconti había imaginado, la continuidad del anillo zodiacal sería restablecida, y ello sobre la emblematica figura de Cáncer, y no sobre Cáncer en si, donde las estrellas de esta constelación deberían situarse.

Además de las figuras que expresan los signos del zodíaco en su orden, y bajo sus emblemas actuales, el monumento ofrece un gran número de otras figuras que al igual que las primeras están encerradas en un medallón circular cuyo centro está muy alejado del anillo zodiacal. El significado de estas otras figuras es necesariamente menos evidente que las de los doce signos, consagrados por su tan remoto uso y tan general, sin embargo, el estudio comparado de los monumentos egipcios permite reconocer algunos con más o menos verosimilitud.

---

[72] Hoy sabemos sobre esto que la evolución de este signo zodiacal siguió el proceso siguiente: antes Cáncer estaba representado por un cangrejo por los egipcios, y aún antes lo fue por un Escarabajo que ocupó este signo.

Pero en definitiva me planteo utilizar sólo los métodos que me permitan demostraciones geométricas rigurosas, sin usar otras pruebas, aunque he tenido que dejarme guiar primero por los signos de similitud, para llegar a descubrir los datos para iniciar el cálculo matemático. Estando convencido de que tal restitución no podría ser inventada de antemano, sino que debe ser el resultado sistemático concluido del gran número de inducciones posibles. He tenido que recoger y examinar todas las que se me ofrecían por las personas hábiles en las ciencias o en las letras que ya habían trabajado con el monumento.

Antes de cualquier ensayo de interpretación geométrica, Martin me había hecho observar, fuera del anillo del zodíaco, una dirección intermedia entre Tauro y Géminis, una gran figura de hombre en una actitud muy animada, y me dijo que debía ser el símbolo de Horus, hijo de Osiris al cual, según Plutarco, la constelación de Orión fue consagrada por los egipcios.

Y en efecto, esta interpretación no tenía nada de conformidad, bien en el lugar relativo de Orión en el cielo, bien en las actitudes guerreras atribuidas a su tipo de mitología. Concordamos generalmente en reconocer el emblema de Sirio en la representación de una vaca cuya cabeza está coronada por una estrella. Plutarco nos dice también que la estrella Sirio estaba consagrada a Isis cuya representación se hacía con una vaca, igual que el buey fue la de Osiris.[73]

Este símbolo de Sirio está situado sobre el alargamiento del radio que está trazado desde el centro del monumento hasta la figura emblemática sustituida en Cáncer. Examinando de tal forma la dirección relativa de todas estas figuras, igual que las que componen el zodíaco, vemos una señalada tendencia de que los radios se dirigen hacia un mismo punto, que es el centro

---

[73] Osiris no esta simbolizado por un buey, sino por un toro. Isis siendo su esposa, nada más normal que representarla como una "Vaca Blanca", símbolo tanto de la Fidelidad como de la Prosperidad que ella representa para la nueva multitud. La jeroglífica no tiene calificativos suficientemente elogiosos cuando cuenta sus hazañas, y su nombre sagrado jamás se escribe.

de todo el medallón, y por consiguiente diferente al del centro del anillo zodiacal. Esta tendencia se observa incluso en la dirección propia de todas las figuras cuyo cuerpo siempre se ve alargardo hacia este mismo centro tanto cuando están de pie, como cuando están acostadas o dispuestas circularmente a su alrededor.

Sólo hay un pequeño número de excepciones a esta norma para la mayoría de ellas, más adelante descubriremos los motivos que las determinaron. Tal disposición parece indicar evidentemente un sistema de proyección general alrededor de un punto determinado de la esfera celeste considerado como polo.

Esta sospecha se fortalece cuando examinamos, bajo este punto de vista, el tipo y la distribución relativa de algunas figuras que se sitúan sobre el filo del medallón circular, y cuyo significado astronómico es, o evidente, o muy probable, ya que por ejemplo, si llevamos un radio a partir del centro hacia la extremidad de Tauro la más cercana a Aries, observamos en el filo del medallón una alineación de siete estrellas que por su dirección y su número parecen representar las Pléyades[74], además, una de ellas es más difícil de ver que las otras, y bastante difícil ya que Aratus y Eratóstenes sólo señalaron seis visibles, y sin embargo, esta estrella está situada adrede encima de las demás, sobre la misma alineación a partir del centro.

Al lado de este grupo, alejándose incluso de Aries, pero aún manteniéndose en Tauro, hay una estrella aislada que indica con el dedo una figura emblemática y que, por su dirección, podría responder a la alineación de Aldebarán. Más allá de esta dirección y por debajo del emblema de Orión, hay una gran serpiente cuyos pliegues tortuosos y recogidos parecen paralelos los unos a los otros pareciendo propio al emblema de la

---

[74] Las Pléyades o Las siete hermanas es un cúmulo estelar abierto que contiene estrellas calientes de tipo espectral B, de mediana edad, ubicadas en la constelación de Tauro. Está entre uno de los cúmulos estelares más cercanos a la Tierra, y es el cúmulo mejor visible a simple vista en el cielo nocturno.

constelación del río llamado hoy Eridanus[75], además delante de ella, junto a Aries, y cerca del filo del medallón, figura una estrella grande y sola, que por esta circunstancia y también por su posición muy cercana al extremo del cuadro, convendría muy bien a la estrella de la constelación del río, conocida hoy como Acharnar y que sabemos es muy austral.

He aquí dibujada la constelación de Tauro, de la que habla el autor. Observamos bien la constelación de las Pléyades con sus siete estrellas. Lo más notable de esta representación astronómica estriba en que es una copia del Rameseum de Tebas, fechada en el año 3.285 a.C. Esta fecha es estrictamente exacta, ya que representa la única conjunción solar posible de la anotación egipcia calcada sobre el globo celeste.

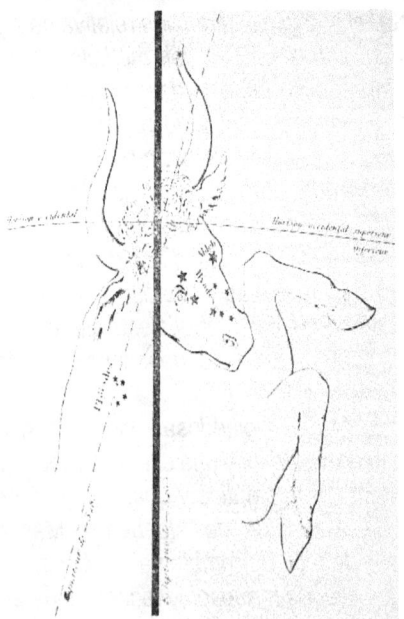

En otra parte del medallón, y sobre un radio intemedio entre Libra y Virgo, pero no en filo, observamos un hombre con cabeza de buey llevando un emblema jeroglífico formado por una estrella teniendo encima un buey. La

---

[75] Eridanus es la sexta constelación más grande de las 88 constelaciones modernas.

situación de este signo entre Libra y Virgo, así como la repetición del buey en el símbolo que lo designa, parece convenir muy bien a la constelación del Boyero,[76] en la que se encuentra la bella estrella de Arturo[77], y es efectivamente de esta forma como se ha interpretado en general.

Todas estas indicaciones detalladas parecen, pues, concordar con lo que ya hemos observado sobre la tendencia general de la distribución de los signos hacia el centro del medallón circular, a fin de demostrarnos que este centro es el punto del cielo alrededor del cual no sólo vemos los doce signos, sino varias constelaciones más, tanto interiores como exteriores al zodíaco, cada una sobre su dirección propia y en la alineación en la que se encuentra en la esfera celeste a partir de este punto.

Además, lo que hemos observado en el modo en el que las Pléyades parecen haber sido designadas sobre el contorno del medallón circular, mostrándonos que los emblemas situados sobre este filo no deben ser todos considerados como representando unas constelaciones en posición real, lo que en efecto sería astronómicamente imposible según el número y la igualdad de sus distancias a este filo.

Pero pueden ser, al menos en parte, unas nominaciones realizadas por el retorno de su radio donde cada constelación se sitúa, lo que no excluye la posibilidad que sobre este mismo filo algunos emblemas hubiesen sido situados exactamente en la dirección y en la distancia, si es que fuese practicable.

Ignorando el modo de construcción del monumento, debemos plegarnos a todas las indicaciones que nos ofrece, sin atribuirles ni más ni menos arte del que hay en realidad.
Aquí se nos plantean dos preguntas por resolver. ¿Cual es en el cielo este punto que sirvió de centro? Y ¿Cual es el sistema de

---

[76] Boyero parece una figura humana grande, mirando hacia la Osa Mayor.

[77] La estrella **Arturo** *(Arcturus o alpha boötis)* es la 4.ª estrella más brillante del firmamento (magnitud visual -0.04), se trata de una gigante naranja que podemos encontrar en la constelación de Boyero (hemisferio norte celeste).

proyección según el cual los astros han sido distribuidos a su alrededor? Creo que la segunda pregunta se debería contestar antes, ya que la ejecución geométrica de tal cuadro, según las únicas posiciones astronómicas y su comparación con el monumento, son los únicos medios positivos de saber si el monumento fue realmente trazado siguiendo tal procedimiento geométrico, y si la elección del punto que se tomó por el polo es exacta.

El monumento presenta a este respecto una indicación capital, y es que contiene en el mismo cuadro, y en un único medallón circular, el zodíaco entero, e incluso un cierto número de constelaciones, como Orión, por ejemplo, que sabemos está en una posición más austral que este círculo. Esta consideración excluye en seguida cualquier idea de proyección de la naturaleza de las que nosotros usamos en nuestras cartas celestes.

Este tipo de proyección ofrece, en la representación de los grandes círculos, una propiedad general y característica que podemos verificar en primer lugar. Si por el centro de la esfera y por el punto elegido como polo, realizamos un plano de corte cualquiera, cualquier otro plano que pase también por el mismo centro se verá cortado según el diámetro de la esfera, y en consecuencia cualquier gran círculo de la esfera se cortará también en dos puntos diametralmente opuestos de su circunferencia, de ahí que las distancias esféricas de estos dos puntos hasta el polo serán suplementarias la una a la otra, y bien que en general desiguales, formarán una suma constante, igual a medio gran círculo de la esfera.

He aquí una primera propiedad por verificar sobre la representación egipcia. Es verdad que no se podrá hacer con gran rigor ya que el gran círculo de la eclíptica no está matemáticamente trazado sobre el monumento como una simple línea sin espesor sensible, estando únicamente definido por la continuación de las doce figuras zodiacales.

Sin embargo esto se verifica de otro modo tan satisfactorio como es posible, en el límite de la incertidumbre de la longitud que estas figuras tienen. Porque si, por ejemplo, ponemos una cinta de papel sobre el monumento, la distancia rectilínea desde el corazón del León hasta la urna de Aquario, dos puntos que se sitúan sobre un mismo diámetro, esta misma distancia trasladada alrededor del centro del medallón, en otra dirección diametral cualquiera, siempre conduce en sus dos extremidades hacia el interior de las dos figuras zodiacales de signos opuestos.

Pero aún reconoceremos otra propiedad geométrica más, no menos notable, es que la distancia diametral constante determinada de tal modo es precisamente igual en longitud al radio del medallón circular. Esto debe tener lugar en efecto en este sistema de proyección, ya que el contorno exterior del medallón no es otra cosa que la representación del punto de la esfera que se encuerntra diametralmente opuesto al polo de proyección que hemos elegido.

Sin embargo, este punto puede de forma indiferente ser trasladado sobre el cuadro en todos los alineamientos, siempre que lo situemos a una distancia del centro igual a su distancia polar, es decir, al desarrollo de un gran semicírculo, que se debe pues representar en el cuadro por una circunferencia cuyo radio iguala el diámetro constante del anillo zodiacal, y esto es exactamente lo que se observa aquí.

Quizás estas verificaciones no pueden ser consideradas más que como aproximadas, ya que sólo se pueden aplicar sobre este monumento a una serie de figuras de sensible amplitud, y no a unas líneas matemáticas sin grosor. Ellas deben ofrecer el modo de proyección probable, sin ser por ello suficientemente preciso para demostrarlo. Pero, guiados por esta probabilidad, podemos buscar y descubrir otras pruebas más estrictas, sin embargo, a continuación voy a exponer una que no deja nada que desear en lo que se refiere al rigor.

Entre Libra y Virgo, se ve una figura humana con cabeza de buey, que lleva un símbolo jeroglífico de la cual forma parte un buey. Esta circunstancia, unida a la analogía de las posiciones, ha permitido en general considerar esta figura como el emblema de la constelación del Boyero. Sin embargo, esta especialidad de designación por una insignia jeroglífica, sólo se observa cuatro veces en el gran número de figuras que el anillo zodiacal contiene. Debemos creer, pues, que tenía por causa algún interés más particular unido a una u otra constelación incluida en este espacio, interés que hubiera determinado a dar por ello una indicación más precisa.

Por ello, encontramos que estos símbolos jeroglíficos están compuestos de forma a expresar nombres propios. Deben ser probablemente los nombres de las constelaciones o de estrellas aisladas, ya que cada uno de ellos acaba siempre por una estrella esculpida. Y hemos reconocido por inscripciones bilingües, que son en su mayoría nombres propios perteneciendo a un mismo tipo, siempre precedidos o seguidos por el signo jeroglífico por el cual esta especie es nombrada.

Según esto, el símbolo jeroglífico llevado por el hombre con cabeza de buey expresa muy probablemente el nombre entero de la constelación del Boyero, o el de cualquier estrella principal formando parte de ella, y en este último caso, podría designar la bella estrella Arturo, única brillante de este grupo, y, además, tan frecuentemente utilizada en las indicaciones y los pronósticos de la astronomía antigua.

Ahora, si en una carta celeste china, árabe, o de cualquier otra nación cuya lengua nos es desconocida, viniésemos a descubrir un nombre propio de constelación o de estrella escrito en una parte de la carta que no permitiese confusión alguna, ¿no concluiríamos con razón que este nombre ha sido situado en el lugar celeste del astro que nombra? Y si, por la disposición de las figuras circundantes, al igual que por la naturaleza de los caracteres que lo componen este nombre nos parece pertenecer, por ejemplo, a la constelación del Boyero, ¿no juraríamos que este lugar de la carta donde se sitúa, pertenece a la parte más notable de esta constelación?

Debemos pues seguir las mismas analogías en la interpretación de la carta egipcia que nos ocupa, pero el modo conocido de composición de las leyendas jeroglíficas nos da en esta situación un caracter aún más peculiar de denominación. Ya que la estrella esculpida en la leyenda indica muy probablemente el tipo de estrella a la que pertenece el astro que nombra, nada más natural que situarla en el lugar preciso de Arturo mismo, sirviendo simultáneamente para designar su posición celeste y su nombre.

Esta doble aplicación del carácter de especialidad se presenta tan simplemente al espíritu en esta circunstancia, que nos veríamos muy sorprendidos si no hubiese sido empleada por unos hombres cuya escritura habitual estaba completamente formada por signos de ideas.

Así que la admitiremos como verosímil, e incluso confiaremos en la propiedad de este principio, nos guardaremos de limitar su aplicación al símbolo que acabamos de considerar, y la seguiremos, por el contrario con fidelidad, en la interpretación de los otros símbolos del mismo tipo siempre que su situación y su aislamiento en el interior el anillo zodiacal parezca afectar a la designación especial de un lugar celeste.

Supondremos siempre que la estrella esculpida en la frase jeroglífica, tiene el doble significado de la especialidad y de la localidad. Y si además el cáculo trigonométrico, aplicado a todos los lugares reconocidos por la sola discusión crítica, confirma sus relaciones de posiciones y de distancia, el acuerdo de los resultados conseguidos por los dos tipos de pruebas, tan independientes la una de la otra, nos dará, me parece, una presunción muy fuerte de haber hallado la verdad.

Después de haber sacado del monumento las indicaciones astronómicas que parecen las más susceptibles de evaluación precisa, también puede ser aún útil señalar algunas relaciones, sea de posición, sea de dirección que observamos en las esculturas como en las leyendas jeroglíficas que lo rodean, ya que estas relaciones pertenecen precisamente a los puntos del monumento que hemos reconocido como indicativos de unas épocas relacionadas con el período anual.

Para comprenderlo debemos, en primer lugar, prestar atención al hecho de que las doce figuras situadas alrededor del medallón circular, y que parecen mantener el desarollo de la esfera celeste, están evidentemente dispuestas de forma simétrica. Los ocho hombres están distribuidos por parejas en las extremidades de los cuatro radios que forman los ejes principales del monumento. Las cuatro mujeres están intercaladas y sus cuerpos dirigidos siguiendo las diagonales del cuadrado circunscrito al medallón.

Nos queda por fin indicar que dos caracteres particulares que se sitúan fuera del medallón, pero cerca de su orilla, en la zona circular que rodea a ambos, los caracteres que están situados en el occidente de los solsticios, precisamente en una distancia angular de 45° de estos puntos y de los equinoccios, situándose de esta forma en las dos extremidades de un mismo diámetro del medallón circular: Uno bajo los pies de Orión, delante de la porción del filo donde se ve la gran estrella esculpida que presumimos representa a Acharnar, la brillante del río, el otro delante de la porción misma del filo donde vemos un tipo de altar y por encima una cabeza de cerdo.

La forma de estos dos caracteres, sin ser totalmente semejante, ofrece cierta analogía, los dos están alargados hacia el medallón, como lo podrían estar unos índices en forma de flecha en nuestros dibujos modernos. De cualquier forma es esencial notar que, ni uno ni otro están exactamente dirigidos hacia el centro del medallón circular, como lo representa la plancha publicada por la Comisión de Egipto. Los ejes de las figuras prolongadas, por lo que se puede juzgar, van a parar a las dos Osas, uno en el extremo del timón de la pequeña en la punta del hocico del pequeño Chacal, y la otra hacia el cuadrado de la grande, sobre el signo jeroglífico que ahí está situado, precisamente como sería necesario para empujarlas siguiendo el sentido de su rotación diurna.

Nada sería en efecto más natural que haber indicado este sentido por tales emblemas, ya que es así como nosotros mismos utilizamos las flechas sobre nuestras cartas, y esto sería sobre todo conforme a las ideas que los antiguos se hacían, según Plutarco, sobre la existencia de los remolinos circulares por los cuales suponían que la esfera celeste se veía llevada.

En cuanto a lo verosímil que pueda parecernos esta interpretación, sólo la damos como una conjetura, porque los signos de los que se trata, por su posición, fuera de la esfera celeste, parecen escapar a toda prueba astronómica rigurosa. Por ello mismo, los detalles que hemos dado sobre su posición y su dirección reales son imprescindibles para observar y conservar los significados que se les pueda atribuir, ya que son estas las únicas condiciones certeras que presentan.

Por el conjunto de todos los caracteres que acabamos de reconocer, el zodíaco circular de Dendera, no parece ser un monumento sobre el que se expresan posiciones astronómicas precisas conforme a unas reglas de una geometría exacta con la intención formal de indicar especialmente ciertos fenómenos notables del año solar y de la revolución diurna del cielo, tales como eran hace unos 700 años antes de la era cristiana en el lugar en el que este monumento fue situado.

Pero, con qué objetivo: ¿era puramente astronómico y servía para dirigir las observaciones de los sacerdotes? O ¿era astrológico y servía para hacer los horóscopos, para lo que tenían gran reputación y fama? ¿O bien, era para expresar únicamente el estado del cielo en el época de una circunstancia particularmente memorable?

Esto no permite ser establecido por el simple estudio astronómico y geométrico del monumento, ya que sólo podemos encontrar posiciones de estrellas. Por supuesto que adelantaríamos mucho si pudiésemos reconocer las posiciones de la luna o de los planetas, porque los movimientos de estos astros, incomparablemente más rápidos que los cambios de longitud relativa producidos por la precesión, darían necesariamente una fecha mucho más precisa.

Nos toca junto con los arqueólogos descubrir estos caracteres, pero nos limitamos por el momento a decir que si el monumento es únicamente relativo a una circunstancia astronómica o histórica memorable, hay dos correspondencias para la época que designa, y hubieran podido ser dignas incluso después de mucho tiempo ser representadas.

Una es la fundación de Roma, en el 754 a.C., la otra el origen de los años de Nabonassar en el 747 a.C. ¿Por qué una de las dos épocas no hubiera podido convertirse en el tema de un cuadro astronómico, incluso en tiempo de los emperadores?

Si consideramos que todos los resultados alcanzados sucesivamente han sido deducidos numéricamente de dos medidas de distancia, y ningún otro dato que no se haya sacado del monumento ha entrado en nuestros cálculos, y que, sin embargo, estas dos distancias astronómicas combinadas, han bastado para reconstruir todo el monumento que hemos examinado, para hacerlo coincidir con el cielo en su conjunto como en sus detalles, para dar aplicaciones astronómicas importantes a todos los puntos que están indicados a través de marcas de indicación especial, para asignar una meta racional a los emblemas desconocidos que contiene y cuyo significado se puede conectar a fenómenos astronómicos, para dar cuenta de su situación, de su dirección en el edificio donde estaba situado, en fin, para explicar sus relaciones con la desviación misma de este edificio en relación a la línea meridiana, todo esto en números, y con un grado de precisión que de ninguna manera se hubiera pensado posible sin haber necesitado atribuir a los inventores otra cosa más que los procedimientos de observación más sencillos, y las únicas nociones de una ciencia práctica que podía aún ser teóricamente muy limitada, quizás juzgemos que tal conjunto de inducciones, de pruebas y de verificaciones numéricas que se siguen y se apoyan las unas a las otras, basta para establecer que no nos hemos perdido interpretando este viejo monumento.

Y si, como todo es presumible, esta interpretación no podrá añadir nada a los procedimientos incomparablemente más perfectos de las ciencias modernas, pero al menos podrá desvelar mejor el estado de la astronomía en los tiempos más remotos donde se nos presenta, y nos indicará algunos de los primeros ensayos por los que el espíritu humano tuvo que pasar y detenerse largo tiempo antes de haber alcanzado las nociones sublimes que la ciencia del cálculo le dio, y bajo esta relación aún podrá sernos útil a nosotros, demostrándonos de forma más positiva, lo que se debe razonablemente conceder y lo que se debe rechazar de los ancianos".

De esta forma acaba la brillante exposición de Jean-Baptiste Biot que, no debemos olvidar, no sólo era profesor de matemáticas en la Facultad de Ciencias y en el "Collège de France", también era un astrónomo del *Bureau des Longitudes*. Esta exposisión es, además, un condensado efectuado siguiendo la edición de su libro de 310 páginas.

A pesar de todos sus títulos, Biot tuvo numerosos detractores, ningún sabio de su época ni siquiera podía imaginar que incluso 2.500 años antes, según su teoría, unos sacerdotes egipcios conociesen suficiente astronomía para efectuar la suma de los trabajos descritos, mientras que nuestros antepasados vivían aún en las cuevas llenas de humo comiendo carne cruda.

¿Qué hubieran pensado estas eminentes personalidades de antaño si alguien, además del señor Dupuis, hubiese redactado el contenido de un texto explicando en detalle el Gran Cataclismo, con sus componentes y sus metas? Más vale no pensarlo y seguir la recopilación de los principales textos refiréndose a este planisferio de Dendera.

CAPÍTULO DÉCIMO

OPINIÓN DE JOMARD SOBRE EL ZODÍACO

> *"En fin, cómo se explicará que ninguna de las constelaciones del zodíaco de Dendera haya sido fijada por la proyección de una sola estrella, ni incluso el Escorpión, a pesar de que Biot le haya dado una posición para Antares, la cual, bien debemos decir, no se basa en ningún fundamento."*
>
> Jomard, Miembro del Instituto.

La idea fija de todos los eruditos del año de gracia de 1.820 era la de encontrar una explicación real, pero satisfactoria, siguiendo los cánones de la Iglesia en cuanto a la antigüedad del monumento que es el planisferio de Dendera, la entrega de cada artículo, la lectura de cada memoria, era objeto de un contrataque más severo que erudito.

Sin embargo, cada orador, cada periodista, había tenido frente a él las pruebas de una erudición fabulosa para aquel entonces, que sea de diez siglos o de tres milenios antes de Cristo, nada cambia al hecho. Es por lo que, edificando nuestra mentalidad que no ha cambiado tanto, leeremos la respuesta de Jomard, miembro del Instituto, a la lectura de Biot en la Academia de las Ciencias. Para que nadie lo ignore, este panfleto de Jomard apareció en la *Revue Encyclopédique*, en septiembre de 1822, bajo el título de "*Examen de una nueva opinión sobre el zodíaco circular de Dendera.*" He aquí la integralidad del texto:

> *"Verdad es toda opinión de un hombre iluminado por un sitio donde probablemente su razón se ve seducida y su espíritu satisfecho, ello se aplica sobre todo al tema que tratamos aquí y al modo en que un sabio académico acaba de exponerlo.*

En primer lugar, es una idea muy natural buscar en la descripción geométrica del cielo el tipo del cuadro egipcio, donde el ojo menos ejercitado ya ve en efecto, desde el primer vistazo, los doce signos del zodíaco, en orden y con el aspecto acostumbrado. La forma circular advierte además que se ha tenido la intención, y que se ha trazado, siguiendo una convención para representar la imagen de la bóveda celeste. Además, las relaciones de situación entre las figuras, de una a otra conducen a considerar las distancias angulares de los puntos del cielo a los que corresponden y su posición en relación al centro del cuadro, invitando de alguna forma buscar, si se tuvo en cuenta, las distancias polares de estas mismas figuras.

En fin, como el monumento mismo donde se dibuja el cuadro es sin duda muy anterior a la era cristiana, es natural, o mejor necesario, buscar el desplazamiento que ha tenido la esfera celeste a lo largo de tantos años, esto es, además, un medio de apreciar, bien la época del monumento, bien la de la representación astronómica.

Son todas estas consideraciones las que el autor ha marcado cuya opinión vamos a examinar, y se presentaban a los viajeros franceses tan pronto como se descubrió el zodíaco egipcio, y notablemente a Fourier, cuyas ideas a este respecto estan en la base de la mayoría de las investigaciones realmente sólidas del zodíaco.

Desde entonces Jollois y Devilliers han adoptado un sistema de proyección que tiene gran relación con el que Biot ha desarollado, y han reconocido que había un acuerdo satisfactorio, para la época a la cual pertenecía el edificio, entre el estado del cielo y el cuadro, quizás incluso hayan extendido la comparación más allá de los límites probables asignados por la naturaleza de las cosas. Hoy retrocedemos estos límites aún más lejos.

En lugar de detenernos en el punto de contacto entre el error y la verdad, perseguiremos rápidamente un primer aspecto, entrando en un amplio campo de incertidumbre, donde sabemos se cosecha lo falso y lo verdadero en una proporción desigual. A través de estas reflexiones generales ya he abordado la materia sobre el tema de nuestro sabio colega. La proyección de la esfera celeste ha sido realizada en un plano paralelo al ecuador. Cada uno de los arcos del gran círculo pasan por el polo boreal, y sobre ellos se sitúan las estrellas de las diversas constelaciones desarrolladas sobre este plano.

Las de la eclíptica han venido a situarse sobre una curva excéntrica al círculo que sirve de límite a la proyección, y así el diámetro de esta curva debe ser igual a ciento ochenta grados, esta misma amplitud debe igualar el radio del círculo que acaba el cuadro, y del que cada punto, por consiguiente, representa el polo austral.

Se trata de buscar en el cielo cual es el punto que los autores del cuadro han tomado como centro, y que era en su tiempo el polo boreal. El autor sólo ha puesto su atención en las estrellas, representadas en número de siete, por dentro o cerca de la curva extrema del zodíaco, y las ha mirado como si fuera la proyección matemática de tantos astros diferentes, ejecutada siguiendo un método exacto equivalente a las reglas de la trigonometría.

Entre estas estrellas, él eligió cuatro, que juzgó aparentemente más favorables a su propósito, y las ha reconocido por ser: Fomalhaut, Sheat, Arturo, Antares.

Después consideró los seis triángulos formados entre estas estrellas (juntadas por pares) y el polo desconocido, le fue fácil calcular la posición de la cima para cada uno de estos triángulos que resulta del cálculo de todas las posiciones concuerdan entre sí de forma sorprendente, y que la mayor diferencia corresponde a dos grados y medio aproximadamente. Esta situación del polo difiere mucho, por supuesto de la posición actual, y supone una época media de 716 a.C. La incertidumbre total sobre esta época es de cerca de 165 años.

Después de este primer resultado, el autor no tiene más que construir una proyección del cielo para este mismo tiempo según el método supuesto, y aplicando tal proyección sobre un dibujo fiel del zodíaco circular, ¿qué descubre?: Que sobre el cuerpo del León vienen a situarse las estrellas de Leo, que sobre la Virgen se sitúan las de la Virgo, sobre el cuadrúpedo que está en el polo, las de la pequeña Osa, y así varias más, de ahí concluye que, efectivamente, ha descubierto el sistema de proyección y también fijó correctamente la época celeste del monumento. No persigo exponer la memoria, que contiene muchos más puntos de vista muy ingeniosos, pero todos unidos a la explicación anterior, así que primero debemos hablar de ello, empezando por los datos que le sirvieron de base.

Orión es facilmente reconocible en el cuadro, su posición, su talla, su actitud animada, sus atributos, no dejan duda alguna. ¿Cómo es que ninguna estrella representa entonces, su brillante cinturón? La Hidra y el Cuervo bajo el león no son menos fáciles de distinguir, y ¿los egipcios hubieran desdeñado situar ahí un asterismo? Tampoco vemos estrella alguna para el Cisne, ni Casiopea, ni incluso para la pequeña y la Osa Mayor. Todo ello no es fácil de explicar. En fin, ¿cómo se explicará que ninguna de las constelaciones del zodíaco haya sido fijada por la proyección de una sola estrella, ni siquiera para Escorpión a pesar de que Biot haya dado una posición para Antares, la que debemos reconocer no se apoya en ningún fundamento. Así, ninguna estrella figurada, ningún asterismo, ningún signo cualquiera de posición marcaba el lugar preciso de los signos del zodíaco, ni servía para dibujar la eclíptica. Y todo ello en un sistema de ¡rigurosa proyección!

O me equivoco, o estas primeras objeciones bastarían para derribar la nueva hipótesis. pero veamos si podemos realizar otro tipo de examen.

Estas estrellas que el autor, por decirlo de alguna forma, las arrancó y sacó de un montón de personajes, de emblemas y de jeroglíficos, pertenecientes a unos grupos o leyendas formadas por tres o cuatro signos de la escritura sagrada. Forman parte integrante de ello, y no es posible separarlas sin descomponer la frase. Nada anuncia, y nada advierte que tengan otro uso más que el de sus caracteres, y el escultor no ha hecho nada por distinguirlas de los demás signos. ¡Nada más arbitrario que aislarlas para hacer de ellas unos astros!

Supongamos que estas estrellas hayan sido situadas cada una en su lugar, por la misma construcción, ¿no sería extraordinario que los egipcios las hubiesen dibujado dos o tres caracteres de escritura y alineado justo en la misma dirección, por encima o al lado de estas estrellas?

Y ¡qué decir de las ciento cuarenta y cuatro estrellas restantes conectadas a treinta y seis figuras o grupos en esta circunferencia, distribuidas sobre una línea circular perfectamente concéntrica al círculo exterior!

Esto no es todo, admitamos por un momento que los egipcios sólo hayan querido utilizar y fijar sobre su cuadro más que cuatro estrellas, las que son nombradas, ¡al menos deberíamos encontrarlas en un lugar que no se prestase a ninguna duda!

Arturo, siempre en este supuesto, estaría bien situada frente a la cabeza del personaje con cabeza de buey que separa Virgo de Libra (porque los viajeros franceses siempre han visto a Boyero en esta figura), y si la estrella en cuestión no formaba parte de la leyenda del Boyero, se admitiría sin dificultad que designara a Arturo.

¿Pero dónde vemos a Antares? en una figura que no es ni una estrella, sino un pequeño cono truncado, volcado, con forma de copa, como hay tantos en los cuadros egipcios, y semejantes al Modius de Serapis.

El zodíaco es frustrante en muchas parte, pero por desgracia para la opinión que combato, no lo es en absoluto en este punto, ya que no es posible encontrar una forma más directa, más fácil de reconocer. Cada uno puede convencerse de ello visitando el Museo Real. Así, cuando el punto de Arturo se representaba por una estrella, el escultor abandonó su sistema de representación astronómico, adoptaría para Antares únicamente la forma de una vasija. ¿Qué figura es la que está mejor representada en el zodíaco, más que el escorpión tan delicado, análogo al aspecto del cielo?

Pues bien, todo ello no es el Escorpión celeste, que debemos buscar a veinte y dos grados de su lugar, totalmente fuera y por debajo de la curva terminal del zodíaco. De tal forma que el corazón del escorpión está a un signo del centro del animal.

En vano veremos en la rigurosa proyección dibujada en el año 716, superpuesta al cuadro que todas las estrellas del Escorpión cubren esta pequeña figura que lleva el jarrón, y es evidente que este proceso haga recaer en algún lugar las estrellas de la proyección en un cuadro cubierto de personajes, no es de extrañar que algunas coincidan con la pequeña figura de la que se trata, a pesar de que esté situada tan lejos, por encima del Escorpión.

Llegamos así a la más importante de todas las constelaciones, el Can Mayor.[78] *Sería muy difícil que los egipcios hubiesen olvidado a Sirio, cuyo retorno anunciaba el reinicio del año rural y cuyo amanecer helíaco, observado asiduamente, estaba en la base del período sotíaco. Y, en efecto, los autores del cuadro no han fallado. El astro es muy aparente entre los cuernos de la vaca consagrada a Isis. Es grande, distinto, y está aislado, lo vemos situado por debajo de Cáncer, sobre el radio tangente a este animal.*

Todos los detalles que callo, para no abusar de la atención que me es prestada, confirman plenamente que es Sothis, o la estrella de Isis, la más brillante del cielo entero, y la que más importaba a los egipcios situar con precisión en un sistema de proyección exacto. Sin embargo, el método de superposición hizo caer a Sirio a catorce grados al este de la estrella que

---

[78] Constelación del Perro, Can Mayor.

vemos grabada entre los cuernos de la vaca, y en cuanto a la distancia polar, la diferencia es de veinte y siete grados. Cierto que aquí no vemos que la coincidencia confirme el sistema adoptado.

La estrella Canopus jugaba un papel importante en la antigua mitología astronómica, nuestro cuadro no tiene nada que se refiera a ella, si no encontramos la nave de los Argonautas, tenemos derecho a investigar, o el vaso canope, o cualquier emblema de Serapis, nada de ello es observado y la proyección de la estrella cae en un punto tal que no podemos concluir nada.

Así, el Escorpión imaginario recae a un signo entero del verdadero, Sirio, a mitad de un signo de Sirio, Fomalhaut, a 25° de Piscis austral, Sheat, lejos del cuadrado de Pegaso, ninguna estrella cae en Libra, en fin, Cáncer no está en Cáncer: está completamente fuera de su lugar, tal como Escorpión fuera del suyo. Esta gran quimera, que está cerca del centro y que, con cabeza de hipopótamo, tiene pies de león, brazos y pecho de mujer, algunas veces se ha interpretado como la Osa Mayor, a pesar de que más bien parezca responder al Dragón del polo, por su talla, su figura y su posición, esta quimera no tiene ninguna correspondencia en el sistema de nuestro colega.

Pero todo el mundo reconoce que esta figura es demasiado colosal para no responder a alguna gran constelación, como sería por ejemplo, Dragón, guardian del polo, que ocupa en el cielo, un espacio casi igual a 180°.

Creo que la proyección rigurosa que Biot ha calculado, y la reproducción a escala de la copia del monumento hace coincidir, bastante bien, cierto número de constelaciones con las figuras del cuadro como: Orión, la Osa Menor, Acuario, Capricornio, Tauro, las Pléyades, etc. Estas relaciones son seductoras, lo reconozco.

Pero la X y la Y de Libra no caen ni de cerca en los platillos, ni cae en el astil, la diferencia en la declinación es de más de 20°, las estrellas de la cola de la Osa Mayor, caen en un espacio vacío, lo mismo ocurre para la Ballena, la Lyra, el Águila, el Cisne. La espiga de la Virgen cae bajo sus pies, y su cabellera sobre la espiga, Perseo sobre el cuerno de Aries, Aldebarán, bajo el vientre de Tauro, Aries, junto a un jarrón y no una cabra, Andrómeda, sobre los peces y sobre el ojo de Osiris, y al fin, Casiopea, sobre un mono.

Todo se reduce a una consideración muy simple que es conforme a la realidad, el artista no procedió arbitrariamente, y los defectos de coincidencia fueron porque ha trabajado sin precisión. Él tenía seguramente la naturaleza o un modelo ante sus ojos, pero la copia que hizo no fue más que una imitación negligente, su objetivo no era hacer una imagen rigurosamente fiel, aún menos componer al azar o al capricho, en una palabra, ubicó las figuras, sin preocuparse de los puntos, ni de las líneas. ¡Así se explican las relaciones y las diferencias entre el cielo y el zodíaco circular!

Como mi intención no es disimular lo que está a favor del sistema, me presto a añadir que el autor ha creido observar sobre el limbo, unas indicaciones propias que confirmaban sus ideas. Es así, por ejemplo, que ha realizado la ingeniosa observación de siete estrellas situadas en el radio de las Pléyades. Él subrayó también, en la prolongación de Sagitario, siempre a la circunferencia, las tres brillantes de esta constelación.

Pero sus contenidos no soportan un examen serio, porque una gran estrella ocupa justo el lugar que pertenece a Acharnar en este caso en concreto. Nos sería pues cómodo proseguir la contradicción haciendo el examen aún más crítico. Pero es más rápido admitir las coincidencias de la proyección, y añadir que sería difícil que unas estrellas no cayesen sobre cualquiera de las numerosas figuras del platillo circular tan cargado con tan pocos huecos. Incluso podríamos decir que es sorprendente que no haya un mayor número de concordancias.

En el cuadro, como el cielo, Acuario vuelca sus aguas sobre la boca del pez austral: nunca jamás hemos tenido dudas sobre esta constelación, es pues a la cabeza del pez que debemos buscar probablemente Fomalhaut. Pero nuestro autor lo busca más allá, y lo descubre con felicidad entre ocho jeroglíficos, a 25° de distancia del centro de Piscis.

Añadimos que estos ocho signos estan totalmente fuera de las condiciones admisibles en esta cuestión, pertenecen a la zona extrema, perfectamente circunscrita por las leyendas de 36 a 37 figuras o grupos simétricos, extraños de algún modo a la escena zodiacal.

Quizás Sheat, al menos, esté situada en uno de los ángulos de lo que se llama el cuadrado de Pégaso (el rectángulo alargado que separa los peces), pero esta estrella está alejada de toda la altura de este rectángulo, está frente al centro, y no en la prolongación de uno de sus laterales, tan lejos de los ángulos como es posible.

En fin, podríamos dar cuenta de todas estas dificultades ¿por qué esta pretendida estrella representa a Sheat mejor que a Markab, Algenib o Andrómeda? Yo sé que aún creemos reconocer el cuadrado de Pegaso en una pequeña línea acodada, con un rectánculo imperceptible situado por encima de la estrella, pero ahí no hay nada de parecido a un cuadrado, y debemos decir que son unos signos de la escritura jeroglífica que sirven, junto con la estrella, de leyenda a la figura que separa los peces (Piscis) de Acuario. No añadiré nada más hasta que podamos leerlos con certeza.

Después del examen de las estrellas que sirvieron de base a la investigación de Biot, podría detenerme y ver sobre este punto la discusión acabada, pero aún me quedan por presentar varias objeciones, que no son menos graves que las que preceden. Desde el principio, dije que las siete estrellas estaban esculpidas en el interior de la curva zodiacal, de la cual el autor había elegido cuatro fundamentales y había apartado las tres restantes.

Sin embargo, debemos (si no la explicación sería inconsistente) ver que la proyección realizada tal y como he explicado, y aplicada al cuadro, hace coincidir aquí las estrellas reales. Y es lo que ocurre para la que está encima de la figura situada por encima de Capricornio. Según Biot, ahí estaría el Delfín, pero ¿sería probable que los egipcios hubiesen representado al Delfín, no teniendo más que siete estrellas a representar en todo el cuadro? Altair, que no está lejos de ahí, ¡tendría seguro derechos de preferencia! Además, esta estrella es el final de una leyenda, y ocurre lo mismo para las otras dos, una ocupa el centro del cuadrado de la Osa Mayor, la otra no tiene aplicación alguna.

En fin, ya que es seguro que los egipcios han situado en su cuadro las figuras que corresponden al Cuervo celeste, a Hidra, al Cisne, a Piscis austral, independientemente de las doce constelaciones, tenemos derecho a preguntarnos ¿por qué las estrellas no han sido conectadas por los autores del cuadro?, y ¿por qué también las de la proyección no se aplican a estas figuras, a las que debemos unir el Gran Can?

Sé que nuestro sabio colega introdujo en la pregunta el cálculo de las probabilidades y se preguntó si era posible atribuir a una causa fortuita el acuerdo tan atrevido que encontró en los diversos resultados entregados por el triángulo formado entre el polo, Arturo y Antares, por el triángulo entre el polo, Sheat y Fomalhaut, y por los otros cuatro triángulos más. Y después de haber encontrado la expresión matemática de la probabilidad final, que no excede la relación de uno a varias centenas de millones, él concluyó que era imposible que el azar haya producido tal encuentro.

A ello, la respuesta no es muy embarazosa: si de las cuatro estrellas suprimimos Antares, de la que acabo de demostrar su no existencia, la probabilidad disminuiría considerablemente, si de las tres que quedan, se retira a Fomalhaut, por causa de su distancia excesiva a Piscis austral, veremos otra disminución extremadamente grande.

Pero ¿qué será de la probabilidad de Sheat y Arturo? Si las volvemos a observar, Sheat está muy lejos de lo que es llamado el cuadrado de Pegaso. Sólo quedaría pues, la línea de Arturo al polo, de la cual no podemos sacar absolutamente nada, como mucho que el pretendido Arturo no sea más que ¡el final del texto de una pequeña leyenda relativa a Boyero!

Biot temiendo con razón acordar a los autores del zodíaco una ciencia demasiado amplia, pone de alguna forma una restrición a la idea que podríamos hacernos sobre una proyección rigurosa, cuyos elementos hubieran sido preparados y la construcción operada con sumo cuidado.

No han tenido otro mérito, dice él, que el de desarollar un globo celeste sobre un plano, siguiendo un cierto método. Sin duda, hoy no sería fácil, incluso para el más novato de los alumnos de nuestras escuelas, hacer esta operación mecánica, y el motivo es muy simple: ¡es que los globos ya están todos hechos! pero nuestro colega no nos ha dicho por qué arte los egipcios construyeron el globo celeste, tampoco nos ha explicado si el globo tenía al menos la dimensión que le supone el desarrollo. Es decir una circunferencia de 1,52 m. A esta escala, un grado ocupa una extensión de más de cuatro milímetros, y uno de los signos del zodíaco es, de media, de 0,126 m.

Habría probablemente una línea eclíptica, un ecuador trazado en este globo, y una de estas líneas o ambas estarían divididas a partir de su intersección común. Los cuatro polos estarían marcados, y las principales estrellas situadas más o menos como hoy, dentro de las figuras de hombres o de animales que conocemos u de otras figuras equivalentes. Sería al menos difícil hacerse otra idea de este globo antiguo, modelo del zodíaco circular de Dendera, la obra más ardua y más sabia que nos cabe pensar de primeras.

Cierto que hacen falta suficientes buenas observaciones celestes para conocer la posición relativa de los astros, de forma a reproducirlos sobre un globo donde un error de sólo quince minutos, ya era muy sensible. ¿Se habrían observado las distancias polares de las estrellas y sus distancias angulares, o sus declinaciones y sus diferencias en ascensión recta? Nada sería más curioso saber, además, ¿se podía por entonces medir el tiempo con cierta precisión?, y ¿qué instrumentos se habían conseguido para estos diversos elementos? Lejos estoy de poder abordar tal pregunta sobre la que tenemos tan pocos datos, y también de negar que los egipcios no estuviesen en estado de construir esta esfera.[79]

Pero es útil saber lo que, en la hipótesis de nuestro colega, éste concede a los autores del zodíaco circular. Si no insisto, será para no detenerme en ello. Sin embargo, él no cree que se deba tener en cuenta las ascenciones rectas en la posición de las estrellas en el monumento, esperando que la medida del tiempo fuese extraña para los egipcios, y pensó que sólo se debían considerar las distancias polares o las declinaciones.

Podríamos contestar que los autores que mejor conocieron el Egipto antiguo, afirman que hacían uso de clepsidras, relojes de agua donde el líquido era mantenido a un nivel constante de modo a desgranar los segundos. Pero este no es nuestro propósito, así que volvamos a observar las distancias polares, siendo muy extraño que sean exactas en la pretendida proyección.

Sólo citaremos dos ejemplos, Cáncer y el Cisne, cuyas imágenes no son confundibles, uno está demasiado cerca del polo, y el otro demasiado lejos. Es verdad que, en la opinión de nuestro colega, Cáncer no es el cangrejo tan bien caracterizado y girado en sentido inverso de todo el zodíaco, pero ¿quién aceptaría una hipótesis tan gratuita? En cuanto al Cisne, sería más bien el Águila el que correspondería encontrar, si el

---

[79] Quiero recordar aquí, a este propósito, que los habitantes de Ahâ-Men-Ptah, el "Corazón Primogénito" de los supervivientes llegados a Ath-Kâ-Ptah, Egipto, habían construido cerca de su capital, Ath-Mer, un "Círculo de Oro" de 7 km 200 de diámetro que era la reproducción zodiacal de la bóveda celeste. Es cierto hoy que los "Rescatados" lo reconstruyeron desde su llegada a orillas del Nilo, en Dendera. Es a este nivel que se sitúan en la actualidad **mis investigaciones** sobre el lugar. (**A.S.**)

constructor de la proyección hubiera usado la declinación observada y, por fin, Sirio varía de su verdadera posición en 27 grados de declinación.

Después de todo esto, ¿cómo buscar en este cuadro de los egipcios el desarollo entero de la esfera como Biot lo imaginó? ¿Cómo se les habría venido al espíritu representar la región celeste más austral de la que no tenían noción alguna? Además, ¿por qué procedimiento aún más defectuoso hubieran conseguido llegar a expresar un único punto por medio de una gran circunferencia?

¿Se dirá que las 36 figuras de la zona terminal son todas constelaciones?, cuando este mismo número no existe en el cielo en la parte austral más allá de Orión, sino que están acompañadas por una, dos, tres, seis, nueve, doce, e incluso quince estrellas ¡simétricamente dispuestas!, una nueva prueba de que no indican unos astros puestos en su lugar. Además, toda esta zona terminal está perfectamente distinguida del cuadro propiamente dicho, como será fácil demostrar, y es muy sospechoso que contenga constelación alguna en su lugar.

Es una idea ingeniosa haber buscado en la relación del radio del círculo al diámetro de la curva zodiacal, una confirmación del modo de proyección atribuida a los egipcios, pero esta relación no es la que Biot ha creido reconocer.

Si hacemos pasar la curva extrema del zodíaco por los pies del León y por los de Acuario, esta línea, de tal modo trazada, es casi circular y es la que en una distribución tan irregular, tan imperfecta, abraza lo más exactamente posible todas las figuras zodiacales, pero hace falta que su diámetro, no el de ningún círculo concéntrico, pasando por el centro de más de tres figuras, sea igual al radio de lo que llamamos el planisferio, ello es la condición de la proyección. Trazada de otra forma, incluso de forma arbitraria, esta curva no sería un círculo y nunca tendría su radio igual a la midad del círculo exterior.

En verdad, la naturaleza del monumento no permite exigir que tal condición sea rigurosamente cumplida, y es muy gratuitamente que deseamos imponerla, ya que por buenos motivos, sin duda, los egipcios han recogido y acercado considerablemente al centro Aries, Géminis y Cáncer, lo que hace trasladar mucho a Tauro de la curva terminal, e interrumpiendo por completo la continuidad de la línea circular. De este examen, resultará que no es posible comparar estas dos dimensiones, y que, por consiguiente, su relación sea la que sea, no puede iluminarnos sobre el sistema de proyección.

Deseo recordar otra observación muy curiosa de nuestro colega. He dicho que él ubicó a Sirio muy lejos de la estrella situada entre los cuernos del animal consagrado a Isis, pero debía haber añadido que su ubicación está en el mismo eje de un gran tallo de loto coronado por un gavilán sagrado, y que él llama, no sé muy bien por qué, una antorcha, cuando todo el mundo sabe que eso es el cetro de Osiris, a menudo coronado por un ojo, símbolo de esta divinidad.

Bien, este tallo está precisamente en el eje del cuadro, sobre una línea paralela al eje del templo, nuestro colega dice pues, que los egipcios pudieron usar el monumento para observar el amanecer de Sirio, y quizás han observado de tal modo el desplazamiento que padece este astro por el efecto de las perturbaciones celestes. Esta observación es ingeniosa, y merece ser verificada, pero para no prolongar las reflexiones, me limitaré a decir que hubiera sido imposible hacer uso de esta alineación mirando a lo largo de los laterales exteriores del templo, las condiciones de la arquitectura egipcia se oponen a ello rotundamente, ¿quién no sabe que las fachadas laterales de los templos están construidas bajo una fuerte inclinación? Sea lo que sea, pienso que hay un motivo más sencillo para que el símbolo de Osiris, emblema característico, esté situado sobre el mismo eje del cuadro, es decir, el más evidente.

Quizás propongamos nuestras ideas sobre este tema, intentando en nuestras investigaciones mantenemos a lo que se pueda conciliar con la verosimilitud y con las nociones más

certeras que se hayan recogido hasta hoy sobre la ciencia y las artes de los egipcios, porque, lo diremos para acabar, se trata aquí de uno de los problemas que exigen los máximos datos y las más diversas condiciones para ser abordados con éxito, y no sobran los años de estudio y de meditación para tener derecho de anunciar, no los resultados evidentes como los de geometría, sino una plausible conjetura, cuyos elementos y sus bases no puedan ser contestadas por nadie.
Diremos también, con alguna satisfacción, que todas las discusiones van en favor de la verdad. No hace tanto se protestaba a los viajeros franceses de la expedición este resultado de sus investigaciones: Saber que el zodíaco de Dendera era muy anterior a los griegos.

Hoy, que hemos visto el original, nadie desea mantener que es obra de los griegos ni de los romanos, al contrario, se concede generalmente reconocer all zodíaco egipcio las formas que estos dos puebos nos han dejado. Pensamos que han tomado prestado el orden, los nombre y las figuras, ¿No será por ello que Fourier y los viajeros franceses adelantaron ya en 1802, a su regreso a Europa? Convenimos igualmente que el zodíaco circular, en particular, expresa una cierta aproximación (pero sin exactitud matemática) a la posición relativa de las principales constelaciones.

Por ello, en resumen, sólo debemos felicitarnos por el giro que la pregunta ha tomado desde hace dos o tres meses, y no podría, sometiendo mis dudas a nuestro sabio colega, más que felicitarlo sobre la sagacidad con la cual haciendo abstracción de la opinión contraria, reconoció a su vez la antigüedad del zodíaco egipcio, si, por una elección poco rigurosa en las bases de su trabajo, no hubiera contribuido, quizás, a establecer un tipo de descrédito sobre el estudio de estos monumentos considerados como productos de la ciencia astronómica."

Esta reproducción del documento demuestra el antagonismo y la combatividad que existía en 1822 sobre el monumento que era el planisferio de Dendera. La reflexión que podemos hacernos es que ninguno de estos sabios y personalidades eminentes admitían la remota antigüedad del zodíaco ni inteligencia alguna a los Egipcios, ¿cómo explicar todos los contenidos de los dibujos astronómicos, matemáticos y religiosos que se pueden reconocer? ¿Quién los habría inventado, ya que ni los griegos, ni los romanos eran capaces de ello?

Sería mucho más fácil admitir que este renacer del Conocimiento y del Saber, con el renacimiento de los supervivientes en Ath-Kâ-Ptah, Egipto. En las orillas del Nilo, en Dendera, en el único meandro del Nilo fue construido un "segundo Círculo de Oro de iguales medidas", cuyas ruinas esparcidas han tomado el nombre el "Gran Laberinto" y han sido situadas desde milenios en diferentes lugares de Egipto.

El planisferio era la antecámara de los novicios de la escuela de aprendizaje: "La Doble Casa de Vida de las Combinaciones Matemáticas Divinas". Ahí se formaban los futuros iniciados, los Guardianes de la Fe Original y de las Leyes que permiten vivir en armonía con el Creador. Ellos eran guías dispensadores del Conocimiento.

CAPÍTULO UNDÉCIMO

LA ZODIACOMANÍA

"En oposición a estas observaciones, los defensores de la antigüedad egipcia pretenden que el defecto de concordancia entre el zodíaco y el calendario de los trabajos rurales a orillas del Nilo, proviene de un error de cronología, suponiendo una fecha muy reciente para la comparación que debe ser tomada entre las posiciones de las constelaciones y las estaciones".

H. Spoontown, Periodista en la British Review

Antes de concluir con un último capítulo esta compilación de diferentes opiniones emitidas a propósito del planisferio de Dendera, he aquí un texto elegido entre unos centenares de artículos de periódicos y revistas. Se trata de un texto escrito por Spoontown, en febrero de 1817, en la British Review, cinco años antes de la llegada del monumento a París. Este artículo era una respuesta muy crítica a un libro editado poco antes por un sabio sueco.

Se debe comprender que el mundo entero, en este momento, se sentía bajo la obsesión de una zodiacomanía virulenta, y el que no tuviese opinión precisa sobre este tema, incluso para un simple habitante de la ciudad era considerado como anormal. He aquí el contenido íntegro de este artículo:

"El origen de la esfera celeste, y el significado de sus extrañas figuras enigmáticas, en las que las estrellas han sido agrupadas en cualquier época alejada y desconocida, es el tema de una ingente cantidad de investigaciones de los sabios y de fabulosas fantasías. El enigma sigue suspendido sobre nuestras cabezas. Ningún Edipo ha sido lo suficientemente inteligente para

descifrarlo, ni ha satisfecho nuestra curiosidad desvelándonos el misterio que tantas generaciones han abrazado.

Entre los que han imaginado tener fortaleza suficiente para emprender tan ardua y arriesgada tarea, sólo hemos encontrado un escritor ni más de fiar, ni más suficiente, ni más alegremente presuntuoso, ni más hinchado de una amplia esperanza que este autor sueco, que ya se había distinguido por la publicación de varias obras, una de ellas el "Zodíaco Explicado" y una "Memoria relativa a la esfera Caucásica".

Sería con el mayor placer que le entregaríamos los laureles a los que aspira, sin duda, pero una sana justicia nos impide con fuertes preceptos obligándonos a dar a C.G.S.[80] el mismo trato que han tenido sus antecesores. Sin embargo, debemos observar, que entre el gran número de conjeturas abundantes en su obra, hemos encontrado varias reflexiones ingeniosas y sanas, de tal forma que aprovechamos la oportunidad de presentar más adelante una parte de estas reflexiones a los lectores.

La historia de la astronomía ha sido en Francia, desde hace tiempo, el tema preferido de todos los que se han ocupado de la filosofía natural, y desde que el sabio Bailly publicó su famosa obra sobre este tema, parece que una especie de envidia se instaló de unos hacia otros para vanagloriar la antigüedad de esta ciencia, que sin duda es muy antigua.

Las memorias de las "Academias de sabios de París" enumeran varios ensayos que intentaron hacer retroceder el origen de la astronomía, así como la de la cronología de los antiguos, más allá de los límites de toda probabilidad. Freret consiguió los aplausos de sus colegas apoyando estas extravagantes pretensiones de forma engañosa, y Dupuis se creyó muy

---

[80] Se trata del sabio sueco C.G. Swartz, autor del *Zodíaco explicado* y de las *Explicaciones relativas a la Esfera Caucasiana*. El texto francés de este capítulo es literal y se han reproducidos todos los giros, incluso bruscos, del periodista inglés.

moderado cuando reclamó 13.000 años de antigüedad para las constelaciones actuales que indicaban la marcha del sol.

Este sistema fantástico, basado principalmente sobre fechas falsas y mantenido por razonamientos no concluyentes a pesar de ingeniosos, encontró pocos partidarios entre nuestros lentos y flemáticos compatriotas. Sin embargo, estamos informados que algunos filósofos en el Norte,[81] donde el fermento gálico ha dado a los cerebros más ligereza y efervescencia, lo encontraron a su gusto a pesar de que su número nunca ha sido muy considerable, y sus nombres, exceptuando uno, no han sido muy distinguidos.

Tres naciones han persistido en superar a las otras en antigüedades históricas y en progresos científicos. Apenas necesitamos nombrarlas, los chinos, los hindúes, y los egipcios. Las pretensiones de las dos primeras han sido perfectamente discernidas y juzgadas. El conocimiento bien adquirido de los chinos nos enseñó que sus títulos de ciencias profundas no son más que malabarismos e imposturas, en cuanto a los hindúes, es conocido que sus famosas tablas, las que Bailly suponía que incluían un sistema de observaciones realizadas más o menos unos 4.000 años antes de la era cristiana, se cuentan hacia atrás y nunca representaron la verdadera situación del cielo en ninguna época rigurosamente histórica.

La antigüedad de Egipto es la única que aún no hemos podido sondear, y como los descendientes del tres veces grande Hermes, desde hace tiempo han desaparecido de la tierra y su idioma y ciencias perecieron con ellos, no podemos esperar encontrar testigos vivos, tal y como ocurre para los otros dos que pueden traicionar sus secretos, y quizás no tendremos jamás la felicidad de descubrir la llave de sus misterios. Sin embargo, nos complacemos con la esperanza de que un profundo exámen de los materiales que poseemos, nos darán su fruto, y podemos

---

[81] Para el periodista londinense el Norte es Escocia, provincia considerada a la época como "casi tan sabia" como la de Londres.

predecir que los lectores adoptarán las mismas opiniones, si se toman la pena de prestarnos su atención mientras que escudriñamos esta materia con el fin de observar que dos o tres hechos nos sacarán de dudas y que el origen de las artes en Egipto se remonta a una época comparativamente poco lejana.

Empezaremos por poner ante sus ojos todas las bases sobre las que nuestros adversarios construyen su edificio aéreo. Es bien conocido que la posición del sol en los solsticios y en los equinoccios cambia un grado a lo largo de 72 años, y que las relaciones entre las estaciones y el cielo están sujetas, por consiguiente, a unas alteraciones considerables a lo largo de una extensa sucesión de años. Dentro de poco más de 6.400 años, las constelaciones en las que el sol está situado en el solsticio de verano serán ocupadas por el equinoccio de primavera, el colure equinoccial de forma sucesiva ha retrogradado a través de un cuarto de eclíptica.

Así pues, si las relaciones de los puntos del solsticio y del equinoccio con unos asterismos de la eclíptica podían ser distintamente marcadas en un zodíaco cualquiera, sería fácil determinar la época en la que ese zodíaco fue establecido, o al menos, la que las figuras fuesen destinadas a indicar. En los templos del Alto Egipto, región que ha sido explorada en particular desde la invasión de los franceses en este país, las constelaciones zodiacales han sido encontradas dibujadas en varios lugares, y los signos ascendentes parecen suficientemente distintos de los descendientes para poder determinar aproximadamente el lugar de los solsticios.

Algunos astrónomos, a través de la investigación de las ruinas, se han atrevido a decir que las artes y las ciencias habían llegado a su más alto punto de perfección en el Alto Egipto, en una época muy anterior a la fecha de la creación del mundo según la cronología de los escritos hebraicos, y antes de la era del diluvio, según la cuenta la más remota de la versión de los Septante[82]

Otro ensayo de la misma naturaleza ha sido fundado sobre una supuesta interpretación de los emblemas del zodíaco, considerado según acuerdo unánime de los anticuarios, como un tipo de calendario rural preciso. Es por lo que las figuras de los signos suponían presentar una relación, o directa, o simbólica, con las operaciones agrícolas y las de diferentes estaciones del año con las que parecían concordar en el momento de su primera invención.

Por consiguiente, Dupuis adelantó, y se ha mantenido la misma opinión por algunos miembros sabios del Instituto de Francia, que la interpretación de este calendario siguiendo este principio ofrecía pruebas evidentes de que tenía al menos 13.000 años de antigüedad, o que fue construido por primera vez cuando Capricornio presidía el solsticio de verano.

Estos dos sistemas están considerados sostenerse mutuamente y conducir el conjunto a una solución cuyos partidarios son adulados con falsa modestia. Vamos a examinarlos detenidamente sin prejuicio alguno, y valorando los argumentos que los sostienen intentaremos llegar a un resultado satisfactorio e imparcial.

Debemos reconocer que Egipto presenta los hechos de mejor base hacia la invención de la astronomía y de esta esfera celeste cuyo conocimiento se nos ha transmitido a través de los griegos. Sabemos que los egipcios de la antigüedad eran un pueblo civilizado que poseía una monarquía poderosa desde los tiempos de José, es decir dieciocho siglos antes de nuestra era. Sin embargo, no existe ninguna nación, exceptuando a los judíos, cuyos anales auténticos remontan a una época tan

---

[82] La Septuaginta es una traducción de la Biblia hebrea al griego koiné. Según una tradición informada en la Carta de Aristea (siglo II a.C.), la traducción de la Torá fue realizada por 72 traductores en Alejandría, alrededor del año 270 a. C. a petición de Tolomeo II.

tardía. Sabemos que los egipcios cultivaban la astronomía desde la más remota antigüedad, es un hecho. La posición de las pirámides, cuyas cuatro caras están situadas de forma a corresponder con los cuatro puntos cardinales del cielo, demuestra que ya se prestaba atención a los problemas cósmicos en la época en la que esos maravillosos monumentos fueron edificados de forma geométrica.

Herodoto nos informa que los sacerdotes de ese país se atribuían unánimemente la primera invención de la astronomía y la más antigua división del zodíaco en doce partes. Las constelaciones mismas están representadas al estilo de las pinturas simbólicas de Egipto. La distribución de las estrellas y de las figuras de hombres y animales nos recuerdan las esculturas que decoran los templos y los zodíacos de la Tebaida. Y si alguna vez conseguimos descifrar esos jeroglíficos, podremos leer e interpretar las verdades o las ficciones que están representadas en la esfera.

La veneración que les fue dada a los animales vivos por los egipcios estaba, según Lucien y otros autores, en relación con el culto dado a los que estaban pintados en el cielo estrellado. Estas constelaciones y muchas otras, ofrecen una fuerte presunción para que sea Egipto la cuna de la astronomía y el país donde las estrellas fueron en su origen agrupadas en constelaciones.

Sin embargo, los egipcios no tuvieron el honor de disfrutar de su fama sin envidias ni oposiciones. Algunos autores han reclamado el honor para los griegos, y han llegado hasta nombrar el autor de dicha célebre invención: el centauro Quirón, personaje muy conocido al que se le supone haber realizado la esfera para uso de los Argonautas que levantaron velas hacia la Cólquida para buscar el Vellocino de Oro.

El centauro es un ser singular, tanto que no sabemos cómo hablar de sus pretensiones, además nos vemos muy sorprendidos que se haya podido argumentar con sentido y aún más que Newton las haya aceptado. Nos es imposible *comprender cómo un monstruo como el centauro pudo manipular instrumentos astronómicos con suficiente exactitud como para señalar los colures y medir los grados de declinación. No creemos caer en un escepticismo altivo situando los descubrimientos astronómicos de este instructor cuadrúpedo, hijo de Peleo, en la misma categoría que las de sus sorprendentes curas en la profesión de oculista. Simplemente suponemos que si los griegos hubiesen tenido pretensiones fundadas en honor de ser los inventores de tal ciencia, al no tener demasiado modestia, no hubieran faltado en apropriársela. Heródoto debía saber si había algo de verídico en esa creencia de que la astronomía nació en Grecia, y sin embargo, nunca habla de ello, al contrario, nombra sin reserva alguna los derechos de los sacerdotes egipcios apuntando que los griegos no eran más que niños en todos los aspectos de los conocimientos humanos.*

Con estas observaciones, los defensores de la antigüedad egipcia pretenden que la falta de acuerdo entre el zodíaco y el calendario de los trabajos del campo en las orillas del Nilo viene de un error en la cronología, basada en una fecha demasiado reciente para la comparación que debería hacerse entre las posiciones de las constelaciones, sus simbologías y las estaciones del año. Estos autores mantienen que si hacemos la retrogradación hacia el tiempo en el que el solsticio de verano estaba bajo el signo de Capricornio, encontraremos que los signos concuerdan exactamente con las estaciones. Demuestran incluso alguna sutileza de espíritu demostrando que su explicación de los signos confirma esta hipótesis.

Ofreceremos a nuestros lectores la oportunidad de juzgar ellos mismos la probabilidad de esta conjetura, detallando las alusiones que los doce signos del zodíaco deben contener. Los tres primeros signos, empezando por Capricornio contienen símbolos que se relacionan con el agua.

Capricornio tiene la cola de un pez en los antiguos zodíacos, al igual que en los antiguos planisferios del Alto Egipto, y el mismo signo está representado sobre la esfera hindú con la figura de un monstruo marino.

Aquario, que viene a continuación, y los Peces también tienen un significado evidente. Si alguna vez estos tres signos presidieron los tres meses que siguen al solsticio de verano, se puede suponer que los emblemas podrán ser aplicados con gran probabilidad al estado de Egipto en esta estación, refiriéndose en primer lugar a la crecida natural del Nilo que empieza exactamente en este período, en el cual las aguas y la tierra parecen disputar el imperio, caracterizado en segundo lugar como un río en todo en país, y en tercer lugar, indica la situación de una sumersión perfecta del país, ya cambiado en mar; mientras que el mismo símbolo puede ofrecer una segunda alusión a la existencia indolente y pasiva de los habitantes durante esta época.

La estación en la cual, después de la retirada de las aguas, las bestias recuperan la libertad de volver a sus pastos está representada por Aries, el conductor del rebaño. En el quinto mes después del solsticio los egipcios, según Diodoro de Sicilia y Plino se tenía la costumbre de iniciar los trabajos de agricultura. Sus bueyes eran atados al arado, Tauro parecía ser el emblema más natural para esta época de trabajos rurales. Horus-Apollon nos dice que el cuerno de un toro era el emblema que expresaba la agricultura en la escritura jeroglífica. El suelo prolífico de Egipto permite que crezcan las producciones bajo la influencia benigna de un sol africano, la representación de dos cabritas o de dos niños gemelos, responde al signo de Géminis, y nos lleva, por medio de una alusión muy justa, a la estación en la cual toda la naturaleza vuelve a nacer. Después de que el sol llegue al punto más alejado de su recorrido, es decir en el solsticio de invierno, vuelve sobre sus pasos. Este movimiento retrógrado está simbolizado por un cangrejo según la conjetura específica de los astrónomos.

Al mes siguiente, el trigo empieza a madurar y a dorarse, todas las producciones organizadas en la tierra parecen adquirir su esplendor. El León con su dorada crin, el animal más fuerte de la creación animada, será el símbolo para este mes. Virgo que tiene en su mano una espiga de trigo, lleva con ella una clara alusión a las cosechas. Los vientos pestilentes de los meses siguientes son indicados por el venenoso escorpión que puede significar los vientos del verano que preceden el regreso de la inundación, o bien puede caracterizar la época en que los pueblos de Egipto se disponían a realizar alguna expedición militar.

Sabemos por supuesto que esta comparación se apoya en semejanzas engañosas. Si alguna vez el zodíaco sirvió como calendario rural para Egipto, la cuna de la astronomía, jamás tendremos otra oportunidad razonable para determinar el método más exacto para hacer corresponder los signos a las estaciones. Y a fin de hacer concordar las partes del zodíaco en esta relación con las divisiones del año, nos vemos obligados a retroceder a 130 siglos antes de nuestra era, y acordar a las ciencias en Egipto una antigüedad que ni está de acuerdo con las Sagradas Escrituras, ni con las indicaciones generales de historia profana. Quizás sea a estas consideraciones a las que se les debe atribuir el motivo secreto de esta aprobación y la fuerte defensa que este sistema ha encontrado en algunos miembros del Instituto de Francia, que no son ni demasiado enemigos de las novedades, ni están alejados de cualquier insinuación que tiende a elevar las dificultades frente a las opiniones recibidas. Sea lo que sea, esperamos que los lectores vean fructífero el tiempo que dedicarán al examen del pequeño número de observaciones destinadas a demostrar la trivialidad de tales conclusiones.

La primera que se presenta está expuesta por nuestro autor. La precisión de los equinoccios, que realizan un continuo cambio en relación de las estaciones a los signos, debe necesariamente en cierto espacio de tiempo, destruir cualquier aplicación de una serie de emblemas asociada a los asterismos. El zodíaco observado como un calendario rural destinado a dirigir un pueblo en sus que haceres agrícolas, necesita una corrección de vez en cuando, y nuestro autor dice a propósito:

"Desde luego que si el pueblo egipcio hubiera podido seguir utilizando durante 13.000 años un calendario que cada siglo se desnaturalizaba materialmente, sin realizar reformas, o sin volver a establecer sus correspondencias, en lugar de ser admirado como el más instruido de la antigüedad, hubiera sido al contrario considerado como el más estúpido que hubiera existido jamás".

En tanto que las series de las figuras zodiacales tuvieran un significado, y fueran observadas como calendario nacional, debemos suponer que el pueblo del que regulaban los trabajos debía tener la precaución de que la concordancia fuese mantenida en orden con la naturaleza. Sabemos a través de astrónomos griegos que en la época en que los filósofos de su nación fueron iniciados en las ciencias de Egipto, el signo de Libra, emblema de la igualdad, designaba el equinoccio de otoño, esta figura era combinada con la constelación, ya que el equinoccio llegaba cuando el sol había penetrado en esta porción de la eclíptica. Pero según la hipótesis que acabamos de nombrar, Libra designaba en un principio el equinoccio de primavera. Nosotros estamos inclinados a pensar, que en su origen, tenía un sentido preciso, que había sido mantenido en el zodíaco más allá de 10.000 años después de haber perdido su significado, por culpa de la precesión de los equinoccios, y que después de tal intervalo de tiempo, por puro azar, ocurría que volvía a ocupar el lugar de su primer significado, exactamente en el momento en el que los griegos empezaron a estudiar astronomía. Tal hipótesis necesita la concesión benévola de tantas condiciones improbables que merece ser refutada.

Otra objeción que algunos lectores estarían dispuestos a hacer contra esta extraña aunque ingeniosa teoría, consiste en que los astrónomos egipcios no podían ser ajenos al conocimiento de la precesión de los equinoccios, si la división de la eclíptica había sido adoptada desde un período tan remoto como se le supone. Sin embargo, los antiguos atribuyen de forma unánime el descubrimiento de este fenómeno a Hiparco. Debemos reconocer que esta observación es muy relevante, si no se pudiese contestar con toda seguridad a través del examen de ciertos zodíacos de la Tebaida, que describiremos a continuación, que el cambio en la posición de los colures no era desconocido para los astrónomos nacidos en Egipto, a pesar de que los griegos no habían adquirido su conocimiento antes del momento en el que fue comunicado a Hiparco, el cual según las referencias de sus compatriotas se otorgó el honor del descubrimiento.

Además, los símbolos en sí se han visto sometidos a tantas alteraciones en diferentes países y en diferentes épocas, que no podríamos asegurar que el zodíaco egipcio contenía exactamente la serie de emblemas que sirvió de base al razonamiento siguiente: Es cierto que, incluso en los zodíacos encontrados en los templos del Alto Egipto, y reconocidos por haber sido establecidos recientemente en comparación de la remota fecha atribuída al sistema astronómico, ya descubrimos un defecto de concordancia. Virgo tiene en su mano una rama de palmera en lugar de una espiga de trigo, y por consiguiente el símbolo supuesto de la estación de las cosechas se omite por completo. Veremos discordancias del mismo tipo, si seguimos el exhaustivo examen.

Estas consideraciones deberían bastar para impedir tener confianza alguna en el sistema de las coincidencias que acabamos de esbozar, como conteniendo una interpretación auténtica de los símbolos del zodíaco, parece al contrario, que debemos buscar los motivos para su completo rechazo, considerando que está acompañado por una pretensión tan desmesurada como la suposición de 13.000 años de antigüedad para la astronomía egipcia. Pero si alguno de nuestros lectores se sintiera dispuesto a adoptar este sistema, estamos en disposición de darle un método que el mismo Dupuis propuso y que le permite dar una cronología más probable.

Acabamos de suponer que el orden de las estaciones estaba representado por una serie de figuras, y que cada una de ellas era un emblema de la estación que regía mientras que el sol ocupaba en realidad la constelación que respondía a la figura. Sin embargo, parece probable que los más antiguos astrónomos regulaban sus calendarios, no siguiendo las constelaciones en las que el sol estaba situado, y que por este motivo les estaban escondidas, sino según la sucesión según la cual las constelaciones se revelaban acrónicamente, es decir, que se representaban en el cielo en oriente, en el momento en el que el sol se ponía en el occidente. Aratus y Macrobio escribieron para asegurar que era la más remota forma adoptada por los filósofos que observaban la naturaleza.

Así, los emblemas de las estaciones hubieran sido originariamente configurados en los asterismos que se situaban exactamente en oposición al sol. Si Tauro estaba de tal forma dispuesto, un tipo de jeroglífico que representaba la época del inicio de los trabajos agrícolas, es probable que este símbolo fuera en el origen unido al grupo de estrellas que aún hoy se distingue por ese dibujo precisamente en el momento en el que este grupo formaba la parte más brillante de las constelaciones de la noche. El lugar del sol estaba al mismo tiempo en la parte opuesta de la eclíptica.[83] Si este principio fundado en los testimonios más auténticos es adoptado, estamos dispuestos a abarcar todas las interpretaciones de los signos del zodíaco de los que hemos dado un esbozo en las páginas anteriores.

Capricornio, Acuario y Piscis, pueden reprensentar los tres meses de inundaciones del Nilo. Aún hoy, la constelación de Capricornio se eleva acrónicamente[84] alrededor del solsticio de verano, en la estación en la que el Nilo sale de su cauce, cuando el lugar del sol está en el Cangrejo. Y de esta marcha astronómica no se puede deducir ningún argumento que demuestre que el zodíaco es más antiguo que la guerra de Troya.

---

[83] Aprovecho este pasaje nebuloso donde nuevamente el autor intenta hacer coincidir una descabellada teoría para rellenar una laguna incomprensible para él. Exteriorizo mi sorpresa, ya que hubiera sido fácil aceptar el cataclismo y el giro del eje terrestre que hizo que se levantara el sol ahí donde antes se ponía. Lo escribió también Heródoto. (¡sic!).

[84] Astro que nace al ponerse el sol y se pone cuando éste sale.

Otra prueba más de que la astronomía de Egipto no es tan antigua como se pretendió, puede ser extraída del cómputo del gran año en el período sotíaco. Sin embargo, es cierto que se iniciaba en el solsticio, y que tomó su nombre y su origen del amanecer helíaco de Sirio, llamado Sothis. Pero es esta misma unión, entre el amanecer helíaco de Sirio y el solsticio de verano, lo que demuestra que este período célebre sobre el que reposa la cronología egipcia y con la cual la pretendida sucesion de treinta dinastías estaba íntimamente relacionada, es apenas más antigua que la auténtica historia de las demás naciones, y se encierra por completo en los límites cronológicos de las Sagradas Escrituras.

Vamos a ofrecer a continuación algunas observaciones sobre los zodíacos que estaban en los templos de la Tebaida, y deseamos demostrar que su antigüedad ha sido muy exagerada, y que las pretensiones de los que apoyan lo contrario son tan falsas como los ensayos que han sido realizados para convertir los signos en una tabla de emblemas rurales, o en un calendario jeroglífico. Los zodíacos de los que deseamos hablar son, por supuesto, los de Tentiris, pero también los de Esna que son nombrados por Denon y perfectamente descritos por Hamilton.

El León está situado como el último de los signos ascendentes, y al inicio de los signos descendientes vemos la figura de una esfinge. El verdadero significado de este emblema es desconocido, pero bien parece ser una modificación de la figura del león, y parece que ha sido esculpida en este lugar por el mismo motivo que el escarabajo de Tentiris, quizás con el efecto de indicar que el solsticio llegaría mientrsa que el sol aún estaba en el signo del león. Si tal es el principio de la construcción de este zodíaco, y se diría que es imposible asignarle una causa más probable, no existe ninguna prueba, o incluso ningún motivo para sospechar que tenga fecha anterior a los 4.000 años.

Así pues la antigüedad que se le asignaba se desvanece, y su origen quizás pueda ser fijado en los límites de la cronología de las Santas Escritura, concediendo incluso (lo que aún no se ha demostrado bien) que este zodíaco haya sido construido con vista a coincidir con el verdadero estado del cielo, lo que está más allá de lo que podemos afirmar. Sabemos que los astrónomos de Asia tenían la costumbre de calcular hacia atrás las posiciones de los cuerpos celestes para épocas muy remotas. También sabemos que los egipcios amaban combinar las grandes épocas de la sucesión de sus dinastias con el inicio de ciertos períodos astronómicos. Por ello, no es imposible pensar que este monumento no haya tenido tal propósito y se haya creado para representar una supuesta posición de los cuerpos celestes en el inicio de cualquier ciclo imaginario, o de cualquier período histórico.

Es natural esperar ciertos datos sobre estos oscuros objetos en las obras de los astrónomos griegos que realizaron sus estudios en Egipto antes de la destrucción total del saber y de la filosofia en este país. Si el zodíaco contiene una serie de jeroglíficos egipcios, es probable que los astrónomos griegos hubieran adquirido el conocimiento del significado de algunos de ellos, y podrían darnos la clave para poder fijar las posiciones de los solsticios y de los equinoccios. En efecto, esta parece haber sido la intención de Macrobio que intentó explicar dos símbolos de forma que los unió a los solsticios. Dijo:

"el cangrejo es un animal que se mueve de lado o hacia atrás."

Al igual que el sol que habiendo llegado a este símbolo, inicia un curso retrógrado y desciende oblicuamente. En cuanto a la cabra, su forma de buscar la hierba es siempre subir y escalar las alturas, es de tal forma que el sol, después de haber alcanzado Capricornio, empezó a abandonar la zona inferior de su curso y vuelve hacia una más elevada.

Si pudiésemos estar seguros de que estos signos indican el sentido que se les da en el famoso pasaje que acabamos de nombrar, ello determinaría en seguida la posición de los puntos solsticiales, y obtendríamos algunos datos seguros sobre la fecha del zodíaco, pero la interpretacion dada a estos símbolos se siente triste en su aplicación a la astronomía egipcia ya que el Cangrejo falta por completo en los antiguos templos de Tentiris y Esna, y que su lugar está ocupado por un coleóptero, vulgarmente llamado escarabajo, figura que se ve con frecuencia entre los jeroglíficos. En cuanto a Capricornio, parece una cabra en su parte delantera, y su parte trasera es una cola de pez, demuestra que representaba algún animal acuático, y que en consecuencia no podía tener el sentido que le atribuye Macrobio.

Después de todo lo que se ha dicho, Libra es el único símbolo cuyo significado puede ser seguro, ya que parece indicar con toda claridad la igualdad de los días y de las noches, característico del equinoccio. Se han alzado dudas sobre la antigüedad de Libra, que se reconoce haber sido introducida en el calendario romano por Julio Cesar. Sin embargo, ya era conocida en una época más remota por los astrónomos de Grecia y Egipto, a pesar de haber sido nombrada de forma diferente por los primeros, debido a que la forma de una balanza fue representada como suspendida a la garras de un escorpión, extendiéndose en el espacio del signo vecino.

Está fuera de toda duda, Libra era en efecto un signo del antiguo zodíaco, y el sentido atribuido a este emblema es tan natural y tan evidente que podemos considerar que está como el único punto bien establecido entre la confusión y la incertidumbre que rodean casi todos los demás problemas referentes a la historia de la primera época de la astronomía.

Como ya hemos observado, existen varios hechos que indican que el colure del solsticio pasaba por la constelación de Leo en una época muy cercana a la invención de la astronomía. Pero siguiendo el método actual de ordenar el zodíaco es imposible que el colure de los equinoccios pasase por Libra al mismo tiempo que los solsticios pasaban por el León. Esta dificultad desaparece en cuanto pensamos que en el momento en que el curso del sol por primera vez fue trazado entre las estrellas, el zodíaco ya no estaba dividido como lo es actualmente, en doce porciones iguales, con unos límites puramente ficticios. Los departamentos correspondían probablemente al origen con los lugares ocupados por las doce grandes constelaciones de la eclíptica, de la que recibían su particular denominación, y que por consiguiente eran de diferentes tamaños. Es imposible negar aquí que la distribución de las estrellas en algunos grupos, combinados con varias figuras, no sea más antigua que la astronomía científica. Las constelaciones cerca del curso solar fueron formadas y distinguidas por nombres mucho antes de que los colures fueran marcados sobre la esfera, y antes de que ninguna división se hubiera realizado de la eclíptica en doce partes iguales.

Este propósito se demuestra claramente en el tratado al final del artículo. Nuestro distinguido autor sueco observa que las constelaciones zodiacales están en varias ocasiones conectadas a las extra zodiacales. Los asterismos que dieron nombres a los doce departamentos no están exactamente situados en la eclíptica, algunos están situados en el norte, en el medio de esta línea.

Es probable que todas las constelaciones, tanto zodiacales como extra zodiacales, sólo formen un sistema de representación simbólica, la división en doce parte tuvo que ser posterior a la configuración de las constelaciones y combinada con ellas. De ahí, parece evidente que las divisiones de los departamentos del zodíaco eran desiguales en su origen. En efecto, este punto demostrado por la declaración conocida de Hiparco, así como que el círculo de la eclíptica era dividido de forma desigual en los zodíacos más antiguos. Siguiendo los espacios por las doce constelaciones, ya no es difícil comprender cómo el solsticio ocurría mientras que el sol estaba en Leo, y cómo en el mismo año el equinoccio tuvo lugar en Libra, antes de que el sol la hubiese cruzado por completo.

Leo es una constelación muy extendida, y el solsticio no la atravesaría apenas en 3.000 años.[85] *Libra, en cuanto a ella,*

---

[85] La exposición de este periodista inglés es verdadera en el sentido de que en el planisferio antiguo, el "Círculo de Oro", la constelación de Leo representa 36° de la eclíptica. Es la más larga con la de Virgo de igual dimensión. Pero su duración total en

ocupa un espacio más pequeño, y la posición del colure de los solsticios está fijada de modo a concordar con una antigüedad verosímil.

Podríamos añadir muchas más consideraciones que fortalecerían nuestro trabajo, si no temiésemos abusar de la paciencia de los lectores. Después de todo lo que se ha dicho estamos dispuestos a reconocer que el razonamiento que se pueda hacer sobre este tema no podrá ser más que inseguro y oscuro. A los que se interesen en particular por la astronomía, debo referir las obras cada vez más numerosas que aparecen sobre el tema y darles mi sentimiento personal: la historia de la astronomía es un tema que requiere, para ser corectamente tratado, más hechos que teorías".

---

el tiempo es de 36 por 72, igual 2592 años y no es superior a tres milenios tal y como lo escribe.

EL ZODÍACO DE DENDERA

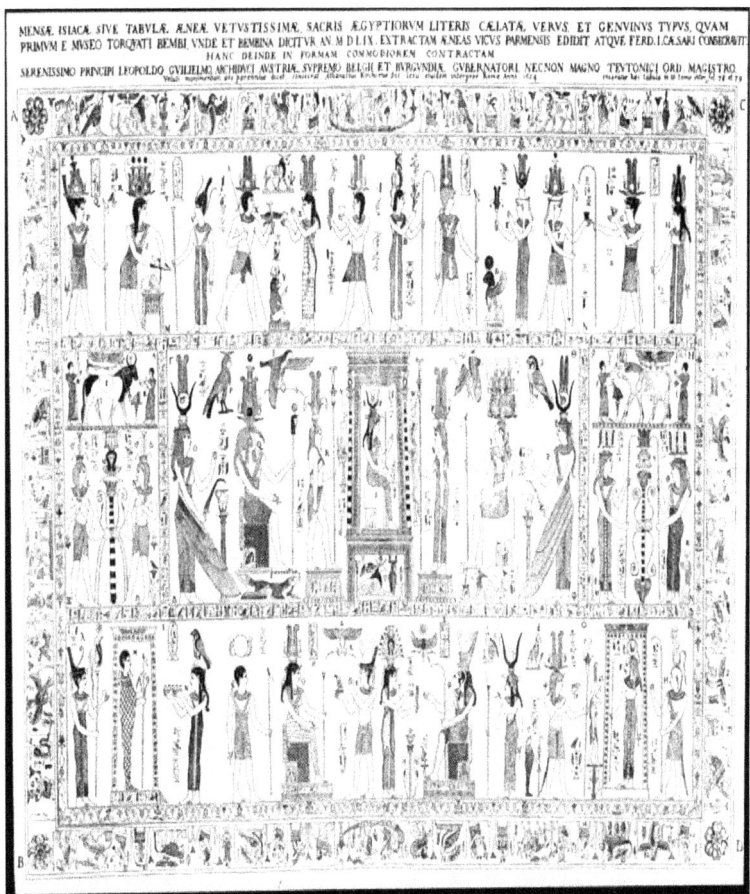

"La mesa de Isis", que también fue considerada como la representación simbólica de un calendario egipcio, y que narra, de hecho, el único medio para un alma, una parcela Divina, acceder al más allá de la Vida Terrestre.

CAPÍTULO DUODÉCIMO

EL CONOCIMIENTO

Queda aún por descubrir una de las causas de la oscuridad de estas antiguas historias. Es como los Reyes de Oriente, toman varios nombres o diferentes títulos que les sirven de apellidos, los pueblos los traducían o los pronunciaban de forma muy diferente según los diferentes idiomas de cada lengua.

Bossuet, *Discurso sobre la Historia Universal*
1.ª parte, 7.ª época.

Llega el momento de concluir esta obra extraída de los archivos para perfeccionar la educación del lector sobre la realidad del templo de Dendera y de su planisferio. Este estudio me pareció muy interesante por dos motivos, el astronómico y religioso. Los pensamientos de tantos sabios sobre ello, tendrán, espero, tema de reflexión, pero el fondo de la cuestión aún queda por resolver.

Por la forma, los creyentes y los ateos se han enfrentado en dos tesis, o al menos, en lo que se refiere a la Santa Iglesia de la época, aún más imbuída de la ley mosaica que en los preceptos del hijo de Dios. Adán nació en 5.000 antes de Cristo, y nada podía existir más allá.

Pero la Comisión Bíblica de 1956 pidió a los investigadores restablecer la verdadera cronología de esta parte del Antiguo Testamento, no es necesario volver a subrayar este problema otra vez hoy, ya que todo el mundo está de acuerdo que los primeros homínidos remontan a cerca de tres millones de años. Pero para volver a nuestro tema, he aquí algunas observaciones dignas de ser sometidas a meditación.

EL ZODÍACO DE DENDERA

La primera es muy importante y no parece haber alcanzado el espíritu de los que se han volcado en el estudio de los monumentos de Dendera. El planisferio, es efectivamente el único de este tipo en todo el territorio de Egipto. Otros templos poseen ciertamente representaciones rectangulares astronómicas o zodiacales, y existen igualmente decenas, para no decir centenares de sarcófagos con tapas adornardas de pinturas con motivos celestes, pero ninguna de ellas es circular.

La intención del arquitecto era pues clara: Representar la bóveda que cubre nuestras cabezas con sus constelaciones de estrellas, la Fijas, o las estrellas, tanto como las Errantes que son los planetas, con el fin de realizar una carta del cielo que serviría al estudio de los movimientos de todas las "COMBINACIONES-MATEMÁTICAS-DIVINAS".

Es por lo que este grabado fue esculpido en el techo de la sala más alta del templo, y adjunta a otra que estaba a cielo abierto con el fin de servir de observatorio para completar los estudios en directo.

Las proporciones geométricas del planisferio, así cómo sus relaciones matemáticas combinatorias exactas tienen propiedades tales que abren no solamente un abismo de extrañeza, sino una comprensión de la voluntad que animó a sus promotores a comunicar a pesar de todo y de todos. Recordemos que este templo es la *sexta reconstucción desde el original, edificado conforme a los planos de los Seguidores de Horus, y bajo su orden.*

La primera edificación se pierde pues en la noche de los tiempos, hacia el quinto milenio antes de Cristo el templo que aún hoy sólo se puede admirar, fue edificado bajo los Tolomeos y acabado bajo Evegetes II en el segundo siglo antes de nuestra era. Y durante este largo tiempo, casi impensable para nuestros espíritus cartesianos, son 5.000 años los que abarcan cada una de las cinco reconstrucciones del templo, tanto bajo el faraón Khufu, (el rey Keops de las pirámides) como bajo Sesostris o Tolomeo, la sala del planisferio era meticulosamente reesculpida, grabada, pintada para que cada detalle volviese a aparecer con su integridad original.

¿Por qué esta voluntad extraña de preservación de un aspecto característico del cielo? ¿Esta precaución podría parecer insensata? Simplemente, esta figuración celeste es la base misma de toda la teología de este pueblo, la piedra angular sin la que nada se puede realizar. No voy, ni en forma de resumen, a retomar la historia del pueblo elegido antes del gran cataclismo, ni la época de los supervivientes de la Atlántida antes de su llegada a Egipto. Pero la fecha del espantoso cataclismo que engulló todo el continente que había habitado anteriormente era bien conocida por los grandes sacerdotes que no habiendo podido atraer al pueblo a una obediencia en los mandamientos deseados por el Creador para su creación y sus criaturas, todo fue aniquilado, pero recomprado por Osiris, Isis, y su hijo Horus.

Al fin de que tal calamidad no volviera a producirse en la segunda patria que los rescatados ocuparían, era absolutamente necesario enseñar a los futuros dirigentes todo lo concerniente a la tremenda fecha del gran cataclismo. Nunca se les podría olvidar, y debería ser una advertencia eterna de la posibilidad de la reproducción de tal acontecimiento.

De esta forma el lugar de Dendera fue elegido por los primeros seguidores de Horus llegando al segundo corazón. Este motivo parece simple si el contenido de la teología tentirita es bien comprendida. Sin embargo, el templo en el que se sitúa el planisferio se llama en jeroglífico "*el Templo de la Dama del Cielo*". Los griegos simplificaron esta denominación dándole el nombre de "Templo de Isis" o incluso "Templo de Venus", lo que falseó completamente la autoridad del monumento. En efecto, este templo estaba bajo la protección de Nut, la Reina Virgen original que dio nacimiento a Osiris. Nut era también la madre de Isis, hija de la Tierra, ya que su padre era Geb. Isis, a su vez, dio nacimiento a Horus que salvó a los supervivientes, con el tiempo el propio afecto unió en el corazón de los habitantes a Nut y a Isis.

Fue esta realidad teológica que, al transformarse poco a poco en mitología simbólica, mantuvo durante 4.000 años la creencia de que la divinidad de los faraones (los Pêr-Ahâ, es decir los Primogénitos de Dios) no se transmitía más que a través de la hija mayor. Por ello cada nuevo faraón se veía obligado a casarse con su hemana mayor bajo el temor de no poder ser investido de la Parcela Divina que lo convertiría en el Bien Amado de Dios y así en hijo de Dios. No era por gusto el incesto, ya que todos los faraones a continuación se casaban con una princesa de otra sangre o tomaban concubinas. Aclarado esto, volvamos al templo de la Dama del Cielo.

Como todos los edificios religiosos, poseía una gran escuela, una Casa de Vida, pero esta era la única en todo Egipto que llevaba la denominación de *Doble*. Su nombre en jeroglífico era *"Doble Casa de Vida de las Combinaciones Matemáticas Divinas"*.

Con esta precisa terminología, será fácil comprender más adelante por qué era doble, ya que se estudiaban los movimientos de las configuraciones celestes, había clases especializadas exclusivamente en las Errantes y en las Fijas, a lo largo de su recorrido nocturno. Esta escuela había reconstruido el antiguo Círculo de Oro con su tamaño primitivo, y sólo podían acceder a él los novicios que habían superado con éxito los exámenes preliminares del templo.

Esta Doble Casa de la Vida era de hecho la gran escuela del Conocimiento, la que iniciaba al Grado Supremo, para aprender y sobre todo bien comprender todos los elementos distintivos que forman el conjunto que es la Creación y se debía admitir la intangibilidad de este dogma.

La geometría, la física, las matemáticas, la astronomía, y todas las demás disciplinas científicas sólo se aprendían después de la comprensión completa de la teología, demostrando que la vida en perpetua evolución no era más que un eterno reinicio. Por ello se explica además el movimiento espiraloide de las constelaciones, como el jeroglífico particular de la Creación que es una espiral. Sólo los estudiantes que tenían la capacidad de espíritu necesario para esta comprensión podían acceder al Círculo de Oro y a su escuela de iniciación a las combinaciones. El preámbulo se desarrollaba en las salas de clase del templo, así como en la habitación situada sobre la terraza superior y a la que sólo se podía acceder por una escalera interior, cavada en los propios muros del edificio y totalmente oscura.

Yo mismo tuve dificultades para encontrar su entrada, y necesité una buena antorcha para subir más de un centenar de escalones.

Este planisferio con su carta del cielo del día del cataclismo, y su advertencia, permitía seleccionar a los alumnos. Los espíritus válidos eran dirigidos hacia el sacerdocio, las almas inteligentes y comprensivas, hacia el profesorado de la teología, y sólo los que eran considerados como poseedores de una Parcela Divina en acuerdo con el Cielo fueron aceptados para penetrar en las escuelas de iniciación del conocimiento para ser "Maestros de la Medida y del Número", es decir, servidores de Dios.

Varios de los sabios trabajos incluidos en este libro negaron toda antigüedad al monumento, zodíaco o planisferio. Si hablamos de su reconstrucción, ellos tienen razón, ya que no se trata más que del III siglo antes de nuestra era. Pero ninguno de los eruditos comprendió, ni siquiera entrevió, cómo se realizó este edificio, ya que todos reconocen, además, que el arte griego era incapaz de tal realización.

Este punto me había impresionado de tal forma que no podría descansar hasta haberlo resuelto. Para ello, a lo largo de una estancia en Egipto, me paré detenidamente en dos monasterios coptos del Fayoum, en el desierto cercano al delta del Nilo, ahí confronté unos textos de los archivos griegos, que los dos obispos poseían en sus habitaciones personales, y que no están en la biblioteca de los monasterios. Por ello, me fue fácil darme cuenta de los acontecimientos históricos y administrativos de este III siglo a.C., tan significativos. Bajo Evergete II, la composición del gobierno de la provincia de Egipto era la siguiente:

- 6 *Toparques*[86] griegos, y ninguno egipcio. (Estos eran altos dignatarios cercanos al Gobernador).
- 13 *Nomarques* griegos y sólo uno egipcio. (Estos controlaban los Nomos o regiones).

---

[86] Término antiguo. Jefe de una "toparchie". Pequeña soberanía o principado. Nombre dado a las diferentes provincias de Palestina bajo los romanos.

- 94 *Strateges* griegos y cinco egipcios. (Estos eran semejantes a nuestros alcaldes conectados a los comisarios de policia).

Esta representación es significativa del control helénico casi total, sobre Egipto. Pero sin embargo, había 42 cosmo-grámatas egipcios remunerados. Su papel era codificar y seleccionar todos los documentos aptos para el estudio de la astronomía. Era el signo evidente de que el conocimiento permanecía exclusivamente en las manos de los descendientes de los Maestros de la Medida y del Número.

El Egipto de los tolomeos, nacido de la conquista de Alejandro el Grande, brillaba en aquel tiempo, cierto, pero con una inteligencia ficticia. Si los griegos habían dejado la astronomía en manos de los egipcios, es porque se sentían incapaces de comprender lo más mínimo, a pesar de que la etnia griega del lugar se apropió cada vez más de ese conocimiento en miras a poder predecir, además se ha conservado hasta ahora. Pero a ellos como a nuestros sabios de 1.820, aún les era inaccesible, ya que, a pesar de entrever una pequeña via, no llegaron al gran conocimiento.

Antes de seguir y con el fin de que el lector no tenga dudas, recordaremos lo que es la precesión de los equinoccios, pero con los términos sencillos y visuales de un profesor:

Supongamos que en un cierto momento hemos realizado un catálogo de los movimientos rectos y de las declinaciones de cierto número de estrellas en relación a un solo punto A. Supongamos que después, en otras épocas separadas entre sí por un cierto lapso de tiempo, se hayan vuelto a realizar los mismos estudios de los movimientos de las mismas estrellas en el punto A.

Percibimos entonces una variación sensible y calculable en el espacio. La Ley de estas variaciones es muy compleja en establecer, y no entra por supuesto en el marco de esta conclusión. Sin embargo, si uno convierte los movimientos rectos y las declinaciones en longitud, sobre papel, o grabadas sobre piedre después de largas observaciones, aparece una ley muy simple y usual:

"Las longitudes celestes de todas las estrellas de la bóveda celeste aumentan proporcionallmente al tiempo, con motivo de 50" y de 2/10 de arco por año".

Es fácil dar un buen ejemplo de ello basándose en una observación de la estrella "Espiga de la Virgen" efectuada por tres sabios en diferentes épocas:

La longitud de la Espiga era, según Hiparco en el año 128 a.C de 174° 7' 30". El astrónomo Bradley en el año 1.760 de nuestra era escribe: 200° 20' 10", y para Maskeline en el año 1.802 es de 201° 4' 11". Esta variación igual y continua en el tiempo se aplica a toda la bóveda terrestre que gira, así, en un movimiento en espiral. Para el simple ojo humano es invisible, porque a razón de 50 segundos y algunas décimas de arco por año, el cielo sólo se mueve un grado en 72 años, es decir, justo el tiempo de una vida terrestre para un hombre normal.

Añadiré que este movimiento calificado de precesional, se efectua de este a oeste, girando indefinidamente sobre la eclíptica con un movimiento uniforme y hacia atrás. Pero esta es una definición moderna de la precesión de los equinoccios, ya que en los remotos tiempos de Egipto, la palabra indefinidamente no existía, era sustituída por un giro del tipo "si Dios quiere". Lo que significaba que este movimiento combinatorio matemático y divino, consistía en hacer rodar la creación en una espiral calculable, que podría ser brutalmente cambiada por su creador, si es que lo deseaba.

Hoy con todas las posibilidades de la ciencia astronómica es más fácil analizar esta precesión que desplaza el polo terrestre 50" 2/10 por año. Ya que la variación de las longitudes celestes nos permiten ver claramente el movimiento retrógrado de los puntos equinocciales, pone en evidencia este movimiento de conjunto cuyo retroceso o retrogradación fue el único punto mayor estudiado, observado y anotado escrupulosamente por los antiguos, con el fin de preveer e intentar evitar un nuevo cambio del eje del mundo.

Es por lo que esta carta del cielo, el planisferio de Dendera es significativo. El Sol en la constelación de Leo demuestra por su grabado el origen mismo. Estemos o no de acuerdo con la cronología antidiluviana. Como hoy, el Sol acaba su paso precesional en la constelación de Piscis, un simple cálculo aritmético nos permite, a razón de 50" por año, remontar en el tiempo hasta el año indicado.

Es decir, una distancia de la bóveda celeste de casi 163° retrocediendo sobre la eclíptica de las constelaciones hasta Leo. Con 72 años por grado, podremos calcular fácilmente la fecha de julio de 9.792 antes de nuestra era. Todos los cálculos elementales, son verificables en el libro del "Gran Cataclismo".

Abordemos, para terminar, un examen de las representaciones figurativas, no las que han sido reproducidas por los copistas despreocupados de su trabajo, sino según los datos de los escritos teológicos.

Planisferio egipcio de la XXI dinastía, copiado por el padre Ath. Kircher s.j.

Para tal propósito, repitiré las palabras del ministro de la Instrucción Pública, del 27 de enero 1879, a su regreso de Dendera y del Alto Egipto:

"La religión, se dice que bajo la influencia de los griegos o por la ignorancia de un clero degenerado, se ha degradado, y los templos tolemaícos sólo nos acercan a unas creencias corruptas y tendentes a despistar los espíritus acerca de las verdaderas doctrinas egipcias. Es cierto que algunos autores mestizos de Menfis y de Alejandría han podido producir obras individuales extrañas y sin valor para la ciencia. Pero hoy poseemos suficientes textos tolomaicos grabados para poder asegurar que en esta época, y aún más tarde, el clero egipcio se mantuvo sólidamente constituido y vivió de su tradición. Las inscripciones de dedicación en Dendera alaban al rey a cada paso por haber hecho reconstruir el más bello edificio, y como antaño, siguiendo las reglas antiguas, indicando incluso sus fuentes".

Las doce constelaciones, pues, tal y como son denomimadas en los textos sagrados, tenían cada una un nombre generado por su propia influencia, y una vez bien determinados los influjos propios de cada una, sus nombres les fueron atribuidos. Ello fue mucho antes del hundimiento de Ahâ-Men-Ptah, el Primer Corazón, en el tiempo en el que los primeros maestro de la "Medida y del Número" preparaban los anales futuros.

En aquel tiempo, la constelación de Libra era la de la justicia, y no era porque la balanza no fuese aún inventada, tal y como lo pretendieron algunos sabios, ya que todos los manuscritos sobre los papiros, desde la VI dinastía, nos presentaban la escena del Juicio de las Almas –nuestro Juicio Final-, donde Osiris vigila la pesada del alma que, para ir al más allá de la vida, no debe superar el peso de la pluma de un avestruz recién nacido. Es además el símbolo del alma humana en jeroglífico, es la parcela divina que une la criatura de carne a los diferentes aspectos predeterminados por el creador. Esta constelación representando la justicia, era pues, el Cielo llevando la tierra en equilibrio en su hueco: ⌂

Sólo fue después del cataclismo cuando este asterismo ya no fue válido, el cielo se había girado, y su jeroglífico hizo lo mismo, los maestros tuvieron que encontrar otra representación, simbolizando siempre la justicia divina. La balanza que aparecía en todos los manuscritos realizando la pesada del alma era la más indicada, de ahí su aparición ya operativa bajo la cuarta dinastía.

Para la constelación de Leo el desarrollo es muy sencillo. Poco antes del gran cataclismo, Set que mató a su hermano Osiris, o mejor dicho creyó haberlo matado con una punta, desencadenó la catástrofe, el cielo pareció detenerse antes de girar y marchó hacia atrás en la misma constelación de Leo. Fue para diferenciar la nueva navegación del Sol en el seno de esta misma configuración celeste, por lo que el emblema del cuchillo del asesino le fue dada: ᛉ (cuchillo).

Este jeroglífico representa un cuchillo de hoja curvada, con la punta hacia abajo, recordando el acto infame de Set, y debía recordar el temor de tal acto que lo destruiría todo. Pero conforme pasaron los años, luego los siglos, se hizo cada vez más difícil conectar los acontecimientos del antiguo continente con los que vivían sin usar el símbolo del León. Por ello fue restituido de esta forma: 🦁 para poder hablar del nuevo León.

A su llegada al segundo corazón a orillas del Nilo, precisamente en Dendera, los nuevos maestros decidieron volver a la antigua representación, únicamente el león, de manera que el episodio de Set fuese olvidado y que de la reunificación de los dos clanes fraticidas naciera una única nación en el seno de Ath-Kâ-Ptah, el segundo corazón de Dios. Esto se hizo, pero por poco tiempo, los "Descendientes de Set", o los "Adoradores del Sol", los que más tarde erigirían a "Amón", no estuvieron mucho tiempo en las sombras, pronto usurparon el trono a los "Seguidores de Horus", los que temían a "Ptah", o "Atón" que es la deformación a la inversa del Dios único.

Esto trajo durante dos milenios luchas sangrientas a Egipto, durante las que cada poseedor del cetro martilleaba y borraba de los anales cronológicos y de los archivos los nombres de sus rivales, enemigos jurados de su linaje original. Sólo los nombres de las errantes o de los planetas tomaron un nombre que mantuvieron, ya lo hemos visto a lo largo del capítulo anterior sobre Júpiter.

Citemos la más característica de todas, que podría convencer a un observador, ya que su nombre helénico es el planeta rojo: Marte. Y sin embargo, nada de ello lo es en jeroglífico, cuyo nombre es 𓂆𓏤𓏥𓅆 Hor-Pi-Tesch, es decir Horus ensangrentado que busca su padre. Este planeta sangriento, nefasto, guerrero, que nuestra al hijo cubierto por miles de heridas en busca de su padre moribundo. Todo ello se verá en otro libro. Y nada más, hasta aquí hemos llegado, desando haber ofrecido algunas explicaciones sobre los orígenes del renacimiento del pueblo egipcio tan fascinante.

Terminaremos por un último punto que podría ser una interrogación para el lector, hablemos un poco de la teología Tentirita que se pierde en la noche de los tiempos, presenta, es irrefutable, claras analogías con el Antiguo Testamento de la Biblia. Siendo la primera mucho más remota que la segunda, es innegable que los autores del Génesis y del resto fueron copiados o extraidos de los textos sagrados egipcios.

Sé que este tema es tabú, el más escabroso de todos, si se sigue el desarrollo de mis libros, pero es inevitable y es imposible dejarlo en la sombra. No pongo en entredicho la ley de Moisés, por el buen motivo de que ya existía en Egipto y que estaba en uso tiempos antes de Moisés, y fue más tarde cuando el sacerdocio de Jerusalén la tomó a su uso en exclusividad.

En primer lugar, si Jesús el Cristo, (de *Kristos:* el que ha sido ungido, o designado) judío, fue el primer cristiano, el "Primogénito" del cristianismo, concordancia que parece una coincidencia más que llama el espíritu. Moisés, judío de nacimiento, se convirtió en el primero de los egipcios como primogénito adoptado por la hija mayor del Faraón, y fue a la vez gran sacerdote y príncipe heredero de Egipto.

Por ello, el monoteísmo integral de Ptah le fue revelado después de superar con éxito su iniciación. Se convirtió de esta forma en "Gran Maestro de la Medida y el Número". Así conocía todo sobre la Creación y su Creador. La huida de Egipto, el cruce del desierto del Sinaí, el Éxodo y la llegada a la tierra de Canaán, exactos bíblica e históricamente, también ofrece tantas concordancias reminiscentes que bien nos vemos obligados a hacernos preguntas sobre las sorprendentes coincidencias.

La repetición de una partida seguida de un éxodo en busca de otra tierra prometida no se le ocurrió sólo a Moisés. Y el único medio de llegar a una nueva alianza con Dios y conseguirlo, era volver a tomar los mismos elementos antiguos, pero intentando mejorarlos para no volver a cometer los mismos errores. Fue ahí, donde Moisés se inspiró, fue ahí dónde tuvo la revelación por Dios de los medios para conseguirlo.

En cuanto salió de Egipto, Moisés se ocupó de volver a dar confianza a su pueblo, de lo cual se sabe muy poco, y sin embargo está confirmado por los textos, que tanto egipcios como judíos le siguieron en el éxodo. Moisés va a encender el valor en todos ellos vivificando su fe en Dios, repetirá sin cansarse que una nueva tierra los espera y que podrán tomar posesión de ella porque les era dada, a condición de que todos recogieran esta herencia siguiendo la voluntad de su dador.

Este fin muy honorable, ya realizado anteriormente para Egipto durante cuatro milenios, es el que Moisés retomó a su vez cruzando el Sinaí para conseguir un mejor resultado, al menos es lo que él esperaba. El episodio del Becerro de Oro, ídolo abatido con cólera, le demostraba hasta qué punto necesitaría valor para volver a traer en el seno de su pueblo una verdadera religión monoteísta.

La adoración del Toro Celeste, coronado con el nuevo sol, personifica a Osiris resucitado en el cielo. ¿No será inconscientemente el Becerro de Oro que Moisés intentó abatir?

Volveremos a todo ello en un libro dedicado por completo a "Moisés el Egipcio", y que en este final de capítulo necesitaría demasiado desarrollo. Sólo recordaré que la cosmogonia mosaica, y sobre los siete días de la creación, ha sufrido una enorme cantidad de deformaciones en todo lo transmitido y transcrito por los demás.

El patriarca tuvo, sin duda, recursos en sus explicaciones a través de imágenes de giros simples para poder estar al alcance de sus auditores. Su representación del Alfarero Divino (justamente el nombre de Ptah para los humanos) que modeló su Creación en seis épocas para descansar la séptima, no difiere del texto bíblico más que por la extensión de la incomprensión de los encargados de copiar negro sobre blanco las "Leyes y sus Mandamientos".

El Antiguo Testamento sigue el orden natural de la creación, en seis días, partiendo del más simple al más complicado antes de llegar al hombre, pero son seis días humanos y no Divinos. Por ello, la descripción bíblica de la creación tiene una niebla oscura que deja un vacío en el estómago a los que creen en Dios, porque no cuadra a pesar de tener un fondo verídico. Este primer capítulo del Génesis, a pesar de hablar de una realidad evidente, ocurre muy lejos de la verdad. La creación del mundo se ha realizado en siete días de una época matemáticamente enumerada por la teología de la antigua civilización llegada a otra tierra prometida para nacer por segunda vez.

No son los doctores de la Ley israelita, ni los comentadores católicos de todos los tiempos, los que han mejorado esta difícil comprensión. Los sacerdotes de la Iglesia de los primeros siglos de nuestra era, encargados de penetrar en el dominio de las doctrinas cristianas, un buen milenio después de Esdras, no habían tenido esta revelación insuflada a Moisés y a Jesús, y sólo se quedaron con las luces humanas muy frágiles para traducir e interpretar los textos lo mejor que podían en una época turbia de por sí.

De esta forma se hicieron escritos que vanagloriaban los méritos judíos pertenecientes a los egipcios, ello debería haber saltado a la vista de cualquiera, porque el famoso *"no matarás"*, una de las bases de la jeroglífica y de la ley de Moisés, ha sido blasfemada por los judíos de la forma más infame que sabemos, tanto que incluso Poncio Pilatos se lavó las manos.

Esta Ley de la Creación fue probablemente relatada por Moisés mismo, y con exactitud, pero en términos más sencillos. Transmitida de forma oral y retomada muchos siglos más tarde por Esdras y, al fin, interpretada de nuevo tantos siglos más tarde por los padres de la Iglesia, nos llega casi desprovista de sus fundamentos. Nuestros Santos Padres, al igual que los griegos de Tolomeo, no tuvieron acceso al conocimiento para poder sacar el hilo de Ariana. Ninguna luz científica ni astronómica salida de la sombra de las pirámides estaba a su alcance.

Si la autoridad de nuestros Santos Padres es indistutible en cuanto al dogma cristiano, su camino epistolar para propagar el cristianismo les obligará sin contexto a comprometerse en especulaciones para las que no están preparados. Y ninguno se llama Copérnico o Galileo. Si en los primeros siglos de la iglesia todo esto era accesorio, ya no es igual hoy en día, donde la fe se ve replanteada incluso por los que deberían salvaguardarla íntegramente. Dios es blasfemado, y sus servidores enrojecen de deber llevar una sotana, pero esto es otro problema.

Ahora entramos en la era de Acuario, precesional, el sol entrará en esta constelación. El eterno regreso de las cosas no es un mito, y la ceguera es tal que no nos queda más que volver a entregarnos a la clemencia del Creador.

BIBLIOGRAFÍA

1º) *Les différents* « *Mémoires* » *parus au début du XIXe siècle:*

Visconti, *Notice sommaire sur les deux Zodiaques de Dendérah*, Paris, 1802.

Abbé Testa, *Dissertation sur les deux zodiaques de Dendérah*, Paris, 1807.

Spoontown, « Lettre critique à un ami en Angleterre, sur la Zodiacomanie », *British Review*, 1817.

Latreille, *Recherches sur les Zodiaques de Dendérah*, Paris, 1821.

Chevalier Delambre, *Sur les Mémoires relatifs à l'origine commune des sphères de tous les anciens peuples, que retracent les Zodiaques découverts en Egypte et spécialement à Dendérah*, Paris, 1821.

Abbé Halma, *Examen et Explication du Zodiaque de Dendérah, comparé au globe céleste antique d'Alexandrie*, Paris, 1822.

Leprince (H.S.), *Essai d'interprétation du Zodiaque circulaire de Dendérah*, Paris, 1822.

Jomard, *Examen d'une opinion nouvelle sur le Zodiaque circulaire de Dendérah*, Paris, 1822.

M. X..., *Explication du Zodiaque de Dendérah (observations curieuses)*, Paris, 1822, imprimerie de Guiraudet.

De Paravey, *Nouvelles considérations sur le planisphère de Dendérah*, Paris, 1822.

Saint-Martin (J.), *Notice sur le Zodiaque de Dendérah*, Paris, 1822.

Lenoir (Al.), *Essai sur le Zodiaque circulaire de Dendérah*, Paris, 1822.

Dupuis, *Observations sur le Zodiaque de Dendérah*, Paris, 1822.

De Dalmas (V.), *Mémoire sur le Zodiaque de Dendérah*, Paris, 1823.

Letronne, *Sur l'origine grecque des Zodiaques prétendus égyptiens!* Paris, 1837.

OTROS TÍTULOS

La historia de los antepasados de los primeros faraones...

... ningún historiador ha investigado a los sobrevivientes de este Edén perdido...

La espiritualidad cuyo origen se pierde en la noche de los tiempos...

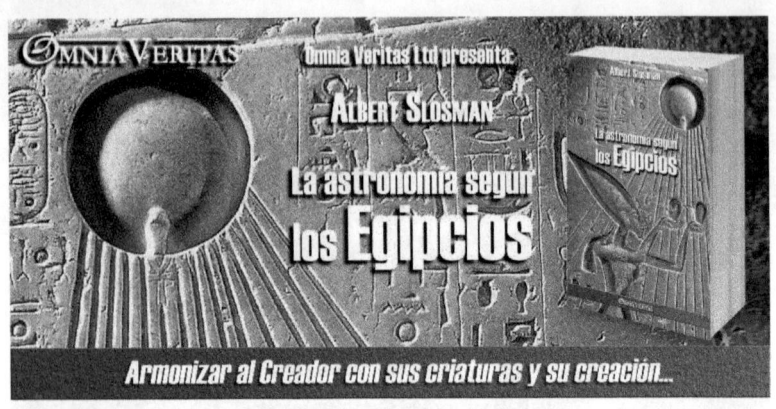
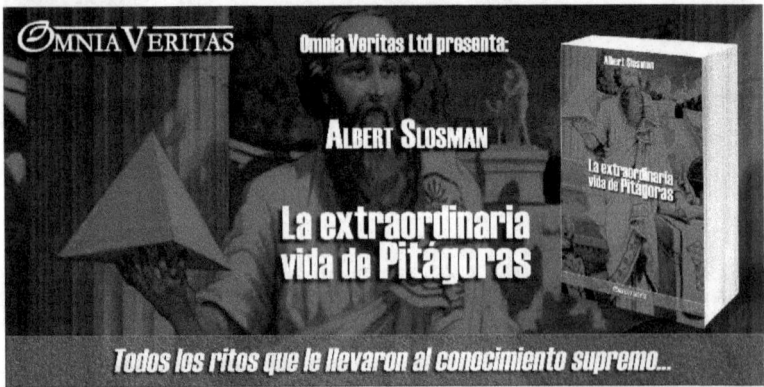

EL ZODÍACO DE DENDERA

EL ZODÍACO DE DENDERA

OMNIA VERITAS

"El verdadero crimen es acabar una guerra con el fin de hacer inevitable la próxima."

Omnia Veritas Ltd presenta:

HISTORIA PROSCRITA
II
LA HISTORIA SILENCIADA DE ENTREGUERRAS

POR

VICTORIA FORNER

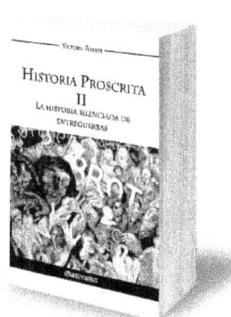

EL TRATADO DE VERSALLES FUE "UN DICTADO DE ODIO Y DE LATROCINIO"

OMNIA VERITAS

Distintas fuerzas trabajaban para la guerra en los países europeos

Omnia Veritas Ltd presenta:

HISTORIA PROSCRITA
III
LA II GUERRA MUNDIAL Y LA POSGUERRA

POR

VICTORIA FORNER

MUCHOS AGENTES SERVÍAN INTERESES DE UN PARTIDO BELICISTA TRANSNACIONAL

OMNIA VERITAS

Nunca en la historia de la humanidad se había producido una circunstancia como la que estudiaremos...

Omnia Veritas Ltd presenta:

HISTORIA PROSCRITA
IV
HOLOCAUSTO JUDÍO, NUEVO DOGMA DE FE PARA LA HUMANIDAD

POR

VICTORIA FORNER

UN HECHO HISTÓRICO SE HA CONVERTIDO EN DOGMA DE FE

EL ZODÍACO DE DENDERA

Omnia Veritas Ltd presenta:

EUROPEA Y LA IDEA DE NACIÓN
seguido de
HISTORIA COMO SISTEMA
por
JOSÉ ORTEGA Y GASSET

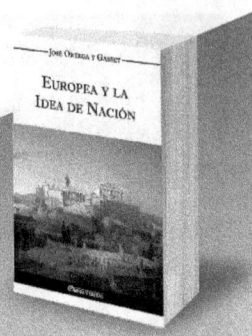

Pero la nación europea llegó a ser "nación" porque añadiera formas de vida que pretenden representar una "manera de ser hombre"

Un programa de vida hacia el futuro

Omnia Veritas Ltd presenta:

FRANCO
por
JOAQUÍN ARRARÁS

"La alegría del alma está en la acción." De Marruecos sube un estruendo bélico, que pasa como un trueno sobre España.

Caudillo de la nueva Reconquista, Señor de España

Omnia Veritas Ltd presente:

LA GUERRA OCULTA
de
Emmanuel Malynski

En esencia, La Guerra Oculta es una metafísica de la historia, es la concepción de la perenne lucha entre dos opuestos órdenes de fuerzas...

La Guerra Oculta es un libro que ha sido calificado de "maldito"

El análisis más anticonformista de los hechos históricos

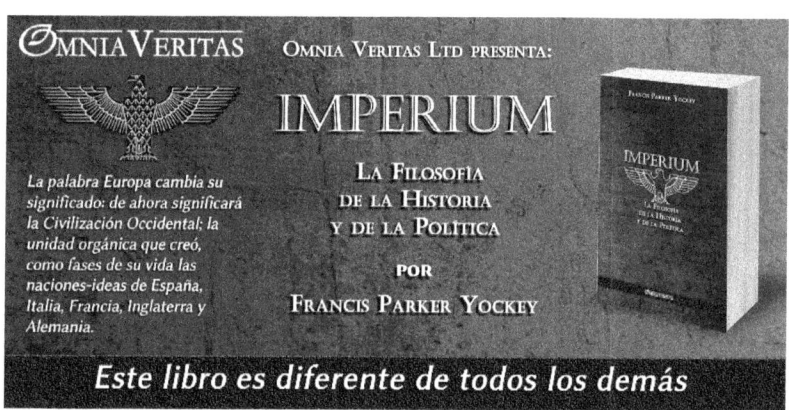

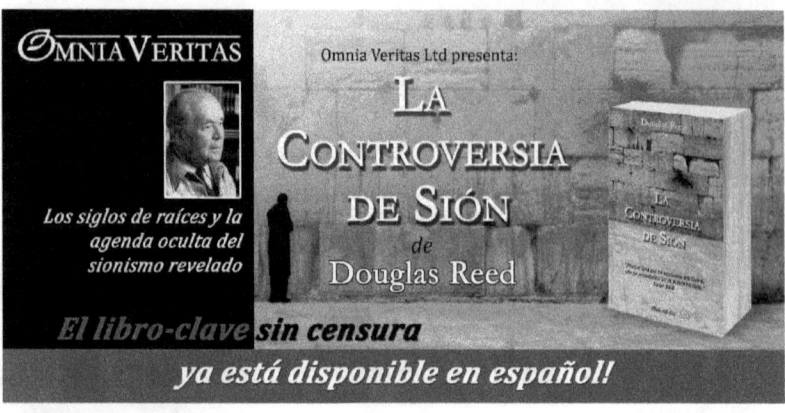

"En el islamismo, la tradición es de doble esencia, religiosa y metafísica"

Se las compara frecuentemente a la "corteza" y al "núcleo" (el-qishr wa el-lobb)

Omnia Veritas Ltd presenta:

RENÉ GUÉNON

APERCEPCIONES SOBRE LA INICIACIÓN

«A menudo nos concentramos en los errores y confusiones que se hacen sobre la iniciación...»

Somos conscientes del grado de degeneración al que ha llegado el Occidente moderno ...

Omnia Veritas Ltd presenta:

RENÉ GUÉNON
APRECIACIONES SOBRE EL ESOTERISMO CRISTIANO

« Este cambio convirtió al cristianismo en una religión en el verdadero sentido de la palabra y una forma tradicional ... »

Las verdades esotéricas estaban fuera del alcance del mayor número...

Omnia Veritas Ltd presenta:

RENÉ GUÉNON
AUTORIDAD ESPIRITUAL Y PODER TEMPORAL

"La distinción de las castas constituye, en la especie humana, una verdadera clasificación natural a la cual debe corresponder la repartición de las funciones sociales."

La igualdad no existe en realidad en ninguna parte

Omnia Veritas Ltd presenta:

RENÉ GUÉNON
EL ERROR ESPIRITISTA

En nuestra época hay muchas otras "contraverdades" que es bueno combatir...

Entre todas las doctrinas "neoespiritualistas", el espiritismo es ciertamente la más extendida

EL ZODÍACO DE DENDERA

« Dante indica de una manera muy explícita que hay en su obra un sentido oculto, propiamente doctrinal, del que el sentido exterior y aparente no es más que un velo »

Omnia Veritas Ltd presenta:
RENÉ GUÉNON
EL ESOTERISMO DE DANTE

... y que debe ser buscado por aquellos que son capaces de penetrarle

OMNIA VERITAS

"Cuando consideramos lo que es la filosofía en los tiempos modernos, no podemos impedirnos pensar que su ausencia en una civilización no tiene nada de particularmente lamentable."

Omnia Veritas Ltd presenta:
RENÉ GUÉNON
EL HOMBRE Y SU DEVENIR SEGÚN EL VÊDÂNTA

El Vêdânta no es ni una filosofía, ni una religión

OMNIA VERITAS

« Porque todo lo que existe de alguna manera, incluso el error, necesariamente tiene su razón de ser »

OMNIA VERITAS LTD PRESENTA:

RENÉ GUÉNON

EL REINO DE LA CANTIDAD Y LOS SIGNOS DE LOS TIEMPOS

... y el desorden en sí mismo debe encontrar su lugar entre los elementos del orden universal

OMNIA VERITAS

OMNIA VERITAS LTD PRESENTA:
RENÉ GUÉNON
EL REY DEL MUNDO

"Un principio, la Inteligencia cósmica que refleja la Luz espiritual pura y formula la Ley"

El Legislador primordial y universal

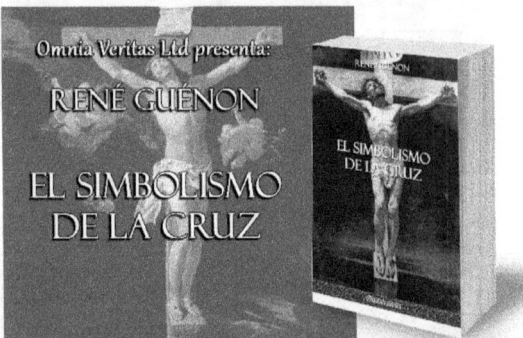

OMNIA VERITAS

Omnia Veritas Ltd presenta:
RENÉ GUÉNON
EL SIMBOLISMO DE LA CRUZ

«La consideración de un ser en su aspecto individual es necesariamente insuficiente»

... puesto que quien dice metafísico dice universal

OMNIA VERITAS

OMNIA VERITAS LTD PRESENTA:
RENÉ GUÉNON
EL TEOSOFISMO
HISTORIA DE UNA SEUDORELIGIÓN

"Nuestra meta, decía entonces Mme Blavatsky, no es restaurar el hinduismo, sino barrer al cristianismo de la faz de la tierra"

El término teosofía sirvió como una denominación común para una variedad de doctrinas

OMNIA VERITAS LTD PRESENTA:

RENÉ GUÉNON

ESTUDIOS SOBRE
EL HINDUÍSMO

"Considerando la contemplación y la acción como complementarias, nos emplazamos en un punto de vista ya más profundo y más verdadero"

... la doble actividad, interior y exterior, de un solo y mismo ser

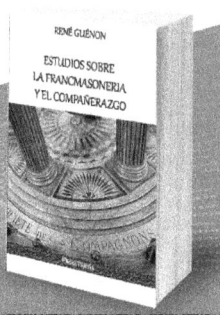

Omnia Veritas Ltd presenta:

RENÉ GUÉNON

ESTUDIOS SOBRE
LA FRANCMASONERIA
Y EL COMPAÑERAZGO

«Entre los símbolos usados en la Edad Media, además de aquellos de los cuales los Masones modernos han conservado el recuerdo aun no comprendiendo ya apenas su significado, hay muchos otros de los que ellos no tienen la menor idea.»

la distinción entre "Masonería operativa" y "Masonería especulativa"

OMNIA VERITAS LTD PRESENTA:

RENÉ GUÉNON

FORMAS TRADICIONALES
Y CICLOS CÓSMICOS

« Los artículos reunidos en el presente libro representan el aspecto más "original" de la obra de René Guénon.»

Fragmentos de una historia desconocida

Omnia Veritas Ltd presenta:

RENÉ GUÉNON

INICIACIÓN
Y
REALIZACIÓN ESPIRITUAL

« Necedad e ignorancia pueden reunirse en suma bajo el nombre común de incomprensión »

La gente es como un "reservorio" desde el cual se puede disparar todo, lo mejor y lo peor

OMNIA VERITAS LTD PRESENTA:

RENÉ GUÉNON
INTRODUCCIÓN GENERAL
AL ESTUDIO DE
LAS DOCTRINAS HINDÚES

« Muchas dificultades se oponen, en Occidente, a un estudio serio y profundo de las doctrinas orientales »

... este último elemento que ninguna erudición jamás permitirá penetrar

Omnia Veritas Ltd presenta:

RENÉ GUÉNON

LA CRISIS DEL
MUNDO
MODERNO

«Parece por lo demás que nos acercamos al desenlace, y es lo que hace más posible hoy que nunca el carácter anormal de este estado de cosas que dura desde hace ya algunos siglos»

Una transformación más o menos profunda es inminente

EL ZODÍACO DE DENDERA

Omnia Veritas Ltd presenta:

RENÉ GUÉNON

LA GRAN TRÍADA

«En todo ternario tradicional, cualesquiera que sea, se quiere encontrar un equivalente más o menos exacto de la Trinidad cristiana»

se trata muy evidentemente de un conjunto de tres aspectos divinos

« La metafísica pura, al estar por esencia fuera y más allá de todas las formas y de todas las contingencias »

no es ni oriental ni occidental, es universal

Omnia Veritas Ltd presenta:

PAUL CHACORNAC

LA VIDA SIMPLE DE RENÉ GUÉNON

«Vamos a hablar de un hombre extraordinario en el sentido más estricto de la palabra. Pues no es posible definirlo ni "clasificarlo".»

Por su inteligencia y su saber, el fue, durante toda su vida, un hombre oscuro

«Según la significación etimológica del término que le designa, el Infinito es lo que no tiene límites»

Omnia Veritas Ltd presenta:

RENÉ GUÉNON

LOS ESTADOS MÚLTIPLES DEL SER

La noción del Infinito metafísico en sus relaciones con la Posibilidad universal

OMNIA VERITAS LTD PRESENTA:

RENÉ GUÉNON

LOS PRINCIPIOS DEL CÁLCULO INFINITESIMAL

«... nos ha parecido útil emprender este estudio para precisar algunas nociones del simbolismo matemático »

Esa ausencia de principios que caracteriza a las ciencias profanas

OMNIA VERITAS LTD PRESENTA:

RENÉ GUÉNON

MISCELÁNEA

"Hay cierto número de problemas que constantemente han preocupado a los hombres, pero quizás ninguno ha parecido generalmente tan difícil de resolver como el del origen del Mal"

Este dilema es insoluble para aquellos que consideran la Creación como la obra directa de Dios

EL ZODÍACO DE DENDERA

OMNIA VERITAS

Omnia Veritas Ltd presenta:

RENÉ GUÉNON
ORIENTE Y OCCIDENTE

«La civilización occidental moderna aparece en la historia como una verdadera anomalía...»

Esta civilización es la única que se ha desarrollado en un aspecto puramente material

OMNIA VERITAS

OMNIA VERITAS LTD PRESENTA:

RENÉ GUÉNON
ESCRITOS PARA
REGNABIT

«Esa copa sustituye al Corazón de Cristo como receptáculo de su sangre. ¿Y no es más notable aún, en tales condiciones, que el vaso haya sido ya antiguamente un emblema del corazón?»

El Santo Grial es la copa que contiene la preciosa Sangre de Cristo

OMNIA VERITAS

OMNIA VERITAS LTD PRESENTA:

RENÉ GUÉNON
SÍMBOLOS DE LA CIENCIA SAGRADA

«Este desarrollo material ha sido acompañado de una regresión intelectual, que ese desarrollo es harto incapaz de compensar»

¿Qué importa la verdad en un mundo cuyas aspiraciones son únicamente materiales y sentimentales?

www.omnia-veritas.com

www.ingramcontent.com/pod-product-compliance
Lightning Source LLC
Chambersburg PA
CBHW060817190426
43197CB00038B/1841